Dankesworte

Ich bedanke mich bei meiner Ehefrau Renate und bei meinem Freund Rainer Lichtenberg sehr herzlich für das engagierte Lektorat zu diesem Buch. Mein Sohn Christian hat mich bei IT-Fragen beraten.

Mein Dank gilt auch dem Präsidenten des Finanzgerichts Köln, Herrn Benno Scharpenberg, und der Präsidentin des Verwaltungsgerichts Köln, Frau Birgit Herkelmann-Mrowka, für die vielfältige Unterstützung bei meinen Recherchen und für den Zuspruch zur Verwirklichung dieses Projekts.

Der Autor

Norbert Klein, Jahrgang 1949, war fast drei Jahrzehnte lang als Richter am Finanzgericht Köln tätig. Dabei hatte er neben seiner richterlichen Arbeit über viele Jahre auch die Funktion des Baudezernenten seines Gerichts übernommen. In dieser Funktion begleitete der Richter u.a. die entscheidenden letzten Jahre der Sanierung des historischen Justizgebäudes am Appellhofplatz, bevor das Finanzgericht 1995 dort einzog. Seitdem befasst sich der Autor intensiv mit der Geschichte des - und den Geschichten aus dem - im ganzen Rheinland bekannten Gerichtsgebäude „Appellhof".

Mörder, Stadtrat und FC

Kölner Gerichtsgeschichten um den Appellhof

erzählt von

Norbert Klein

Die Kölner Justiz hat über die letzten beiden Jahrhunderte gute und schlechte Zeiten erlebt, Sternstunden ebenso wie Abgründe. Immer wieder stand dabei ein Gericht im Mittelpunkt: Der „Appellhof", das Gerichtsgebäude im Schatten der Domtürme an der Burgmauer.

In diesem Justizgebäude und seinem Vorgängerbau werden die Geschicke der Stadt Köln, des Rheinlands sowie seiner Bürgerschaft schon historisch lange mitbestimmt – von Anbeginn der preußischen Herrschaft bis in die jüngste Zeit.

Der Autor, ein Kölner Richter, bringt die Höhepunkte aus der Geschichte in unterhaltsamen Erzählungen in die Erinnerung zurück.

Bibliografische Information der Deutschen Nationalbibliothek: Die Deutsche Nationalbibliothek verzeichnet diese Publikation in der Deutschen Nationalbibliografie; detaillierte bibliografische Daten sind im Internet über dnb.dnb.de abrufbar.

Impressum

Herstellung und Verlag: BoD - Books on Demand, Norderstedt
ISBN: 978-3-7481-1772-8

Inhalt

„Nächster Halt – Appellhofplatz!"

Schon vor etwa hundert Jahren wurden Fahrgäste so auf diese Haltestelle aufmerksam gemacht. Damals allerdings noch „live", also persönlich, vom Schaffner der „Elektrischen Straßenbahn". Heute ist es eine Computeransage aus den Lautsprechern der U-Bahn-Züge, die hier halten.

Wir steigen aus der U-Bahn aus, gehen die Treppen hoch und stehen dann auf diesem – Platz? Nein, einen Platz sehen wir beim besten Willen nicht. Und noch was. Wir schämen uns zwar ein bisschen, aber geben es doch widerstrebend zu: Es gibt sogar viele Kölner, die hier einen früheren Kasernenhof vermuten. Einen Platz, auf dem Soldaten einmal zum Appell angetreten sein sollen. Warum würde die U-Bahn-Station auch sonst so heißen?

Die Wirklichkeit ist: Wir stehen vor einem schmucklosen, aber dennoch imposanten dunkelroten Backsteinbau. Es ist ein Gerichtsgebäude, das in Köln als der „Appellhof" bezeichnet wird. Diesen Namen hatten die Kölner schon vor sehr langer Zeit dem Gerichtsgebäude und auch seinem Vorgängerbau gegeben, als Kurzform aus der Bezeichnung „Rheinischer Appellationsgerichtshof" abgeleitet. Der Namensbestandteil „Appell" hat allerdings nichts mit Militär zu tun: „Appell" bedeutete damals die „Berufung" der zunächst unterlegenen Prozesspartei in der nächsten Instanz. Das Gerichtsgebäude hatte also auch einmal ein Berufungsgericht beherbergt.

Dieses ursprüngliche Berufungsgericht stand vor langer Zeit auf einem großen Platz. „Appellhof", der Name des Gerichts, wurde dann auf den damaligen, heute zugebauten Platz vor dem ersten Gerichtsgebäude übertragen. Und so bekam letztlich die heutige U-Bahn-Station ihren Namen.

Es war und ist *das* Kölner Gerichtsgebäude. Und das ist es schon seit weit über 100 Jahren. Bezieht man den Vorgänger-Bau am gleichen Ort mit ein, so wird auf diesem Justizgrundstück seit bald 200 Jahren rheinische und Kölner Rechtsgeschichte geschrieben. Hin und wieder ist es auch deutsche Rechtsgeschichte.

Bekannte Angeklagte …

Hier wurden sie alle verurteilt oder freigesprochen: deutsche Revolutionäre wie Karl Marx und Gottfried Kinkel, Kölner Unterweltfiguren wie „Dummse Tünn" und „Schäfers Nas", die Giftmörderin Irmgard Swinka und die Domschatz-Diebe. Hier erhielten der SS-Schreibtischtäter Kurt Lischka und seine Gehilfen doch noch ihre viel zu späte Strafe und das Kölner Urgestein Bankier I. D. Herstatt musste sich der Justiz für die Versäumnisse in seiner insolventen Privatbank stellen.

Zahllose und inzwischen zumeist namenlose Mörder, Totschläger, Räuber und andere Verbrecher mussten nach ihrem Prozess im Appellhof (und ggf. nach einem Schuldspruch) ihre Strafe antreten: Im schlimmsten Fall früher unter das Fallbeil, oft in der „Bleche Botz" oder im „Klingelpütz". So nannte der Kölner Volksmund damals die örtlichen Gefängnisse.

Schon gar nicht mehr zu zählen sind die Kleinkriminellen, also die Taschendiebe, Betrüger, Kirmesschläger oder Schwarzfahrer, die hier über Generationen hinweg ihren „Denkzettel" für den weiteren Lebensweg bekamen. Denn der Appellhof beherbergte sehr lange auch die Strafgerichte der unteren Gerichtsinstanzen.

… und prominente Richter in einem erstaunlichen Kölner Gericht

Verurteilt oder freigesprochen wurden sie unter anderen von Richtern, deren Namen noch heute nicht nur für Juristen Klang haben, z. B. von den heutigen Kölner Ehrenbürgern Konrad Adenauer und August Reichensperger oder von dem Rechtsgelehrten Heinrich Gottfried Daniels. Auch Ernst von Schiller, zweitältester Sohn des Dichterfürsten aus Weimar, brachte es in Köln zum ehrwürdigen Appellationsgerichtsrat. Mehrere Richter, die einmal im Appellhof arbeiteten, wurden später Oberbürgermeister von Köln.

Nun sind alte Gerichtsgebäude in so mancher deutschen Großstadt zu finden. Sie alle haben eine bewegte Geschichte hinter sich und können schaurige Straftaten ebenso wie unterhaltsame Anekdoten erzählen. Der Kölner Appellhof hat jedoch das Alleinstellungsmerkmal, dass er als erstes Gericht in Deutschland eine selbst nach heutigen Maßstäben moderne, transparente und bürgerfreundliche Justiz aufnahm. Hier war Justitia (die Dame mit der Waage und der Augenbinde!) wirklich schon vor 200 Jahren im guten Sinne blind. Das heißt, alle Bürger waren zum ersten Mal vor dem Gesetz wirklich gleich.

Das ist nicht ganz allein ein Kölner Verdienst. Richtig ist vielmehr, dass ein äußerst eigenwilliges rheinisches Völkchen diese Justiz und ihr „Rheinisches Recht" damals erst von französischen Besatzern abgeschrieben und dann den Preußen abgetrotzt hat. So steht heute im Schatten der Domtürme ein historisch hoch geschätztes, bedeutsames Gerichtsgebäude.

Auf geht´s zu einer unterhaltsamen Zeitreise!

Neugierig geworden, wie es dazu kam? Keine Sorge, jetzt wird keine trockene Vorlesung mit Jahreszahlen und Paragrafen gehalten. Wir machen nur eine ebenso unterhaltsame wie spannende Zeitreise. Dabei halten wir uns natürlich an die historischen Fakten. Wir erlauben jedoch unserer Phantasie den einen oder anderen vergnüglichen und schmückenden Ausflug. Denn gute Geschichten helfen Geschichte zu verstehen.

Unsere Zeitreise beginnt nicht gleich mit dem 1826 fertigen ersten Appellhof-Gerichtsgebäude, sondern mit seiner verblüffenden Vorgeschichte. Die soll nur ein paar hundert Meter vom Appellhof entfernt in der Breite Straße starten. Hier gehen wir in das uralte Kölner Wirtshaus „Zum Esel". Dessen Brauhaus-Tradition geht zurück bis ins 14. Jahrhundert. Auch heute ist der „Bier-Esel" immer noch ein beliebter Treffpunkt für durstige Kölner.

Bei einem frisch gezapften Kölsch schließen wir die Augen und stellen uns vor: Wir sitzen an einem Sonntagmorgen im Jahre 1798 nach dem Kirchgang in der damals völlig verräucherten, lauten Gaststube.

Die Frühschoppen-Gäste um uns herum sind nicht zu beneiden. Denn seit bald schon vier Jahren ist Köln von den französischen Revolutionstruppen besetzt – pardon: befreit, natürlich. Wie? Die Freie Reichsstadt Köln, die sich längst von Adel und Klerus befreit hatte, wurde durch die Franzosen von Adel und Klerus noch einmal befreit? Über diesen Widerspruch spotten oder wüten die „Befreiten" je nach Temperament.

Aber lassen wir die einfachen Kölner Bürger dazu doch selbst zu Wort kommen!

Dicke Luft im Brauhaus „Zum Esel"

Wut, aber auch Hoffnung haben die Kölner auf ihre französischen Besatzer.

„Du bis der größte Dummkopf in dieser Stadt!" – „Dein Backofen hat Dir wohl das Hirn verbrannt!" – „Du bist ein noch größerer Eselskopf als der draußen am Firstbalken!"

Das waren so die Sprüche, die man regelmäßig am Sonntagmorgen im Brauhaus „Zum Esel" hören konnte. Wie an diesem Sonntag in 1798 auch wieder. Everhard Badorf, Braumeister und Wirt der traditionellen Gaststätte in der Breite Straße, hörte kaum noch hin, wenn „die" sich beim Frühschoppen in die Wolle bekamen. „Die", das war ein Stammtisch von sechs bis acht Handwerksmeistern, Händlern, Bauern und anderen kleinen Selbständigen aus den umliegenden Straßen in der Kölner Nordstadt. Man traf sich nach dem Kirchgang in St. Gereon bei ihm im Brauhaus.

„Nur auf ein schnelles Wieß", wie sie vermutlich ihren Ehefrauen beschwichtigend erklärten. Die kamen natürlich nicht mit, sie mussten ja das Mittagessen vorbereiten. Die Ehemänner tranken aber oft so viele Weißbiere, dass die jungen Burschen als Bedienung mit dem Transport der im kühlen Keller aus Fässern gezapften Kannen kaum nachkamen. Dazu wurde ein Pfeifchen geraucht, gestopft mit dem an der Stadtmauer von den Kölner Bauern („Kappesbuure") angebauten Tabak.

Die wirklich „dicke Luft" in der Herrenstube mit der dunklen Holzvertäfelung an den Wänden und den Fenstern mit Ruttenscheiben kam aber weniger vom Tabakqualm. So richtig laut und hitzig wurde es vielmehr, wenn beim Politisieren, Disputieren und Lamentieren die Rede auf die französische Besatzung und ihre „befreienden" Anordnungen kam.

Wut auf die Besatzer

Everhard Badorf erinnerte sich noch bestens an die Empörung, als gleich nach der Besetzung der Stadt im Oktober 1794 die französischen Soldaten mit Assignaten, dem fast wertlosen französischen Papiergeld der Revolution, die Geschäfte leerkauften. Wer die Annahme der Papierfetzen verweigerte, war ein „Feind der Republik" und wurde von einer eigens hierfür gegründeten Überwachungskommission zu einer hohen Geldstrafe verurteilt.

Dann glaubten einige Kölner Händler, hiergegen Widerstand leisten zu können: Sie setzten für ihre Waren unterschiedliche Preise je nach dem fest, ob der Käufer mit Papier oder mit gemünztem Edelmetall bezahlen wollte. Das funktionierte aber nicht: *„Jeder, der seine Waare um klingende Münze wohlfeiler gibt als für Assignaten, ist ein Betrüger, ein Feind der Französischen Republik"*, ließ der Ausschuss verkünden und setzte für die erwischten Täter empfindliche Geldstrafen fest.

„Tja, man muss nur wissen wie, dann klappt das auch!", hatte damals, im Januar 1795, der Bäckermeister Peter Thelen beim Frühschoppen vor seinen lamentierenden Leidensgenossen sehr selbstsicher verkündet. Dann hatte er mit überlegenem Lächeln sein „Rechte-Seite-Linke-Seite-System" verraten.

„Cordula, wer mit klingender Münze bezahlt, der bekommt das Brot aus den rechten Körben. Und wer mit Papier bezahlen will, bekommt die altbackenen, zu braunen und mit klumpigen Mehl gebackenen Brote aus den linken Körben!" So hatte Peter seine für den Verkauf zuständige Ehefrau listig eingewiesen.

„Ach, Peter, das geht doch nicht gut!" – „Cördelchen, mein Liebelein!" hatte Peter darauf nachsichtig gesäuselt. „Du hast doch einen schlauen Mann geheiratet." Cordula hatte dazu nur die Augen verdreht und leise gemurmelt: „Das wüsste ich aber."

„Cördelchen" sollte mit ihrer Sorge letztlich Recht behalten. Der Überwachungsausschuss tat schon wenige Tage später den Kölner Bürgern kund und zu wissen:

„Da die glaubhafte Anzeige geschehen, dass Bäckermeister sich sogar erfrechen, gegen Assignaten schlechteres Brod zu backen und abzugeben, wird man wider die Frevler ohnnachsichtlich mit scharfen, auch körperlichen und nach Befund schweren Strafen verfahren."

Da war der angesprochene Bäckermeister Peter Thelen aus der Ehrenstraße, neuerdings mit der Hausnummer 4025 und von einem Unbekannten denunziert, mit 100 Livres Strafgeld, entsprechend etwa drei Monatsverdiensten, noch einigermaßen gut weggekommen.

Köln steckt noch im Mittelalter fest und das muss sich ändern, meinen kluge Bürger.

Es gab allerdings nicht wenige Kölner, die die französische Revolutionsbesatzung als einen notwendigen, frischen Aufbruch aus der verkrusteten, spätmittelalterlichen Kölner Ordnung empfanden. Einer davon war Gereon Rode, ein junger Fuhrmann vom Neumarkt.

„Ein Querkopf! Und dazu noch ein Revoluzzer!" Der „Esel"-Wirt hatte da eine klare Meinung: Nur weil der ein paar Fuhren nach Aachen, Bonn und immerhin auch in die Niederlande gefahren hatte, meinte Rode, „die Welt gesehen" und erkannt zu haben, dass Köln „in seinem eigenen Mief ersticken" werde. Alles sollte anders werden – am besten jetzt sofort durch die Franzosen. „Freiheit, Gleichheit, Brüderlichkeit", so hatte

Gereon oft genug in der Wirtsstube die französische Revolutionsparole gerufen oder im Originalton „Liberté, égalité, fraternité!" Dann hatte der Stammtisch spöttisch zurückgerufen „… und Kamillentee!"

Seit der Besetzung Kölns waren jetzt mehr als drei Jahre vergangen, dachte Everhard an diesem Sonntagmorgen im Januar 1798, ohne dass sich Köln zum Guten verändert hätte. Eher im Gegenteil: Über drei schlimme, für Köln verlorene Jahre waren vergangen. Der Wirt hörte Wut und Frust seiner Mitbürger praktisch jeden Tag.

Die Franzosen hatten Köln bisher eigentlich nur ausgeplündert: Zwangseinquartierungen von Soldaten, Zwangsabgaben der Bürgerschaft, Beschlagnahmungen von Pferden und Vorräten, Abtransport von Kölner Kunst- und Kirchenschätzen nach Paris.

Der christliche Kalender wurde durch den Revolutionskalender mit der 10-Tage-Woche ersetzt, der Kölner Dom als Getreidespeicher und Pferdestall missbraucht. Die Fronleichnamsprozession war inzwischen offiziell verboten. Sie fand aber dennoch statt. Wegen dieser unerhörten Widerspenstigkeit wurde der Kölner Statthalter von der Aachener Zentralregierung des Rheinischen Departements Roer zum Rapport aufgefordert. Er berichtete nach Aachen, bei den Kölnern handele es sich um ein zwar *„beschränktes, aber doch sanftmütiges und anpassungsfähiges Volk"*, bei dessen Erziehung zu patriotischen französischen Bürgern *„nur Milde und Überredung"* zum Erfolg führen könnten. Die sanftmütigen Kölner als patriotische Bürger der Französischen Republik? Da hatte ein Franzose wohl selig geträumt!

Der „Esel"-Wirt füllte gerade eine Weißbierkanne in die Krüge um, als Peter Thelen das Lokal betrat. „Gut, dass Du kommst, Peter. Wir sprechen gerade über die Fortschritte in Köln durch die französische Verwaltung. Also erstmals Hausnummern, gute Straßenbeleuchtung, sogar Sauberkeit in den Gassen".

Das war glatt gelogen. Tatsächlich hatte bisher der frisch gebackene Großvater, Metzgermeister Stephan Offermanns, die Runde mit endlosen Schilderungen seines neugeborenen Enkelkindes gelangweilt. Da hatte der Dachdeckermeister Niklas Grommes mit seiner Flunkerei einen Themenwechsel provoziert, der auch prompt zu einer erfrischenden Wende in der Unterhaltung führte. Bei bestimmten Reizworten reagierte Peter Thelen eben sehr verlässlich.

„Ihr seid doch allesamt die größten …" hatte Peter schon auf der Zunge liegen. Aber weil er ja gerade erst gebeichtet hatte, blieb er sachlich, auch wenn ihm das schwer fiel. „Die Einführung der Hausnummern hatte schon der Rat der Stadt Köln lange vor den Franzosen beschlossen."

„Ja, sogar zweimal. Und dann beide Beschlüsse nicht ausgeführt!" spottete Gereon Rode süffisant aus seiner Fensterecke, was Peter Thelen einfach ignorierte.

„Straßenbeleuchtung braucht man nicht. Wer statt zu schlafen noch im Dunkel spazieren will, soll gefälligst seine eigene Laterne oder Fackel mitnehmen und nicht die Allgemeinheit mit Beleuchtungskosten belasten. Und Köln stinkt immer, ob mit oder ohne die viel zu teure Straßenreinigung!"

„Natürlich, die alte Kölner Dreifachweisheit für den mutigen Fortschritt: Kennen wir nicht, brauchen wir nicht, fort damit!"

Chaos im Kölner Recht

Gereon hatte nur kurz die Lacher auf seiner Seite, dann meldete sich der Schmied Heinrich Pohl zu Wort. „Jetzt einmal im Ernst: Die Franzosen drangsalieren uns jeden Tag mit immer neuen unsinnigen Dekreten, Geboten und Verboten. Aber sie kommen nicht auf die Idee, zum Beispiel unsere Gerichte in der Stadt neu zu organisieren. Oder einmal eine klare Linie in diese wirren Kölner Gesetze zu bringen. Dabei wäre das doch bitter nötig."

„Heinrich, da sagst du was sehr Richtiges!" pflichtete ihm Matthias Tullius, der Gewürzhändler aus der Benesisstraße, sofort bei. „Gerade habe ich wieder einen Prozess gegen einen zahlungsunwilligen Kunden verloren. Es ist schon ein Kunststück in dieser Stadt, auch nur vor dem richtigen Gericht zu klagen. Die wissen selbst nicht, wofür sie zuständig sind. Und man kann den Richtern schreiben, was man will. Im schriftlichen Urteil, das erst ein Jahr später kommt, steht irgendetwas anderes."

Da räusperte sich Paul Breuer, Kohlbauer sowie Händler vom Alter Markt, und sagte mit großer Bestimmtheit: „Daran wird sich aber jetzt bald einiges ändern."

„Paul, woher weißt Du *das* denn?" Die Stammtischrunde sah den Bauern verblüfft an. Paul wand sich, druckste herum und murmelte schließlich widerstrebend: „Von meinem zukünftigen Schwiegersohn."

„Wirklich, Paul? Dein Urselchen heiratet? Wer ist denn der glückliche Bräutigam?" Paul nahm einen tiefen Zug aus seinem Bierkrug und sah unglücklich an die von unzähligen Talgkerzen schwarz verrußte Holzdecke der Herrenstube. „Das ist ja das Problem!"

„Um Gottes Willen, Paul! Es wird doch hoffentlich keiner von den Protestanten sein, die sich neuerdings hier in Köln so breitmachen?" sorgte sich Metzger Offermanns mit Schaudern.

„Viel schlimmer noch. Der Schäng, also der Jean Ebinger, der ist ein Franzose!"

Über die Frühschoppenrunde im „Esel" legte sich bleiernes Schweigen. Selbst der Franzosenfreund Gereon Rode schwieg betroffen. Es ahnte ja auch niemand, dass „der Schäng" einmal als einer von ihnen in der Runde sitzen würde.

Die Franzosen wecken Köln aus seinem „Dornröschen-Schlaf".

Die chaotische Kölner Stadtgerichtsbarkeit und die Verwaltung werden radikal entrümpelt.

„53? Drei-und-fünfzig? Köln soll 53 verschiedene Gerichte haben?" Franz Josef Rudler sah seinen jungen Sekretär mit einem Gesichtsausdruck an, der irgendwo zwischen Ungläubigkeit und Fassungslosigkeit zu deuten war.

Rudler, ein aus dem Elsass stammender französischer Regierungskommissar, war nicht nur wegen seiner nützlichen Zweisprachigkeit Ende 1797 nach Köln entsandt worden. Als ehemaliger Richter am höchsten Pariser Gerichtshof bot er vor allem die Gewähr dafür, dass die überfällige Neuordnung des Kölner Gerichts- und Verwaltungswesens jetzt endlich nach dem französischen Vorbild ausgeführt wurde. Das war auch dringend nötig, weil Köln aus Pariser Sicht nun nicht mehr nur als auszubeutende, besetzte Provinzstadt, sondern als zukünftiger, dauerhafter Teil der Französischen Republik betrachtet wurde. Das linke Rheinufer sollte die Staatsgrenze von Frankreich sein. Deshalb galt es jetzt, vieles in der Organisation der Stadt ganz schnell neu zu regeln.

Jean Ebinger schaute seinen neuen Chef seinerseits irritiert an. Der hatte ihn zu seinem Sekretär nicht nur deshalb gemacht, weil Jean ebenfalls Elsässer war. Der Verwaltungsjurist Ebinger war auch blitzgescheit, zuverlässig, ehrgeizig, kannte die Kölner Verwaltung schon seit zwei Jahren und die beiden Franzosen mochten sich. Der erste Auftrag des Regierungskommissars an seinen Sekretär war gewesen, eine Bestandsaufnahme der Kölner

Gerichte zu machen. Und jetzt das: 53 Gerichte! Unmöglich! Rudler schüttelte den Kopf.

Jean ließ sich seine Enttäuschung über die Zweifel Rudlers an seiner Arbeit nicht anmerken, sondern kramte eine Liste hervor, von der er mit monotoner Stimme ablas: „Das erbvogteiliche Gericht zu St. Gereon, das Gericht von St. Severin, das Weyerstraßengericht, das Gericht von Niederich, das Dillesgericht, das Gericht von Airsbach, das erbvogteiliche Hachgericht, das Gericht des Hofes Benesis, das Gericht des Hofes Subweiler, das Gericht der Afterdechanei auf dem Entenpfuhl, das Erzbischöfliche Hohe Weltliche Gericht, das Erzbischöfliche Offizialgericht, das Pferdegericht, das Tuchhaltergericht, das …“.

„Schon gut, das reicht!“ unterbrach ihn Rudler. „Hier hat wohl jeder Pfaffe, jeder Handwerker und jeder Kohlbauer seinen eigenen Richter. Aber das werden wir ändern.“

„Ihr wollt diese Gerichte reformieren?“ – „Nein!“ Jean bemerkte zum ersten Mal, so wie später noch oft, ein fröhliches Funkeln in Rudlers Augen. „Abschaffen werde ich diese Gerichte, alle, und zwar sofort! Habt Ihr was zu schreiben? Gut. Also folgendes Dekret soll den Gerichten zugestellt und diese Neuordnung den Bürgern per Aushang bekanntgemacht werden: Erstens. … .“

Französisches Recht für Köln …

Und so lasen die Kölner als Konsequenz dieser Besprechung im April 1798 mit Erstaunen, dass sie statt 53 jetzt nur noch vier Gerichte hatten: Das „Friedensgericht“ für die kleinen, alltäglichen Streitigkeiten und Bagatellstrafsachen, für die gewichtigeren Fälle das „Tribunal 1. Instanz“, für die

Berufungen das „Appellationsgericht" im fernen Aachen bzw. Trier und für die Revisionen das „Kassationsgericht" im noch ferneren Paris – fertig!

Noch mehr staunten die Bürger aber darüber, dass die Richter nicht mehr schriftlich, also nach den mit Schriftsätzen gefüllten Akten im stillen Kämmerlein urteilten. Alle Prozesse wurden in öffentlichen und von jedermann anzuhörenden Gerichtsverhandlungen entschieden. Dabei wurde der Fall kurz mündlich dargestellt, Zeugen wurden befragt, jeder Beteiligte unterbreitete dem Richter direkt seine Argumente und es wurde munter hin und her diskutiert. Danach erhob sich der Richter, sprach sein Urteil und der Fall war erledigt. Das hatte es in Köln noch nicht gegeben!

Noch einmal zurück zu unseren beiden Franzosen in der Mairie, also im Rathaus. „Moment, mein Freund, wir sind noch nicht fertig!" Jean hatte sein Schreibzeug zu früh weggepackt. Sein Chef hatte klare Vorstellungen davon, wie er die alte Kölner Ordnung auf den Kopf stellen wollte – und das sehr zügig. „Wir richten bis spätestens zur Jahresmitte hier in der Mairie ein Zivilstandsbüro ein, wo alle Geburten, Heiraten und Sterbefälle registriert werden. Die Pfarrer müssen ihre Kirchenregister dort abliefern. Selbstverständlich ist in Zukunft nur noch unsere Zivileheschließung rechtlich maßgeblich."

„Und selbstverständlich wird es dann in Köln auch erstmals Ehescheidungen geben", warf Jean ein.

… und gleiche Bürgerrechte für alle – endlich!

Rudler wirkte hochzufrieden. „Ich sehe, Bürger Ebinger, Ihr denkt mit und wisst, was zu tun ist. Aber das ist noch nicht alles. Was haltet Ihr davon, dass Juden seit über 300 Jahren in dieser

Stadt kein Wohnrecht haben? Dass sie nur mit schriftlichem, kostenpflichtigem Passierschein die Stadt betreten dürfen und sie bis Sonnenuntergang wieder verlassen müssen? Die Kölner wollen also zum Beispiel die hervorragenden jüdischen Ärzte aus Deutz und Mühlheim als Heilkundige, aber nicht als Nachbarn haben!"

„Ein klarer Verstoß gegen den Grundsatz der Gleichheit aller Menschen, den wir mit unserer Revolution erkämpft haben und auch hier durchsetzen wollen", bemerkte Jean mit Nachdruck.

„Sehr richtig, mein Freund. Wir werden also mit unserer neuen Verwaltung dafür sorgen, dass in Köln Katholiken, Protestanten und auch Juden gleichberechtigt leben und in jedem Beruf arbeiten können."

„Ihr werdet Euch allerdings mit diesen Neuerungen nicht nur Freunde machen", erlaubte sich Jean anzumerken, „nachdem Ihr schon kürzlich die traditionellen Berufszusammenschlüsse der Zünfte und Innungen verboten habt."

Rudler machte eine wegwerfende Handbewegung. „Ach was, die alten Kölner Honoratioren spielen keine Rolle mehr. Und wisst Ihr was, Bürger Ebinger?" Da war es wieder, das fröhliche Funkeln in Rudlers Augen. „Köln schläft immer noch, wir wecken es auf!" Er lachte, erhob sich und noch im Hinausgehen sagte er: „Erinnert mich morgen daran, dass wir so schnell wie möglich für die Kölner Kaufleute eine Handelskammer einrichten! Und ein Handelsgericht brauchen wir auch noch!"

An diesem Tag ging Jean früher vom Dienst nach Hause. Die Hochzeit mit seiner geliebten Ursula Breuer musste vorbereitet werden. Das ist doch das wichtigste Ereignis in diesem offenbar stürmischen Umbruchjahr 1798, dachte Jean. Was mochte das

Jahr noch alles an Veränderungen in seinem und im Leben dieser Stadt bringen?

Da wusste er noch nicht, dass die Kölner bald in Metern (statt wie bisher in Zoll) messen und in Kilogramm (statt in Kölner Pfund) wiegen sollten (was sie dann erst einmal trotzig nicht taten). Sehr viel „einschneidender", zynisch ausgedrückt, war aber eine Neuerung, weswegen der Galgen auf dem Kölner Friedhof Melaten für Hinrichtungen ausgedient hatte: Am 17. Oktober 1798 wurde auf dem Domhof erstmals eine bis dahin in Köln unbekannte Hinrichtungsmaschine aufgebaut – die Guillotine, benannt nach ihrem Erfinder, einem französischen Arzt.

„Kommt Christen, kommt von weit und ferne, daß jeder doch gerecht seyn lerne, findt euch bey diesem Trauerspiel ein!"

So warb ein Flugblatt in Köln um Zuschauer für die Hinrichtung neben dem Dom. Damit sollten potenzielle Straftäter abgeschreckt werden. Und die Kölner waren in Scharen gekommen, als das Fallbeil niedersauste.

Kein Zweifel: Köln hatte jetzt eine französische Justiz.

Der Tote vom Berlich

Eine Leiche und ein Täter – der wäre dann auch der zu
verurteilende Straftäter. Wenn Napoleon nicht wäre!

„Peter, was haben wir falsch gemacht?" Cordula wurde immer
noch von Weinkrämpfen geschüttelt, obwohl es schon weit nach
Mitternacht war und das schlimme Ereignis einige Stunden
zurücklag. „Nichts, Cordula, wirklich nichts". Peter Thelen biss
die Zähne mit einer Kraft zusammen, dass die Kieferknochen
hervortraten. „Aber, Peter, wie konnte das denn passieren?"

Ja, wie konnte das denn passieren? Der Bäckermeister hatte in
dieser Nacht von Samstag auf Sonntag im Sommer des Jahres
1810 selbst keine Erklärung für das, was seine Vorstellung
überstieg. Gab es überhaupt eine Erklärung für dieses Unglück?

Sicher, Georg war schon immer ein, sagen wir mal,
„besonderes Kind" gewesen. So völlig anders als sein zwei Jahre
jüngerer Bruder Sebastian. Nicht nur äußerlich, denn er war
klein, gedrungen und kräftig, während Sebastian ein doch eher
schlanker, zierlicher Typ war. Vor allem aber war Georg in
seinem Verhalten auffällig. Man konnte ihn als schweigsam,
sogar unfreundlich empfinden. Obwohl diese letzte Eigenschaft
sich nicht bestätigte, wenn man ihn näher kannte. Und für seine
Schweigsamkeit gab es eine nachvollziehbare Erklärung, nämlich
seinen Sprachfehler. Er stotterte.

Schon früh, als Jugendlicher, hatte sich eine besondere
Eigenschaft gezeigt - seine erstaunliche körperliche Kraft. Mit
Leichtigkeit wuchtete Georg die schweren Mehlsäcke auf den
Dachboden über der Backstube seines Vaters. Wenn er sich als
„Karrenschieber" im Kölner Hafen in die Speichen der Räder
stemmte, dann rollten die Fuhrwerke leicht und selbst bergan

zügig über das alte und grobe römische Pflaster. Stolz zeigte er seinen Eltern danach die Kupfermünzen, die er dafür von den Fuhrleuten bekommen hatte. Wer ihn allerdings wegen seines Stotterns hänselte, bekam Georgs Kraft sehr nachteilig zu spüren. Mehrfach hatte Cordula in diesen frühen Jahren aufgebrachte Eltern aus der weiteren Nachbarschaft besänftigen müssen, deren Söhne nach Auseinandersetzungen mit Georg schwarz und blau geprügelt nach Hause kamen.

Gottlob hatte es sich sehr glücklich gefügt, dass Georg sich frühzeitig für das Schmiedehandwerk interessierte. Gerne wurde er deshalb von seinem Großvater, dem Schmied Heinrich Pohl vom Berlich, in die Lehre genommen. Da schwang Georg den schweren Schmiedehammer wie eine Feder und fertigte schon bald mit großem Geschick Sensenblätter, Fassreifen, Nägel oder anderes Werkzeug. Mit Respekt wurde Georg deshalb, vielleicht aber auch wegen seiner kräftigen Faust, von Altersgenossen „Hammer-Schorsch" genannt. Vor kurzem war er 19 Jahre alt geworden, ohne dass Peter und Cordula bis dahin wegen ihm viele schlaflose Nächte gehabt hätten. Und jetzt dieses Unglück! Was war geschehen?

Knobelabend in der „Weintraube"

Der Samstag, der so tragisch enden wird, ist wieder ein schöner Sommertag. Ein Samstag, wie ihn die Kölner Handwerksgesellen besonders lieben, die dann am Abend mit ihrem ausgezahlten Wochenlohn in die mehr oder weniger seriösen Etablissements der Domstadt ausschwärmen. Georg zieht es in die „Weintraube" auf dem Berlich. Mochte sein Vater auch das frisch gebraute Bier im „Esel" bevorzugen, er hat eher eine Vorliebe für Wein. Und der ist in der „Weintraube" sogar besonders billig. Außerdem kennt er dort viele Gäste aus dem Umfeld seiner Arbeitsstätte.

Natürlich ist der Berlich keine besonders feine Adresse: Die mittelalterliche Straßenbezeichnung bedeutet so etwas wie „Schweinewiese". Das Anwohnerpublikum war also früher schon keinesfalls vornehm gewesen. Und die Gäste in der „Weintraube" sind es heute ebenso wenig. Georg stört das nicht.

„Schorsch, machst Du mit beim Würfeln?" Als Georg die Weinschänke betritt, wird er gleich von Kunibert Gärtner angesprochen. Georg will gerne mitmachen, er kennt Kunibert, den immer gut gelaunten Fassbindergesellen, durch seine Arbeit. Der andere am Tisch allerdings, der Fleischergeselle Markus Berg, ist ihm früher einmal unangenehm aufgefallen. Da hatte der sturzbetrunken einen grundlosen Streit mit Gästen angefangen.

Es wird um Runden geknobelt und Georg hat eine seltene Glückssträhne. Die Würfel fallen so, als hätte er es sich ausgesucht. Die meisten Runden, die der „Weintraubenwirt" in immer kürzeren Abständen serviert, hat Markus zu zahlen. Georg merkt, wie zum einen Markus immer betrunkener wird und zum anderen die Stimmung am Tisch kippt. Beim nächsten Wurf von Georg bleibt ein Würfel mit der Kante schräg am Bierkrug hängen. „Veloorn", lallt Markus, „ un jetz jib ´ne Runde!" „Nein", erwidert Georg, „ der W-w-würfel b-brennt!" – Markus sieht Georg mit stierem Blick hasserfüllt an. „Du bissen Betrüger!" Georg steht auf, wünscht allerseits eine gute Nacht, zahlt beim Wirt und verlässt die „Weintraube". Er will keinen Ärger.

Ein Angriff mit schlimmen Folgen

Er ist noch keine zehn Schritte in Richtung Breite Straße gegangen, als er hinter sich einen warnenden Schrei hört: „Schorsch, pass auf!" Mit einem Blick über die Schulter sieht er Markus auf sich zu laufen, in seiner erhobenen rechten Hand blitzt eine Klinge.

Die Körperdrehung verstärkt Georgs ansatzlosen Faustschlag, der Markus mit großer Wucht genau am Kinn trifft. Markus torkelt nicht einmal, sondern fällt wie vom Blitz getroffen rückwärts auf das Pflaster. Als sein Kopf aufschlägt, gibt es ein knackendes Geräusch. Die wenigen Nachtschwärmer, die noch auf dem Berlich unterwegs sind und Zeugen des Geschehens werden, schreien entsetzt auf.

Ein Fleischermesser rutscht klirrend über die Kopfsteine, bis es vor einer Türschwelle liegenbleibt. Sibylla Wolf, durch den Lärm auf der Straße neugierig geworden, tritt aus ihrem Haus – und auf das Messer. „Sieh an", denkt sie, „ein gutes Fleischermesser, das man sicher gebrauchen kann." Schnell hebt sie es auf, schaut sich noch einmal vorsichtig nach möglichen Beobachtern um, die es jedoch wegen des Tumults nicht gibt. Dann verschwindet sie im Haus.

Isaak Goldberg, Doktor der Medizin, ahnt schon, worum es geht, als jemand zu dieser späten Stunde auf seine Haustüre hämmert. Er hatte als Jude, nachdem er endlich in 1802 von Deutz nach Köln übersiedeln durfte, nur dieses Haus auf dem Berlich kaufen können. Leider wird er nicht zum ersten Mal am späten Abend zur Behandlung von Schlägereiopfern in diesem unruhigen Viertel gerufen. Diesmal scheint es allerdings doch sehr ernst zu sein.

Der junge Mann am Boden hat keinen Puls mehr, die Augen sind starr, die Pupillen zeigen keine Reaktionen auf das Licht der

Fackel. Goldberg hebt den Kopf des Mannes vorsichtig aus der Blutlache und betrachtet den Hinterkopf. Das ist ein klassischer Schädelbasisbruch; sicher auch, weil der Kopf unglücklich auf einen spitzen, verkanteten Pflasterstein geschlagen ist.

„Exitus!" bemerkt der Medicus knapp zu dem inzwischen erschienenen Polizeisergeanten. „T-t-tot?" fragt Georg, der wie betäubt vor der Gruppe der neugierigen Gaffer steht. „Mitkommen zum Arrest!" – „A-a-aber er hatte ein M-m-esser!" Der Sergeant sucht mit den Augen den Boden ab. „Ich sehe hier keins." – „A-a-aber …" - „Das könnt Ihr ja dem Richter erzählen."

Während Georg abgeführt wird, läuft Kunibert Gärtner zum Haus der Familie Thelen.

Ein Hochzeitstag und viele Tränen

Ein französischer Richter spendet verzweifelten Kölner Eltern Trost und Hoffnung.

Jean Ebinger war an diesem Sonntagmorgen im Sommer 1810 schon früh wach. Aber er verhielt sich ruhig. Einerseits, um seine Ehefrau und die Kinder nicht zu wecken. Andererseits war diese Stille in der Schlafkammer bei aufgehender Sonne vielleicht die richtige Gelegenheit, um an dem heutigen 12. Hochzeitstag mit Muße über den letzten zurückliegenden Lebensabschnitt nachzudenken.

Ein Lebensabschnitt von zwölf Jahren, wie er glücklicher nicht hätte sein können. Sicher, dass er damals, in 1798, sich ausgerechnet in die Tochter eines Bauern verguckt hatte, die auf dem Alter Markt das selbstgezogene Gemüse ihrer Familie verkaufte - das war schon etwas verrückt. Doch sein Bauchgefühl hatte ihm gesagt, dass diese junge Frau mit ihrem wachen Blick, ihrem freundlichen, selbstbewussten Auftreten und ihrem fürsorglichen Umgang mit den damals schon etwas gebrechlichen Eltern genau den Charakter hatte, den er sich von seiner Zukünftigen wünschte. Natürlich hatte er damals jedem Kunden den Vortritt gelassen, um danach unbedingt von der jungen Marktfrau persönlich eingehend beraten zu werden. Etwa welches Gemüse zu welchem Gericht passe, ob die Pflaumen auch wirklich reif seien und wie ein Junggeselle ohne große Kocherfahrung am besten die Bohnen garen sollte. Ursula hatte dem charmanten französischen Beamten mit dem lustigen Elsässer Akzent gerne die gewünschten Auskünfte erteilt. Die Blicke, die dabei ausgetauscht wurden, waren die eigentliche Botschaft.

Anfangs war er als Franzose, als einer der „befreienden" Besatzer bei seinen Schwiegereltern wohl nicht besonders willkommen gewesen. Das hatte sich gelegt, schon als seine berufliche Stellung und seine Besoldung klar wurden. Und spätestens seitdem jetzt vier gesunde, quirlige Enkelkinder den Opa Paul und die Oma Apolonia auf Trab hielten, war das Eis gebrochen. Dann hatte er auch noch im Zuge der Säkularisierung aus dem enteigneten Kirchenbesitz ein hübsches kleines Haus sehr günstig ersteigern können und das Familienglück war perfekt.

Beruflich hatte es einen Bruch gegeben. Von seinem damaligen Chef, Regierungskommissar Rudler selbst, war die Anregung gekommen. „Hättet Ihr nicht Lust, hier in Köln als Richter am Tribunal 1. Instanz tätig zu werden?" hatte der ihn damals gefragt. Als früherer Richter am Obersten Pariser Gerichtshof wusste Rudler um die Aufstiegschancen, die er auch seinem Sekretär zutraute. Die Qualifikation hierfür brachte Jean unter anderem aufgrund seines Studiums der Rechte in Straßburg mit. Jean Ebinger hatte Lust und wagte den beruflichen Neuanfang. Er hatte es bisher nicht bereut.

Napoleons neue Gesetze – auch für Köln ein Segen!

Das auch deshalb, weil die Gesetze, nach denen er seit einigen Jahren als Richter zu urteilen hatte, sich immer mehr verbessert hatten. Die Revolution war passé. Nichts war mehr mit „Bürger"-Anrede, Papiergeld und Revolutionskalender - Frankreich hatte vor einigen Jahren unverhofft einen Kaiser bekommen. Und dieser Kaiser Napoleon Bonaparte war nicht nur ein genialer Feldherr, sondern – was allgemein nicht so bekannt war – zudem ein fast schon leidenschaftlicher Gesetzgeber. Die besten juristischen Köpfe hatte er in Paris zusammengeholt, um neue Gesetzbücher für sein Kaiserreich zu entwerfen. Mehr als die Hälfte der Ausschusssitzungen dieses Gremiums hatte Napoleon persönlich geleitet.

Die Ergebnisse dieser Gesetzgebung waren beeindruckend. Angefangen vom Code Civil, dem Bürgerlichen Gesetzbuch (1804), bis zum Strafgesetzbuch Code Pénal (1810) waren in schneller Abfolge insgesamt fünf Gesetzbücher eingeführt worden. Und die waren richtig gut, also durchdacht, gerecht und frei von irgendwelcher einseitigen Ideologie. Als Richter fühlte man sich in dieser Justiz sehr wohl.

So wie er sich überhaupt in Köln wohl fühlte. Das ging sogar so weit, dass er sonntagmorgens manchmal mit seinem Schwiegervater in den „Esel" zum Frühschoppen ging. Da war er inzwischen als „der Schäng" vorbehaltlos in die Stammtischrunde aufgenommen worden.

Ein unerwartetes Geräusch riss Jean aus seinen Tagträumen. Es klopfte mehrfach an seiner Haustür. Es klang aber nicht fordernd, sondern irgendwie zögernd oder unsicher. Jean stand leise auf, zog sich etwas an und ging zur Haustüre ins Erdgeschoss.

Ein verzweifelter Besucher braucht Trost.

Draußen standen sein Schwiegervater Paul Breuer und der Bäcker Peter Thelen. Den hätte Jean fast nicht wiedererkannt: Bleich, Ringe unter den Augen, zitternde Unterlippe, hängende Schultern – ein Häufchen Elend.

„Pardon wegen der frühen Störung, lieber Schäng", begann Paul sich zu entschuldigen, „aber es ist etwas ganz Schlimmes passiert. Peter meint, Du könntest ihm vielleicht einen Rat geben." – „Nun kommt erst einmal rein. Was ist denn los?"

Stockend, unter Tränen, berichtete Peter Thelen dann, was sich am Vorabend auf dem Berlich zugetragen hatte. Und dass sein Sohn Georg jetzt in dem Arresthaus „Bleche Botz" eingesperrt sei, wie der Volksmund das Untersuchungsgefängnis nannte.

„Das hört sich nicht gut an." Jean war an seinem Gericht, also am Kölner Tribunal 1. Instanz, kein Strafrichter, sondern für zivilrechtliche Streitigkeiten zuständig. Aber er wusste von seinen Richterkollegen des Straftribunals, dass die bei brutalen Schlägern keinerlei Milde walten ließen. Bestimmt nicht, wenn das Opfer im Leichenschauhaus lag. „Ich kann Dir nur sagen, dass – wenn Georg wirklich wegen Totschlags oder wegen schwerer Körperverletzung mit Todesfolge angeklagt wird – er einen Advokaten als Pflichtverteidiger bekommt. Denn er hätte bei einer Verurteilung eine schwere Strafe zu erwarten. Diesen Rechtsbeistand hat Napoleon mit der letzten Justizreform angeordnet. Natürlich werden auch alle Zeugen in der öffentlichen Verhandlung gehört und können das aussagen, was für Georg vielleicht günstig sein könnte."

Peter horchte hoffnungsvoll auf. „Das ist gut, das ist ganz wichtig. Denn der Kunibert Gärtner, mit dem er in der „Weintraube" zusammen war, hat gesagt, dass der Markus Berg mit einem Messer auf Georg losgegangen ist." Jean nickte bedächtig, ohne zu viel Zuversicht verbreiten zu wollen. „Das wäre natürlich eine Notwehrsituation für Georg gewesen. Dann wäre er straffrei. Wenn, ja wenn es wirklich so war und es sich zudem vor Gericht beweisen lassen sollte."

„Meinst Du, das Gericht wird Georg wegen Totschlags anklagen?" Peters Gedanken drehten sich immer noch im Kreis. „Nein, ob Totschlag oder nicht - Georg wird nicht durch das Gericht angeklagt werden, sondern von dem Staatsprokurator. Der ist nicht das Gericht, sondern im französischen Recht eine eigene Anklagebehörde. Die Richter sind von dieser Behörde unabhängig. Sie können den Fall anders sehen und entscheiden."

„Ich kann aber ins Gericht gehen und mir den Prozess ansehen?" – „Sicher kannst Du das", bestätigte Jean und fügte nach kurzer Pause hinzu: „Genau wie die Familie Berg."

„Was? Die Familie, die meinen Georg ins Unglück gestürzt hat?" Jean nickte. „Natürlich. Die Öffentlichkeit von Gerichtsverhandlungen gilt seit der Französischen Revolution für jedermann. Und das mit dem „Ins-Unglück-stürzen" wird der Staatsprokurator vermutlich genau anders herum sehen."

Peter weinte hemmungslos. Von der Schlafkammer kam Ursula die Treppe hinunter und fragte aufgeregt, was passiert sei. Kein guter Beginn des Hochzeitstages, dachte Jean.

Auf des Messers Schneide

Freispruch! War es das französische Recht oder doch die Schwarze Muttergottes?

„Nie und nimmer! Auf keinen Fall komme ich mit ins Gericht!" Cordula Thelen wusste, wohin sie gehen wollte, wenn ihr Sohn Georg vor Gericht stehen würde. „Ich werde zur Schwarzen Muttergottes in der Kupfergasse gehen, eine Kerze anzünden und beten. Das hat noch immer geholfen."

Und so ging Peter Thelen an diesem Schicksalsmorgen ohne seine Ehefrau in Richtung Trankgasse Nr. 7, wo im Gebäude des historischen „Kölner Hof" das Tribunal 1. Instanz seinen Sitz hatte. Begleitet wurde er allerdings von seinem jüngeren Sohn Sebastian. Der hatte – neben anderen Sorgen – aber auch die Befürchtung, sein Vater könnte vielleicht wieder einmal durch seine aufbrausende Art Schaden anrichten.

„Auch ein guter Junge!" dachte dagegen Peter. Seit einigen Jahren ging Sebastian ihm mit großem Geschick in der Backstube zur Hand, half auch seiner Mutter beim Verkauf und hatte sogar gute Ideen gehabt, um den Backbetrieb zu vereinfachen. Um seinen Nachfolger musste der Bäckermeister sich also keine Sorgen machen. Die Sorgen galten Georg.

Es gab inzwischen einen kleinen Hoffnungsschimmer: Nachdem der Staatsprokurator als Untersuchungsrichter den Doktor Isaak Goldberg zu der genauen Todesursache befragt hatte, lautete die Anklage nicht auf Totschlag, sondern „nur" auf schwere Körperverletzung mit Todesfolge. Aber auch dafür konnte es als Strafe jahrelange Haft mit Zwangsarbeit geben.

Ein Lächeln huschte über Georgs bleiches Gesicht, als er von der „Bleche Botz" in den Gerichtssaal geführt wurde und auf den Zuschauerbänken Vater und Bruder erkannte. Neben ihm nahm, beruhigend parlierend, ein Robenträger Platz. „Das muss der Advokat Cremer sein. Der Ebingers Schäng sagt, der sei ein guter Pflichtverteidiger", flüsterte Sebastian seinem Vater zu. Auf der anderen Saalseite machte sich der Staatsprokurator LaGarde für seinen Vortrag bereit, als das Gericht mit drei Berufsrichtern den Sitzungssaal betrat.

Der Prozess beginnt.

Für den Ankläger LaGarde war der Fall beim Vortrag der Anklage sonnenklar: Nach ausgiebigem Weingenuss gab es Streit um angebliches Falschspiel beim Würfeln. Der mögliche Falschspieler, also der Angeklagte Georg Thelen, flüchtete aus der Weinstube, wurde jedoch von dem späteren Opfer Markus Berg eingeholt und zur Rede gestellt. Daraufhin prügelte der Schmied, im Viertel ein gefürchteter Schläger und als „Hammer-Schorsch" verrufen, sein körperlich unterlegenes Opfer so brutal zu Boden, dass der Schädel zertrümmert wurde.

Sebastian merkte, dass sein Vater rot anlief, hastig atmete und gleich explodieren würde. „Nein, Vater, bleib bitte sitzen!" Sebastian hielt seinen Vater am Arm und zog ihn herunter, als der sich gerade erheben und das Gericht wutschnaubend über diese skandalöse Fehleinschätzung des offenbar völlig unfähigen Anklagevertreters aufklären wollte.

Genau das tat dann, allerdings sachlich, der Advokat Cremer. Der führte sehr eloquent und in geschliffenen Worten aus, dass – wie die anstehende Beweisaufnahme sicher noch zeigen werde – sein Mandant die Weinschänke zur Vermeidung eines grundlos von Markus Berg vom Zaun gebrochenen Streits verlassen habe.

Das selbstverständlich erst, nachdem er zuvor ruhig und ordnungsgemäß seine Zeche gezahlt habe. Dann sei sein Mandant hinterrücks von dem betrunkenen, aggressiven Markus Berg mit einem Messer angegriffen worden. Nur durch einen glücklichen Zufall, nämlich durch einen Zuruf des Zeugen Gärtner gewarnt, habe der Angeklagte Georg Thelen noch rechtzeitig auf den hinterhältigen Angriff mit dem Messer reagieren können. In Notwehr habe der Angeklagte deshalb dann einmal zugeschlagen. Die Schwere der Verletzung des Opfers sei natürlich nicht gewollt und wegen der unglücklichen äußeren Umstände – kantiges Straßenpflaster - auch nicht voraussehbar gewesen.

An dieser Stelle fühlte sich Georg aufgerufen, zur Bekräftigung selbst eine Erklärung abzugeben und er stotterte aufgeregt zur Richterbank: „Er ha-ha-hatte ein M-m-m-messer!"

„Lügner! Mörder! Auf die Guillotine mit dem Kerl!" In einem Pulk von Männern in der äußersten hinteren Ecke des Sitzungssaals war ein junger Mann aufgesprungen und hatte eifernd seinen Hass ausgespuckt. Einige seiner Sitznachbarn grölten, möglicherweise sogar alkoholisiert: „Richtig! Die Rübe runter! Sofort!"

Der Gerichtsvorsitzende beugte sich mit versteinertem Gesicht weit über die Richterbank in Richtung der Zwischenrufer. Die beiden Gerichtsdiener an der Tür gingen schon in Position. „Messieurs, Ihr habt das Recht, hier die Gerichtsverhandlung zu verfolgen. Aber Ihr habt nicht das Recht, sie zu stören. Bei der nächsten Störung werde ich Euch des Saales verweisen."

„Da hinten sitzt die Familie Berg mit ihren Freunden aus dem Hafenviertel. Das eben war der jüngste Bruder von Markus, ich kenne den", raunte Sebastian seinem Vater zu.

Ein Messerangriff? Notwehr? Beweise?

Es folgte die Beweisaufnahme. Der erste Zeuge, der Doktor Isaak Goldberg, führte aus, dass das schadhafte Straßenpflaster den Schädelbasisbruch verursacht habe. Ob er ein Messer am Tatort gesehen habe, wollte das Gericht wissen. - Nein. - Stichverletzungen bei dem Angeklagten? - Nein.

Der zweite Zeuge war der Polizeisergeant, der als erster zu dem Vorfall gerufen worden war und den Angeklagten in Arrest genommen hatte. Er bekundete, er habe auf den Hinweis des Angeklagten zu einer behaupteten Messerattacke durch das Opfer den Tatort abgesucht, aber kein Messer gefunden.

Der dritte geladene Zeuge war Kunibert Gärtner, Knobelpartner von Georg und Markus an dem verhängnisvollen Abend – und Nachbar der Familie Berg im Hafenviertel. Nervös, fahrig schilderte Kunibert zunächst den Verlauf der Würfelpartie und deren abruptes Ende nach dem Vorwurf des Falschspiels. „Hat der Angeklagte seine Zeche bezahlt oder ist er einfach so aus der Schänke gelaufen?" wollte der Gerichtsvorsitzende wissen. „Nein, er hat sich am Tisch sogar sehr höflich verabschiedet und beim Wirt bezahlt. Er wollte dem Streit aus dem Weg gehen." – „Und wie ging es dann weiter?"

„Er, also der Markus, lief dem Georg nach und dann ist es passiert." – „Was ist passiert?" – „Naja, die Attacke, der Schlag und alles." Kunibert zuckte mit den Schultern.

„Welche Attacke genau?" Der Gerichtsvorsitzende war nicht unfreundlich, aber sehr beharrlich bei den Details. Kunibert warf einen unsicheren Blick hinter sich auf die Zuschauerbänke. „Der Markus hatte was in der Hand, als er dem Georg nachlief. Deshalb habe ich gerufen, damit der Schorsch aufpassen soll. Es blitzte irgendwie, vielleicht ein Messer." Wieder nervöses Schulterzucken.

„Du spinnst doch!" – „Das hast Du wohl geträumt." – „Überleg Dir gut, was Du sagst!" Die Berg-Ecke konnte nicht länger an sich halten und schrie wild durcheinander.

„Es reicht!" Der Gerichtsvorsitzende beorderte die schon wartenden Gerichtsdiener mit einer Kopfbewegung in die hintere Ecke. „Die Herren möchten nach Hause gehen. Alle!"

Während die Bergs unter halblaut gemurmelten Flüchen und Beschimpfungen des Zeugen aus dem Saal eskortiert wurden, presste Sebastian die Hand seines Vaters, der mit hochrotem Kopf am Rande des Zusammenbruchs schien. Dagegen schien der Zeuge Kunibert Gärtner jetzt erleichtert, fast schon entspannt und atmete tief durch.

„Nochmal genau bitte, was blitzte da in der Hand von dem Markus Berg?" Der Vorsitzende wurde geradezu sanftmütig bei seiner entscheidenden Frage. „Ein Messer, ja, es war ein Messer. Ich habe es genau gesehen, als er es schon beim Rausgehen aus der „Weintraube" aus seinem Wams rausgezogen hat. Dann hat er gesagt: Der kriegt, was er verdient!" –„Und wo ist dieses Messer dann abgeblieben, nachdem das Opfer zu Boden geschlagen worden war?" – „Ich weiß es nicht, wirklich nicht."

Fünf Jahre Zwangsarbeit oder Freispruch?

Der Prokurator LaGarde war nicht von der Aussage des Zeugen Gärtner überzeugt, als er sein Schlussplädoyer hielt: Ein Messer könne sich nicht so einfach in Luft auflösen und deshalb sei es auch kein Messer gewesen, was der Zeuge blitzen gesehen haben wolle. Wahrscheinlich habe der Zeuge Gärtner nach unzweifelhaft großem Weinkonsum den Mond zwischen den Wolken blitzen sehen. Folglich sei keine Notwehr festzustellen und als Strafmaß für das Tötungsdelikt hielt der Anklagevertreter fünf Jahre Haft mit Zwangsarbeit für schuldangemessen. Georg sackte auf der Anklagebank in sich zusammen.

Er war wirklich ein guter Pflichtverteidiger, der Advokat Cremer, so wie es Jean Ebinger schon angekündigt hatte. Sauber arbeitete er den Tatbestand der Notwehr heraus, gestützt auf die Aussage des Zeugen Gärtner. Der habe nicht nur das Bemühen des Angeklagten überzeugend geschildert, durch einen geordneten Abgang aus der Schänke eine Eskalation des Streits zu vermeiden. Er habe auch das gezogene Messer schon in der Weinstube gesehen. Dass das Messer nicht mehr gefunden worden sei, könne sicher an der Dunkelheit, der Vielzahl der Passanten und der allenfalls flüchtigen Suche des Polizeisergeanten gelegen haben. Diesbezügliche Zweifel könnten jedenfalls nicht zu Lasten des Angeklagten gehen, der somit „loszusprechen" sei.

Mit unbewegter Miene verfolgten die drei Richter die Plädoyers und zogen sich dann zur Beratung zurück. Es dauerte kaum eine halbe Stunde, bis das Urteil gesprochen wurde. Viel zu lange für den Vater des Angeklagten. Peter Thelen hörte zwischen dem dröhnenden, pochenden Blutrauschen in seinem Kopf nur Wortfetzen wie „In Erwägung … Notwehr … wird der Angeklagte … von dem Vorwurf … losgesprochen."

Sekunden später lagen sich Sebastian und Georg glücklich und erleichtert in den Armen. Dann wandten sie sich dem Verteidiger Cremer zu, um sich für dessen Hilfe zu dem Freispruch zu bedanken. Der wollte gerade bescheiden bemerken, dass der Dank Napoleon und seinem hervorragenden Strafprozessrecht gebühre, als er entsetzt auf die Zuschauerbank sah. Erst dann bemerkten die Thelen-Brüder, dass ihr Vater schwer atmend auf der Zuschauerbank zur Seite gekippt war. „Um Gottes willen! Schnell! Ein Arzt!"

Und so wurde Doktor Isaak Goldberg an diesem Tag ein weiteres Mal in das Gerichtsgebäude in der Trankgasse bemüht, diesmal um einem Zuschauer mit Herz-Kreislauf-Problemen medizinisch zur Seite zu stehen. Er tat es gerne und erfolgreich.

Genauso erfolgreich, wie die Schwarze Muttergottes in der Kupfergasse Georg gerettet hatte, wie Cordula Thelen kurz darauf überglücklich feststellte. Cordula nahm sich aber vor, am Nachmittag noch eine zweite Kerze in der Gnadenkapelle anzuzünden. Schließlich hatte die Madonna an diesem Tag der Familie Thelen ja sogar zwei Mal geholfen.

„Adieu!" - Aber was kommt dann?

Nach 20 Jahren Besatzung, aber auch tiefgreifenden Reformen, ziehen die Franzosen ab.

„Das habe ich auch gehört! - Ja, dann stimmt das wohl. - Wie schrecklich! All die vielen gefallenen Soldaten! – Dann werden die Franzosen wohl bald aus Köln abziehen. – Kommen dann die Russen nach Köln oder vielleicht die Preußen?"

Auf dem Alter Markt kochte die Gerüchteküche schon seit dem Herbst 1813. Nach der für Napoleon verlorenen „Völkerschlacht bei Leipzig" hörten die Markthändler, darunter auch Paul Breuer, immer neue mehr oder weniger glaubhafte Geschichten ihrer Kunden zu dem angeblich bevorstehenden Rückzug des glorreichen Kaisers Napoleon Bonaparte aus dem Rheinland.

Schon der völlig fehlgeschlagene Russland-Feldzug von Napoleon in 1812 und 1813 hatte für empörte Stimmung in Köln gesorgt. Denn unter den ca. 300.000 erfrorenen, verhungerten, an Krankheiten gestorbenen oder einfach auch nur gefallenen Soldaten dieses Krieges waren etliche Kölner Bürgersöhne. Als dann im Februar 1813 wieder neue Kölner Rekruten angefordert wurden, war in dem wehrpflichtigen Jahrgang auch Sebastian Thelen.

„Auf keinen Fall", so hatte es Cordula Thelen morgens beim Einkauf am Stand der Familie Breuer nachdrücklich geflüstert, „wird der Sebastian als Kanonenfutter zu den Soldaten gehen! Aber warten wir erst einmal das Losverfahren heute Abend im Rathaus ab."

Bleich war dann Sebastian abends aus dem Rathaus gekommen, vor dem ihn seine Eltern erwarteten. Das Los hatte ihn als einen von den 109 angeforderten Rekruten aus seinem Jahrgang getroffen. Cordula fragte erst gar nicht nach der Meinung ihres Gatten Peter, der schnaufend die schlechte Nachricht verarbeiten musste. Sie dämpfte ihre Stimme und sah Sebastian fest in die Augen: „Onkel Andreas. Morgen früh. Komm, wir müssen Dein Bündel schnüren!"

Am nächsten Tag, im Morgengrauen, verließ ein Handwerksbursche die Stadt, setzte auf die andere Rheinseite über, wanderte rheinaufwärts bis Mondorf und von dort siegaufwärts bis Siegburg. Da kam Sebastian am Nachmittag bei seinem Onkel, dem Bäckermeister Andreas Thelen, in der Holzgasse mit Blasen an den Füßen, aber glücklich an. Siegburgs führende Bäckerei hatte damit einen sehr guten Gesellen mehr und Napoleons „Grande Armée" einen Rekruten weniger.

So wie Sebastian desertierten nicht wenige Rekruten. Der Kaiser der Franzosen, der siegreiche Feldherr in so vielen Schlachten, er war jetzt als Verlierer erkannt. Das Ende war abzusehen. In Köln kam das an einem kalten Wintermorgen.

Napoleon ist am Ende - die Franzosen verlassen Köln.

„Wir kommen wieder! Bis bald in der schönen Jahreszeit!" riefen die Soldaten am 14. Januar 1814 den am Straßenrand stehenden Kölner Bürgern zu, die zumeist schweigend den Abmarsch ihrer Besatzer durch das Hahnentor Richtung Paris verfolgten. Wie vor 20 Jahren, als die Franzosen durch das Hahnentor in Köln einmarschiert waren, fragten sich die Zuschauer aber auch jetzt sorgenvoll, welche Konsequenzen das Schauspiel wohl für sie haben würde.

Hatte Gereon Rode vor fast genau zwei Jahrzehnten die französischen Revolutionstruppen beim Einmarsch in Köln noch jubelnd begrüßt, so stand er jetzt nachdenklich am Straßenrand. Sicher, viele seiner Erwartungen waren erfüllt worden: Die Stadt Köln war offener geworden, Gewerbe und Bürger waren freier. Verwaltung, Gesetzgebung und Justiz waren sogar bestens erneuert. Gerade er als selbständiger Fuhrunternehmer hatte das französische Recht und neue Institutionen, wie z. B. das Handelsgericht, schätzen gelernt. Er fühlte sich in seiner frühen politischen Überzeugung bestätigt. Aber was würde jetzt, ohne die Franzosen, nach den Franzosen wohl kommen?

Eine bekannte Stimme riss Gereon aus seinen Gedanken. Es war Matthias Tullius, der Gewürzhändler. Der hatte ihn im Vorbeigehen erkannt und konnte es sich nicht verkneifen, seinem alten, widerborstigen Zechkumpan die richtige Sicht auf die Veränderungen zu vermitteln. „Siehst Du, lieber Gereon, Deine Franzosen ziehen ab. Das ist die gottgewollte Ordnung: Wer woanders seine Wurzeln hat, muss früher oder später doch wieder dorthin zurück!" feixte Matthias.

Da konnte Gereon passend wechseln. „Fährst Du morgen oder übermorgen nach Rom?" Matthias erkannte die Falle nicht: „Wie, Rom? Wie kommst Du denn auf die Idee?" – „Schon mal darüber nachgedacht, warum Du Tullius heißt?" Matthias schnappte nach Luft. „Das ist doch eine bodenlose Frechheit!" – „Aber, aber!" Gereon heuchelte Entrüstung, kringelte sich aber vor Lachen. „Du wirst doch die gottgewollte Ordnung nicht in Zweifel ziehen wollen. Also: Gute Reise!"

Nicht alles war in der „Franzosenzeit" schlecht.

Nur 100 Meter weiter stand ein älteres Ehepaar. Das Stehen fiel dem Mann offensichtlich nicht leicht und er atmete schwer, während sie ihn stützte. Ihre beiden Gesichter drückten jedoch tiefe Zufriedenheit aus. „Jetzt kann der Sebastian wieder nach Hause kommen, Dir in der Backstube helfen und alles wird gut", sagte Cordula sanft. Peter Thelen nickte. „Ja, diese gottverdammten Besatzer sind wir endlich los", brummte er vor sich hin.

„Peter, du bist ungerecht. Es war doch wirklich nicht alles schlecht, was die Franzosen gemacht haben." – „Du meinst die Sache mit Georg, den Prozess?" Sie nickte. Er schwieg eine Zeit, bevor er widerwillig murmelte: „Naja, das mit den neuen Gerichten und Gesetzen war schon gut und richtig."

Wenn schon nicht die Franzosen selbst, so hatte doch ihre Rechtsordnung die Rheinländer überzeugt. Das sollte schon bald nachhaltige Konsequenzen bis hin nach Berlin haben!

„Wir werden Preußen? – Ach, es hat ja noch immer gutgegangen!"

Ohne Jubel, eher mit Skepsis wechseln die Rheinländer die Staatsangehörigkeit.

„Herr DuMont und Gattin lassen ausrichten, dass sie aufgrund der aktuellen Ereignisse wohl etwas später zu der Feier des Herrn Bürgermeisters erscheinen werden."

Für die entschuldigende Mitteilung des Boten aus der Redaktion der *Kölnischen Zeitung* hat Johann Jakob von Wittgenstein jedenfalls am heutigen Tag volles Verständnis. Obwohl die Feier an diesem 24. Februar 1815 der Empfang zu seinem 61. Geburtstag ist. Da darf man sich glücklich schätzen, zu den geladenen Gästen zu gehören. Immerhin ist von Wittgenstein nicht nur seit zwölf Jahren Kölner Bürgermeister, er ist zudem auch noch Vorsitzender der mächtigen Kölner Handelskammer und Vorstand des „Armen-, Kranken- und Schulwesens" der Stadt.

Nun wäre es ein Irrtum, an diesem Abend auch Arme und Kranke unter den Gästen zu erwarten. Nein, man ist unter sich. Also im Kreis der sehr vermögenden Bankiers, Großkaufleute und anderen einflussreichen „Notablen". So nennt man die sehr wichtigen Persönlichkeiten der Stadt mit einigen auch 200 Jahre später noch klangvollen Namen. Religion und Konfession spielten aufgrund der französischen Reformen keine Rolle mehr. Es zählten Vermögen und gesellschaftlicher Einfluss.

Marcus Johann Theodor DuMont gehört diesem Kreis schon deshalb an, weil er als Journalist und erfolgreicher Verleger einen erheblichen Einfluss auf die öffentliche Meinung der gehobenen

Kölner Bürgerschaft hat. Er genießt das Wohlwollen der Kölner Oberschicht aber auch deshalb, weil er seit dem Erscheinen seines Blattes in 1802 immer Wert auf eine distanziert-kritische Berichterstattung zu der französischen Obrigkeit gelegt hat. 1809 hatte Napoleon die *Kölnische Zeitung* verboten. Die Franzosen sind aber noch nicht ganz durch das Hahnentor abmarschiert, als Marcus DuMont am 16. Januar 1814 mit der ersten neuen Ausgabe seines Blattes auf dem Markt erscheint. Obwohl nur etwa 10 bis 20 Prozent der Kölner lesen und schreiben können, verkaufen sich Neuigkeiten in diesen unbeständigen Zeiten sehr gut.

So wie heute, als im fernen Wien der Kongress der Sieger über Napoleon sich einig werden soll, wer denn die bisher französischen Rheinlande seinem Staatsgebiet zuschlagen darf: Russland, Sachsen, Preußen oder Österreich? Offizielles weiß man allerdings noch nicht. Doch ein befreundeter Verleger von DuMont in Berlin hat, wie man hört, eine sichere Quelle.

„Ich glaube, wir werden Sachsen!" Bankier Salomon von Oppenheim jr. ist sich fast sicher, wie der Wiener Kongress über die Zugehörigkeit der Rheinlande entscheiden wird. Seine Kollegen aus dem Geldgewerbe, Friedrich Peter Herstatt und Elias Mumm, sind da anderer Ansicht. „Nein, sie werden uns als neue Preußen zur Pufferzone gegen Frankreich aufbauen. Napoleon ist immer noch gefährlich!"

Der Wiener Kongress entscheidet das Schicksal der Rheinlande.

Es muss nicht mehr lange spekuliert werden, denn jetzt betritt Marcus DuMont mit Gattin das wunderschöne Palais der Wittgensteins in der Trankgasse und wird sofort von den Gästen umringt. „Und? Wie wurde in Wien entschieden? Marcus, nun sag schon!" DuMont schüttelt missbilligend den Kopf und gratuliert zunächst einmal in aller Form dem Bürgermeister zum Wiegenfest. Erst dann wendet er sich den Neugierigen zu, lächelt fein und sagt nur ein Wort: „Preußen!"

„Jesus, Maria und Josef! Da heiraten wir aber in eine arme Familie!" entfährt es Bankier Abraham Schaaffhausen erschrocken.

„Ach, wenn es nur die kümmerlichen preußischen Finanzen wären!" Von Wittgenstein, gelernter Jurist und früher auch einmal kurz Richter, hat sich vorsorglich schon einmal über die preußischen Gesetze kundig gemacht. „Das Königreich Preußen hat eine völlig rückständige Rechtsordnung. Wir bekommen wieder den geheimen Aktenprozess ohne mündliche Verhandlung und warten ewig auf merkwürdige Urteile. Mit Kaufleuten besetzte spezielle Handelsgerichte oder Gewerbegerichte wie bei uns kennt man in Preußen schon mal gar nicht."

Schlagartig ist die lockere Feierstimmung im Hause von Wittgenstein verflogen. Dann setzt der Gastgeber noch einmal nach. „Gleichheit vor dem Gesetz gibt es auch nicht. Denn Adelige und königliche Beamte können - anders als Normalsterbliche - ihre Prozesse auf einem bevorzugten, höheren Rechtsweg mit besser ausgebildeten und besser bezahlten Richter führen. Preußen hat also auch eine „Zwei Klassen-Justiz" und wir alle, egal wie vermögend wir sind, fallen in die zweite Klasse!" Unter den Gästen macht sich Unmut breit. „Das lassen wir uns doch nicht gefallen!" ruft jemand halblaut aus der Runde. Die anderen murmeln Zustimmung.

Johann Maria Farina, Großhändler von Duftwässern unter der Bezeichnung „Kölnisch Wasser", sorgt sich um den

Fortbestand der Kölner Handelskammer, die er mitbegründet hat: Ob denn die Preußen wenigstens deren wichtige Existenz anerkennen würden? Und was würde aus dem Kölner Stapelrecht, einer Hauptquelle des Wohlstandes der Kölner, wohl werden? Der Bürgermeister zuckt mit den Schultern. „Man weiß es natürlich nicht. Sagen wir mal optimistisch: Es hat ja noch immer gutgegangen."

In der Ausgabe der *Kölnischen Zeitung* am folgenden 25. Februar 1815 wird dann ohne Jubeltöne zurückhaltend vermeldet, es sei nun *„offizielle Gewissheit, uns ist das Loos geworden, einem großen Staate anzugehören."*

Preußen und das Rheinland. Der Beginn einer wunderbaren Freundschaft sollte das nicht werden.

„Bei Prügelstrafe durch die Herrschaft wird in Köln zurückgeprügelt!"

Die rückschrittliche preußische Rechtsordnung trifft im Rheinland auf schroffe Ablehnung.

„Nein, ich gehe nicht mit in die Kirche. Ich fühle mich nicht wohl. Ihr geht besser allein." – „Ach, komm, Peter! Die frische, klare Winterluft wird Dir gut tun. Sebastian und ich nehmen Dich in den Arm und es sind ja auch nur ein paar Schritte bis St. Gereon."

Schließlich ließ sich Peter Thelen an diesem letzten Sonntag im Februar 1815 von seiner Frau Cordula doch noch zum Kirchgang überreden. Trotz seiner Herzschmerzen und seiner Kurzatmigkeit, die ihn schon so lange quälten. Aber was hatte sein Herz auch in letzter Zeit alles auszuhalten gehabt! So viele Veränderungen in seinem gewohnten Leben, selbst wenn es normale Veränderungen zu sein schienen.

Schon Anfang des vergangenen Jahres war sein Schwiegervater, der Schmied Heinrich Pohl, verstorben und Georg hatte die Schmiede des Großvaters auf dem Berlich übernommen, wozu er von zu Hause ausgezogen war. So hatte er den Platz im Elternhaus geschaffen, der jetzt dringend gebraucht wurde: Sebastians Fahnenflucht und sein Exil in Siegburg waren nicht ohne Folgen geblieben. Anna hieß die Herzallerliebste, Tochter eines Schneiders aus der Siegburger Scheerengasse, in die Sebastian sich unsterblich verliebt hatte. Ihr hielt er auch die Treue, als er nach dem Abzug der Franzosen aus Köln von Siegburg in sein Elternhaus zurückgekehrt war.

Damit nicht genug. Während der Anstandsbesuche der Familie Thelen in Siegburg bei der Schneiderfamilie Luhmer hatte es zwischen Georg und Annas Schwester Hildegardis „gefunkt". Davon hatte zunächst niemand etwas bemerkt. Bis Georg irgendwann bei den Hochzeitsvorbereitungen für Sebastian und Anna angekündigt hatte: „Und ich heirate auch!" So kam es dann zu einer sicher schönen, aber für Peter sehr anstrengenden Doppelhochzeit in der Siegburger Pfarrkirche St. Servatius.

Das war gerade einmal einen Monat her. Jetzt waren Peter und Cordula praktisch auf dem Altenteil. Sebastian und Anna hatten die Bäckerei übernommen. Und von der hohen Politik hörte man ja auch so manche aufregende Neuigkeit, gerade jetzt die Sache mit den Preußen. Alles zu viel für Peter!

In Preußen darf der Chef seine Leute verprügeln – demnächst auch im Rheinland?

„Ich werde Euch das jetzt einmal im Wortlaut vorlesen." Jean Ebinger hatte an diesem Sonntagmorgen im Brauhaus „Zum Esel" nicht nur die übliche Frühschoppenrunde als Zuhörer. Der Stammtisch war umlagert von allen Gästen der Herrenstube, die aus erster Hand hören wollten, was die Preußen als neue Herrscher im Rheinland für Gesetze in Kraft setzen wollten. Dazu hatte „der Schäng" aus seinem Gericht das Preußische Gesetzbuch mitgebracht. Unter den Gästen waren auch Sebastian und sein Vater Peter: Die Lust auf ein kühles Bier im Kreis der alten Freunde hatte nach dem Kirchgang über die Sorge um Peters Gesundheit gesiegt.

„Also – Paragraph 227 des Preußischen Allgemeinen Landrechts, da heißt es:

Züchtigungsrecht der Herrschaft.

Faules, unordentliches und widerspenstiges Gesinde kann die Herrschaft durch mäßige Züchtigungen zu seiner Pflicht anhalten; auch dieses Recht ihren Pächtern und Wirthschaftsbeamten übertragen."

Prügelstrafe, ohne Urteil, als offizielles Recht und vollziehbar sogar durch Privatpersonen? „Unglaublich! Und das soll Gerechtigkeit sein?" Jeans Zuhörer schüttelten fassungslos den Kopf. Na, das konnte ja heiter werden mit den Preußen.

Jakob, einer der beiden Burschen zur Bedienung der Gäste, hatte gerade zwei Krüge mit frisch gezapftem Bier am Stammtisch abgeliefert, als er das Gesetzeszitat hörte. Da blieb er mit offenem Mund stehen. Everhard Badorf, der „Esel"-Wirt, versuchte es deshalb mit einem Witz: „Siehst Du, lieber Köbes, wie gut Du es bisher bei mir gehabt hast. Wenn jetzt die Preußen kommen, darf ich Dich hochoffiziell durchprügeln, wenn Du nicht gut zapfst oder nicht schnell genug servierst!"

Der Köbes reagierte aber nicht humorvoll, ließ sich auch nicht durch das allgemeine Gelächter der Gäste besänftigen. Im Gegenteil - er lief rot an und ballte die Fäuste. „Wenn mich hier in Köln jemand prügeln will, ob Herrschaft oder nicht, der bekommt von mir reichlich Prügel zurück oder er hat einen Prozess am Hals!"

„Ein kluges Kind der Französischen Revolution. Bravo, lieber Köbes!" rief jemand aus der Fensterecke. „Ganz meine Meinung, Gereon, aber das ist noch lange nicht alles." Jean blätterte weiter in dem ledergebundenen Buch, das die Ausmaße eines kirchlichen Messbuchs hatte. „Es gibt keine Geschworenen, keine unabhängigen Richter, keine Trennung zwischen

Anklägern und Gericht, keine Unschuldsvermutung, keine Öffentlichkeit der Prozesse und keine mündliche Verhandlungen."

Jean wandte sich an Peter Thelen, um den drohenden Rechtsverlust an einem Beispiel zu erläutern. „Peter, ohne die mündliche Verhandlung und die mündliche Beweisaufnahme im Französischen Recht wäre Dein Sohn Georg damals vermutlich verurteilt worden und würde vielleicht noch heute angekettet in einem Bergwerk Zwangsarbeit leisten müssen."

Preußens Rechtsordnung fordert ein erstes Opfer.

Peter atmete schwer. Dann stand er auf, um seinen Worten Nachdruck zu verleihen. „Das können die Preußen nicht mit uns machen, auf keinen Fall! Wir haben hier in Köln schließlich schon lange unser gutes Recht! Das müssen wir verteidigen. Wir müssen … müssen …". Er schnappte nach Luft und sackte dann zurück auf seinen Stuhl, bevor der Oberkörper seitlich auf die Schulter seines Nachbarn kippte. Sebastian rief erschrocken nach einem Arzt.

Diesmal konnte auch Doktor Isaak Goldberg, schnell herbei geeilt, nichts mehr ausrichten. Der Wirt schloss das Brauhaus und man bettete den Toten auf einen Leiterwagen, auf dem sonst die Bierfässer auf den Hof transportiert wurden. Nach einem kurzen Gebet des Wirtes setzte sich der Trauerzug mit den Freunden schweigend Richtung Ehrenstraße in Bewegung.

Unvermittelt unterbrach Gereon Rode mit belustigtem Unterton in der Stimme unterwegs das tiefe Schweigen. „Ist das nicht zum Totlachen? Ausgerechnet Peter, der größte Franzosenfresser von Euch allen, stirbt bei der Verteidigung des Französischen Rechts!"

Der Dachdecker Grommes schnaufte ungehalten. Dann antwortete er leise in einem geduldigen, aber nachdrücklichen Tonfall: „Gereon, das hier ist ein Trauerzug. Wir haben einen Freund verloren. Und wenn Du jetzt noch mal etwas vom Totlachen sagst, dann haue ich Dir eine rein!"

Da trauerte auch Gereon Rode.

Zwischen „Halbfranzosen" und „West-Slawen" knirscht es heftig.

Der Kampf um das „Rheinische Recht" droht zu eskalieren - wäre da nicht ein kluger Preuße.

Seine Königliche Hoheit Wilhelm III., von Gottes Gnaden König von Preußen, gab sich in seiner ersten Botschaft „*An die Einwohner der mit der preußischen Monarchie vereinigten Rheinländer"* am 5. April 1815 leutselig. Neben anderen Ankündigungen teilte er seinen Neu-Preußen zwischen Saarbrücken und Kleve, Aachen und Köln mit: „*Ihr werdet gerechten und milden Gesetzen gehorchen.*" Und das würden selbstverständlich die bestehenden preußischen Gesetze sein, die im Rheinland statt der bisherigen französischen Rechtsordnung eingeführt würden. Dachte Seine Majestät.

Da hatten die Rheinländer aber ganz andere Vorstellungen. Ob „kleine Leute" wie die Bäckerfamilie Thelen oder finanziell „große Tiere" wie die von Oppenheims und Farinas – sie alle hatten das französische Recht als gerecht, transparent, klar strukturiert und bürgerfreundlich schätzen gelernt. Vor allem aber waren in dieser Rechtsordnung alle Bürger vor dem Gesetz gleich. Dass das preußische Recht davon das genaue Gegenteil war, sprach sich schnell herum. Dafür sorgten schon viele Zeitungsartikel. Also wollten die Rheinländer ihr französisches Recht behalten, gerne auch inhaltlich unverändert unter der neuen Bezeichnung „Rheinisches Recht".

Die Stimmung war eisig, als der preußische Justizminister von Kircheisen 1815 dem Düsseldorfer Generalstaatsanwalt Sethe den Sonderauftrag erteilen wollte, die organisatorischen Vorbereitungen für die sofortige Einführung des preußischen Rechts im Rheinland zu treffen. Der weigerte sich: „Mit Verlaub,

Exzellenz, aber das ist einfach nicht möglich." – „Wie, bitte?" – „Nun, anders als in Preußen kennt man in den Rheinlanden adelige Gutsherren nicht, denen man richterliche Gewalt übertragen könnte. Und deren - im preußischen Gesetz so bezeichnete - Untertanen existieren bei uns erst recht nicht!"

Davon ließ sich der erzkonservative von Kircheisen aber nicht beirren. Die ablehnende Stimmung gegenüber Preußen wurde im Rheinland noch weiter angeheizt, als der Vorschlag des preußischen Innenministers bekannt wurde, alle im Rheinland in den letzten Jahren nur standesamtlich geschlossenen Ehen für nichtig zu erklären. Die betreffenden Eheleute sollten die kirchliche Trauung nachholen. Das sei erforderlich, so die Begründung des Ministers, um dem *„im Koth der revolutionären Sittenlosigkeit"* umhergetriebenen rheinischen Volk deutlich zu machen, dass Preußen eine *„streng religiöse Sittenhüterin"* sei.

Damals kam am Rhein die bittere Scherzfrage auf: „Was haben die Preußen in einem halben Jahr geschafft, das die Franzosen in 20 Jahren nicht hingekriegt haben?" Antwort: „Die Franzosen zu lieben!" Die wechselseitige Abneigung zeigte sich in abschätzigem Spott: Für die Preußen waren die Rheinländer „Halbfranzosen", die Rheinländer revanchierten sich und bezeichneten die Berliner Regenten als „West-Slawen".

Der Kampf um das „Rheinische Recht" beginnt.

In Berlin bemerkte der liberal eingestellte Staatskanzler Fürst von Hardenberg mit Sorge, dass sich zwischen seinem königlichen Chef und dessen offenbar sehr aufmüpfigen Neubürgern auf der anderen Rheinseite ein heftiger Konflikt anbahnte. Die Presse schrieb vom „Kampf um das Rheinische Recht". Da war doch bedächtiges Vorgehen erforderlich. Was aber tun? Sich durchsetzen? Nachgeben? So oder so - dem Königshaus drohte ein Imageschaden.

Von Hardenberg setzte auf Zeitablauf und diplomatische Vermittlung. Dazu ließ er seinen König einen Arbeitskreis gründen: Wilhelm III. ordnete im Juni 1816 die Einsetzung einer *„Immediat-Justiz-Commission für die Rheinlande zu Cöln"* an. Hochrangige Juristen sowohl aus Alt-Preußen wie auch aus den Rheinlanden sollten durch Vergleiche herausfinden, ob das preußische oder das französische Rechtssystem das bessere sei. Denn, so der König in erstaunlicher Objektivität: „*Ich will, dass das Gute überall, wo es sich findet, benutzt und das Rechte anerkannt werde.*"

Damit war die Kuh erst einmal vom Eis. Von Hardenberg wusste aber auch, dass er mit diesem ersten Schritt vielleicht nur Zeit gewonnen hatte. Er brauchte einen klugen Moderator, der die Streitfrage fachlich souverän angehen und diplomatisch geschickt lösen konnte. Es musste ein Spitzenjurist sein, in hohem Ansehen sowohl bei Alt- wie bei Neupreußen, mit großer rechtspolitischer Erfahrung, bevorzugt gesammelt in diversen Machtzentren der damaligen europäischen Welt.

Dazu fiel ihm nur einer ein – Heinrich Gottfried Daniels.

Wenn der Star ein Fuchs aus Köln ist.

Wie der Schneidersohn Heinrich Gottfried Daniels erst Napoleon beeindruckte und dann seiner Heimatstadt Köln half.

Am Weihnachtstag des Jahres 1754 wird in Köln dem armen Schneidermeister-Ehepaar Daniels ein „Christkind" geboren. Der Sohn Heinrich Gottfried Wilhelm würde normalerweise in der beruflichen Nachfolge seines Vaters einmal ein guter Kölner Schneider werden. Aber er entwickelt sich zu einem hochbegabten Kind und wird gefördert. Er darf das örtliche Gymnasium und dann die Kölner Universität besuchen. Mit 16 Jahren ist er Doktor der Philosophie, mit 21 zudem Doktor der Jurisprudenz, mit 29 ordentlicher Professor der Bonner Hochschule und mit 38 Jahren deren Rektor. Im Alter von 29 ist er überdies auch schon „Wirklicher Geheimer Rat", also Richter, am Bonner Obergericht.

In seiner Heimatstadt Köln, wo er Anfang des 19. Jahrhunderts die Napoleonischen Gesetze ins Deutsche übersetzt und in Privatvorlesungen lehrt, kommt es 1804 zu einer denkwürdigen Begegnung. Der Kaiser der Franzosen, Napoleon Bonaparte, trifft bei seinem ersten Besuch in der Provinzstadt Köln mit dem Rechtsgelehrten Heinrich Gottfried Daniels zusammen. Am Ende dieses Zusammentreffens hat der gebürtige Schneidersohn Daniels ein Angebot des tief beeindruckten Kaisers, das er nicht ausschlagen kann: Er soll stellvertretender Generalstaatsanwalt am höchsten französischen Revisionsgericht werden, am Kassationshof in Paris.

Daniels nimmt an und ist über sieben Jahre lang ein erfolgreicher Jurist im Justizbetrieb der französischen Hauptstadt. Dann wechselt er Anfang 1813, befördert zum

Generalstaatsanwalt, an den kaiserlichen Appellationsgerichtshof in Brüssel. Da ist er auch noch, als Staatskanzler Fürst von Hardenberg den – wie man heute sagen würde – „Starjuristen" im Herbst 1816 in den preußischen Justizdienst abwerben will.

Der Star zeigt Starallüren: Auf das erste Anschreiben der Preußen, wonach „*des Herrn Fürsten Staatskanzlers Durchlaucht den Herrn Generalprocureur Daniels in diesseitige Dienste herüberziehen und seine ausgebreiteten Rechtskenntnisse für die legislativen Arbeiten zu benutzen*" wünsche, antwortet Daniels einfach nicht. Soll wohl heißen: Für die Preußen arbeiten? Nein, danke!

Von Hardenberg wird unruhig und fordert seine Mittelsmänner auf, „*sofern es noch nicht geschehen und für ihn besonderen Werth haben mag, wenn auch unter der Hand, die Absicht kund thun zu lassen, dass man seine Talente und Kenntnisse bei der Immediat-Justiz-Commission zu gebrauchen wünsche*".

Ja, das ist natürlich etwas anderes! Als rechte Hand des preußischen Kanzlers in Köln Berater der Kommission und in Berlin Berater des Königs zu sein, dabei die Strippen zu ziehen, um dem besten Rechtssystem für die Rheinlande, seine Heimat, zum Erfolg zu verhelfen? Das ist auch für einen europäischen Spitzenjuristen wie Daniels verlockend!

Der Kölner „Fuchs" wechselt von Paris über Brüssel zum König der Preußen - ein früher europäischer Jurist.

Jetzt müssen nur noch die Vertragsbedingungen ausgehandelt werden. Eine üppige Besoldung mit 3.500 Thalern pro Jahr (der „einfache" Richter in der 1. Instanz verdient gerade einmal 600 Thaler!) und die freie Dienstwohnung sind selbstverständlich. Sehr wichtig ist Daniels aber die Vertragsklausel, wonach er nach Abschluss seiner Beratertätigkeit für das Königreich Preußen

Anspruch auf eine weitere berufliche Verwendung in seiner Heimatstadt Köln haben soll. Als darüber Einigkeit erzielt ist, wird Daniels im Frühjahr 1817 preußischer Beamter.

Natürlich nimmt Daniels, der brillante Jurist, als Berater intensiv Einfluss auf die Kommission. Es wundert deshalb niemanden, dass die Kommission in ihrem Schlussgutachten im Mai 1818 zu dem Ergebnis kommt, dass das französische Recht, das aber inzwischen als „Rheinisches Recht" bezeichnet wird, mit seinen Grundsätzen der Öffentlichkeit, Mündlichkeit, Unabhängigkeit der Richter, Trennung von Gericht und Anklagebehörde, Beteiligung von Geschworenen usw. dem Preußischen Allgemeinen Landrecht und dem Preußischen Prozessrecht in allen Belangen überlegen sei.

Also ist alles in trockenen Tüchern? Leider nicht. Justizminister von Kircheisen kommt überraschend mit einem Gegengutachten aus der Deckung. Öffentlichkeit des Verfahrens? - Stellt doch den Angeklagten nur unnötig bloß! Mündlichkeit der Verhandlung? - Widerspricht der deutschen Gründlichkeit! Trennung der Anklagebehörde vom Gericht? - Überflüssig, weil schon der Angeklagte und sein Verteidiger für eine Abgrenzung sorgen! Der gleiche Rechtsweg wie für Adelige und höhere Beamte auch für die einfachen Leute? - Ach, das wollen die Bauern doch gar nicht, so eitel sind die nicht!

Das Strategie-Spiel von Daniels gelingt!

Die Argumentation des Justizministers ist ebenso dürftig wie durchsichtig und so mancher wäre mit besseren sachlichen Gegenargumenten darauf eingegangen. Nicht so Gottfried Daniels, der gewiefte Taktiker, der scharfsinnige „Fuchs" aus Köln. Er erinnert in seiner Stellungnahme zu dem Gegengutachten daran, dass der König schon vor einiger Zeit angekündigt hat, das preußische Recht gründlich zu reformieren. Und wer will an dem Wort Seiner Majestät zweifeln? Also bekommt ganz Preußen einschließlich der Rheinlande doch ohnehin ein neues Rechtssystem. Da bietet es sich an, so der listige „Kompromissvorschlag" Daniels´, dass die Rheinländer erst einmal „übergangsweise" ihr altes französisches Recht behalten. Wenn dann – sicherlich bald – das neue Preußenrecht ausgearbeitet und eingeführt würde, hätten die Rheinländer sich einen doppelten Systemwechsel gespart. Dann hätten die dortigen Richter weniger Arbeit und die braven, rechtsuchenden Bürger würden auch nicht unnötig durch wiederholte Paragraphenwechsel verwirrt.

Durch diesen argumentativen Schachzug ist von Kircheisen matt gesetzt. Daniels´ Vorschlag erhält allgemeine Zustimmung von Kommission, Kabinett und nicht zuletzt von Seiner Majestät, dem König.

Jetzt fallen die Domino-Steine, die Daniels geschickt aufgestellt hat, planmäßig einer nach dem anderen in die richtige Richtung: Bleibt es in den Rheinlanden beim Rheinischen Recht, so braucht man dafür ein offizielles Berufungsgericht, das es in Preußen noch nicht gibt. Für ein solches Appellationsgericht muss ein hervorragender Gerichtspräsident gefunden werden. Da gibt es keinen besseren als den Geheimen Staatsrat Heinrich Gottfried Daniels. Der wiederum kann auf seinen Dienstvertrag verweisen, der ihm eine zukünftige berufliche Verwendung in Köln zusichert. Folglich muss der neu zu gründende Rheinische Appellationsgerichtshof zusammen mit seinem neuen Ersten Präsidenten Daniels in Köln seinen Sitz bekommen.

Halt! So einfach ist die Sache nun doch nicht, da gibt es noch einen Haken. Wir erinnern uns an die zutreffende Bezeichnung

Preußens als „arme Familie" durch den Bankier Abraham Schaaffhausen. Das neue Gerichtsgebäude, das für den Appellationsgerichtshof in Köln gebaut werden muss, das soll die Stadt Köln gefälligst fast komplett selbst bezahlen. So lautet die klare Vorgabe aus Berlin. Wäre ja auch noch schöner, wenn das Königreich Preußen den widerborstigen Rheinländern ihr Querulantentum bezahlen würde! Und ohne Entgegenkommen der Stadt Köln würde Seine Majestät vielleicht noch einmal über die Bewerbung der Stadt Düsseldorf als Standort des Berufungsgerichts nachdenken …

Für die Kölner wird der Sieg über die Düsseldorfer teuer.

Die Kölner Ratsherren werden mit den Zähnen geknirscht haben. Sie sind aber klug genug, die Bedingung zu akzeptieren. Die Stadt sagt die Übernahme von Baukosten bis zu 150.000 Franken zu, für den Rest verpflichtet sich die weitsichtige und interessierte Kölner Handelskammer. Die Düsseldorfer dagegen sind stinksauer. Das kann man verstehen: Für ihre Berufungen gegen erstinstanzliche Urteile müssen sie ab sofort fast 90 Jahre lang rheinaufwärts in die Dom-Stadt pilgern; erst ab 1906 haben sie wieder ein eigenes Oberlandesgericht.

Am 1. September 1919 nimmt der Rheinische Appellationsgerichtshof zu Köln offiziell seine Arbeit auf. Räumlich ist das Gericht sehr beengt im „Spanischen Bau" des Kölner Rathauses untergebracht. Aber das stört zunächst einmal niemanden. Die Kölner haben, gegen die starke Konkurrenz der Städte Düsseldorf, Koblenz und Trier, eine wichtige staatliche Institution in ihrer Stadt ansiedeln können. Vor allem aber haben die Rheinländer entgegen allen Befürchtungen den Preußen ein eigenes, besseres Rechtssystem abgetrotzt, auch wenn es eins zu eins bei den zuvor ungeliebten Franzosen „abgekupfert" ist.

„Mein Ruhm ist nicht der Sieg in vierzig Schlachten. Waterloo wird die Erinnerung an so viele Siege auslöschen. Was aber durch nichts ausgelöscht werden wird, was ewig leben wird, das ist mein Code Civil", diktiert Napoleon, verbannt auf St. Helena, im September 1816 seinem Sekretär in die Feder.

Da scheint der Korse nicht nur deshalb Recht zu haben, weil die Rheinländer schon zu dieser Zeit um die Übernahme des Code Civil für ihr Territorium kämpfen. Auch heute noch, gut 200 Jahre später, lebt das Gesetzeswerk teilweise im nordrhein-westfälischen Nachbarrecht weiter. Und über 1.200 Artikel des Code Civil sind heute noch, inhaltlich kaum verändert, in Frankreich Gesetz.

So wenig wie die Franzosen ihren Napoleon, so wenig haben die Kölner ihren juristischen Überflieger und „Fuchs" vergessen: Schaut man sich die 124 in Stein gehauenen Figuren bedeutsamer Bürger auf dem Kölner Rathausturm an, so kann man ihn an der Nordseite im 2. Obergeschoss entdecken. Da ist er, der Heinrich Gottfried Wilhelm Daniels, vielleicht der früheste europäische Jurist aus der Domstadt, ohne den die Kölner Justiz so viel ärmer wäre.

Lokalwechsel, noch ein Kölsch und neue Erkenntnisse

So, jetzt wissen wir, wie durch kluge Kölner nach bewundernswerter Vorarbeit Napoleons und trotz zunächst widerwilliger Preußen in Köln der erste Rheinische Appellationsgerichtshof eingerichtet werden konnte.

Noch Durst auf ein weiteres Kölsch? Gut, dann gehen wir vom „Bier-Esel" in die Trankgasse und dort in das Brauhaus „Gaffel am Dom". Das ist im sogenannten Deichmann-Haus untergebracht. Dessen Vorgängergebäude an genau dieser Stelle

war der „Kölner Hof". Wir erinnern uns: Darin war einmal das
französische Gericht untergebracht, das – siehe oben – in
unserer Geschichte den Georg Thelen freigesprochen hat. Aus
dem französischen Tribunal wurde das Landgericht.

An dieser rechtshistorischen Stätte mit Blick auf den Dom
spulen wir die Geschichte erneut weit zurück bis 1819: Wir
werfen einen Blick auf die Arbeit des jungen Kölner
Schwurgerichts. Nebenbei erfahren wir, dass es schon vor 200
Jahren den sprichwörtlichen „Kölschen Klüngel" gab. Und dass
bekannte Familiennamen auch damals die Obrigkeit
beeindruckten.

Es „schillert" in Köln.

Ein Sohn des Dichters Friedrich von Schiller macht in Köln Karriere.

„Wenn Ihr erlaubt, so möchte ich mich Euch vorstellen. Von Schiller ist mein Name, Ernst von Schiller."

Da war er also, der neue Kollege am rheinpreußischen Kreisgericht zu Cöln. Natürlich hatte Jean Ebinger schon Tage vor diesem ersten Zusammentreffen im Gerichtsgebäude an der Trankgasse von dem frisch eingestellten Assessor mit dem berühmten Namen gehört. Der war tatsächlich der zweitälteste Sohn des Dichterfürsten Friedrich von Schiller. Und wie viele andere stellte auch der Gerichtsrat Ebinger ihm eine sehr naheliegende Frage. „Es ist mir ein Vergnügen. Was führt Euch denn vom fernen Weimar an den Rhein?"

Eine ehrliche Antwort hätte gelautet, dass dem Jungjuristen Schiller trotz seiner guten Prüfungsergebnisse die Aufnahme in die Verwaltung des Großherzogtums von Sachsen-Weimar verweigert worden war. Bei Hofe gab es schon mal kleine Intrigen. Da mussten die guten Beziehungen der Familie von Schiller eben anders weiterhelfen. Die liefen über die Tante zum preußischen Minister von Humboldt und weiter zum Großkanzler von Beyme. So kam es, dass im Sommer 1819 der junge Weimarer ohne das im Rheinland für eine weitere Karriere eigentlich erforderliche 3. Staatsexamen und ohne jede Kenntnis des Rheinischen Rechts seinen Dienst in Köln antrat.

Natürlich antwortete Schiller aber seinem Kollegen Ebinger auf dessen Frage, dass er nur wegen der interessanten neuen Rechtsordnung in das Rheinland gekommen sei. Die müsse er sich allerdings erst noch schleunigst aneignen.

„Dabei will ich Euch gerne behilflich sein", bot sich Ebinger an. „Für den Anfang rate ich Euch, die eine oder andere Gerichtsverhandlung hier im Hause anzuhören." Ein guter Ratschlag, denn tatsächlich konnte man dabei schnell lernen, wie rheinische Richter im Handumdrehen ohne endlose Schreiberei Rechtsfrieden schaffen.

So lernt man Rheinisches Recht.

Da ist der Schneider, der einem Beamten einen Anzug gefertigt hat, jedoch sein Geld nicht bekommt. Der Anzug passe nicht, behauptet der Beamte nach Klageerhebung durch den Schneider. Der Richter ordnet an, dass der auf Zahlung verklagte Beamte zur Gerichtsverhandlung in diesem Anzug erscheinen soll. Hier mustert der Richter den Anzugträger eingehend, erhebt sich und verkündet sein Urteil: Der Klage wird stattgegeben, der Schneider hat Recht und muss bezahlt werden! Zur Begründung reichen im Kern nur drei Worte: „Der Anzug passt!" Fertig. Nächster Fall.

Da ist der Gastwirt aus Hersel, der angeklagt wird, weil er einer Polizeiverordnung zuwider schon während der Zeit des Gottesdienstes am Sonntagmorgen heimischen Landwein ausgeschenkt hat. Auch mit diesem - übrigens verbürgten - Fall ist der Richter schnell fertig. Das in der Sache etwas eigenwillige Urteil im französischen Stil lautet wörtlich:

„In Erwägung, daß der Beschuldigte zugibt, an dem betreffenden Sonntag morgens zur Kirchzeit Wein an seine Gäste verabreicht zu haben;

in Erwägung, daß nach der Verordnung ... der Ausschank geistiger Getränke während der sonntäglichen Kirchzeit verboten ist;

in Erwägung, daß jedoch dem Herseler Landwein die Eigenschaft eines geistigen Getränkes nicht zukommt;

aus diesen Gründen spricht das Gericht den Beschuldigten von Strafe und Kosten frei. "

Fälle dieser Art muss der junge Schiller wohl erlebt haben. Denn er schreibt schon bald nach seinem Dienstantritt seiner Mutter Charlotte von Schiller nach Weimar:

> *„Noch einmal rufe ich aus: ich bin im Geschäft! Aber welch himmelweiter Unterschied zwischen Sächsischem und Französischem Justizwesen! Hier ist noch Menschenverstand und reiner Geschäftsgang; liberale und schnelle Justiz; auch kann man dabei bestehen, da die mindere Masse von Formen und die Einfachheit einem Zeit lassen, sonst noch heiter und froh zu leben. "*

Bei diesem heiteren und frohen Leben am Rhein machen nur die Preußen den Menschen schlechte Laune, schreibt Schiller:

> *„Die den Rheinländern sonst eigene Heiterkeit des Gemüths hat sich seit der neuesten Regierungsveränderung ziemlich verloren. Anstatt, wie sonst, bei einem Glas Wein lustig zu sein, schimpft man jetzt, aber gewiß mit großem Unrecht. "*

Ehrgeizig ist er, der junge Schiller. Und besonders fleißig dazu. Er möchte noch etwas werden hier in Köln, am besten doch ein besser bezahlter und angesehener Richter am Appellationsgericht, also am Berufungsgericht. Die Grundlagen hierfür werden gelegt, als Ernst von Schiller Untersuchungsrichter in wichtigen Kriminalfällen wird. Dann darf er als Vertreter der Staatsanwaltschaft seine Erkenntnisse auch dem Schwurgericht vortragen. Hier hat er seine großen Auftritte, wie er seinem älteren Bruder Carl schreibt:

> *„Von einer erhöhten Bühne herab trage ich vor einem versammelten Publikum mit lauter Stimme Criminalanklagen vor und verschanze mich gegen die Advokaten hinter die französischen Gesetze, die ich*

in der Originalsprache laut anführen muß. Mein Antrag lautet gewöhnlich: Einem Königlichen Tribunal wolle es gefallen, etc. Uebrigens darf ich in alles reden, und sobald ich von meinem Stuhle redend aufstehe, muß selbst der Präsident schweigen. Ich habe einen großen Freund an dem Geheimen Staatsrath Daniels, von dem ich Dir schon geschrieben habe; dieser Mann meint es sehr gut zu mir und will etwas aus mir machen. "

Weit über Köln hinaus bekannt wird Schiller, als er Untersuchungsrichter in einem grässlichen Mordfall wird, der das erste unter preußischer Herrschaft in Köln auch tatsächlich vollstreckte Todesurteil zur Konsequenz hat. Damit sind wir dann beim nächsten, einem skandalösen Kapitel.

Drei Morde, zwölf Geschworene ...

Der junge Schiller klärt einen Mordfall auf. Preußen ist beeindruckt.

„Eine Schande ist das!" zischen die wohlanständigen Ehefrauen, wenn sie die Frau sehen. „Eine Schande für unser ganzes Dorf!"

Im beschaulichen Beuel, dem kleinen Dorf auf der anderen Rheinseite gegenüber von Bonn, ist in diesem Frühsommer des Jahres 1822 der soziale Friede doch arg gestört. Die vielbeklagte Schande zeigt sich für die Dorfbewohner in dem von Woche zu Woche sich mehr wölbenden Bauch der Witwe Margaretha Moll. Obwohl ihr Gatte vor weit mehr als einem Jahr das Zeitliche gesegnet hat, ist sie ganz offenkundig in anderen Umständen. Was liegt da näher, als einen Zusammenhang mit ihrem 26-jährigen Stiefsohn Adolph zu vermuten, der mit seiner Stiefmutter und seinem dreijährigen Halbbruder Johann in häuslicher Gemeinschaft lebt?

Doch dann ist die Schande sehr unerwartet verschwunden: Die Witwe Moll wird im Dorf nicht mehr gesehen und gleich mit ihr der kleine Johann. Wie das? Da gibt der junge Schuster Adolph sehr bereitwillig Auskunft: Die Stiefmutter sei aufgebrochen und zu dem gegangen, *„der die Ursach ihrer Schwangerschaft sey"*. Näheres vermag der Stiefsohn leider nicht erklären und so veranlasst die skeptische Obrigkeit eine Durchsuchung im Hause Moll. Die bringt allerdings keine neuen Erkenntnisse.

Es vergeht ein Jahr und in der Ortschaft Pützchen bei Beuel findet, übrigens wie auch heute noch in jedem September, der traditionelle rheinische Jahrmarkt statt. Der Kölner Schneidermeister Heinrich Ochs macht sich im September 1823 mit 60 Thalern auf den langen Fußweg, um auf Pützchens Markt Tuche einzukaufen. Er kommt nicht wieder heim.

Die verzweifelte Ehefrau Ochs, Mutter von fünf unmündigen Kindern, veranlasst Nachforschungen in und um Pützchen. Sie erwähnt auch die Möglichkeit, dass ihr Gatte bei seinem früheren Regimentskameraden Adolph Moll in Beuel eingekehrt sein könnte. Da erinnern sich Zeugen an einen fremden Gast im Hause Moll. Diesmal gehen die polizeilichen Ermittlungen – gestützt auf eindeutige Indizien - im Wortsinne tiefer: Bei Grabungen findet man unter dem Boden der Schusterwerkstatt im Wohnhaus Moll die Leiche des unglückseligen Heinrich Ochs und im Garten, fünf Fuß tief verscharrt, die sterblichen Überreste von Stiefmutter und Halbbruder. Moll leugnet, macht einen erfolglosen Fluchtversuch und wird sodann des dreifachen Mordes angeklagt.

Über so einen skandalösen, ganz entsetzlichen Kriminalfall berichten sogar die ausländischen Zeitungen, wie die in Brüssel seinerzeit erscheinende Zeitschrift L´Oracle. So erfährt auch Charlotte von Schiller in Weimar, in welch´ menschliche Abgründe ihr Sohn Ernst beruflich blicken muss:

„Über die neue Veranlassung, wo Du Deinen Fleiß und Eifer zeigtest, bin ich als Mensch betrübt. Denn es ist ein schrecklicher Fall, dieser Mord in Beuel. (Frau von Stein theilte mir das Oracle mit, worin der Fall erzählt und Deiner gedacht wird.) Solche Vergehungen und Verirrungen sind schrecklich; Schonung kann der Richter da nicht zeigen.“

Der Richter – das ist hier das Geschworenengericht, eine für besondere Verbrechen zuständige Abteilung des Landgerichts, auch Assisen genannt. Bei diesem Schwurgericht wird das Urteil in zwei Schritten gefällt: Zwölf Laienrichter aus dem Volk, nach einem komplizierten Verfahren ausgewählt, entscheiden allein über die Frage der Schuld: Ist der Angeklagte der Täter und schuldig im Sinne der Anklage – ja oder nein? Und erst wenn der Angeklagte von den Geschworenen für schuldig erklärt worden ist, entscheiden die Berufsrichter über das gesetzliche Strafmaß. Die Strafe kann Haft sein, ggf. lebenslänglich und mit Zwangsarbeit verbunden. Das Urteil kann aber auch auf Todesstrafe lauten.

Der Untersuchungsrichter von Schiller klärt den Mordfall auf.

Im „Criminalfall Moll" hat schon der Untersuchungsrichter Ernst von Schiller keine Probleme mit dem Nachweis der Schuld. Denn als man den Beschuldigten Moll mit den ausgegrabenen, halbverwesten Leichen seiner Stiefmutter, seines Halbbruders und seines Regimentskameraden konfrontiert, bricht er zusammen und legt ein Geständnis ab.

Ja, mit der Axt hat er sie alle drei erschlagen. Die Stiefmutter wegen der Schande, den Halbbruder, weil das Kind Zeuge des Mordes an seiner Mutter war und schrie, schließlich den Kameraden Ochs, weil er dessen 60 Thaler haben wollte. Dieses umfassende Geständnis wiederholt er vor dem Schwurgericht, das den Fall im November 1823 drei Tage lang öffentlich verhandelt. Die Geschworenen sind sich deshalb schnell einig: Schuldig! Die Berufsrichter zögern nicht, die für solche Fälle gesetzlich angedrohte Todesstrafe zu verhängen. Die Revision des Angeklagten wird am speziell für das Rheinland eingerichteten Senat des Revisionsgerichtsgerichtshofs in Berlin verworfen und der König bestätigt das Urteil.

So schnell, transparent und von der interessierten Öffentlichkeit einschließlich der Presse als gerecht akzeptiert laufen auf dem Territorium des Rheinischen Rechts in den 1820-er Jahren regelmäßig die Gerichtsverfahren – und nicht nur die spektakulären Verbrechensprozesse - ab. Die Front der Skeptiker gegenüber dem „Franzosenrecht" bröckelt langsam.

Selbst Preußens Justizminister von Kircheisen, der zunächst dem Rheinischen Recht sehr ablehnend gegenüberstand, muss 1825 mit Blick auf die neuen preußischen Gebiete anerkennen: *„Ich bin es der Wahrheit schuldig zu bemerken, daß die Gerichtsbehörden ihre Pflicht erfüllen, daß sie eine prompte Justiz administrieren, daß überhaupt nur selten Beschwerden aus den Rheinprovinzen eingehen und selbst von diesen die wenigsten begründet befunden werden".*

Aus heutiger Sicht hat dieses doch so fortschrittliche und effiziente Recht jedoch einen deutlichen Makel: Die Selbstverständlichkeit, mit der die Todesstrafe verhängt und vollstreckt wird. Erst rund 100 Jahre später wird man die alleinige Zuständigkeit der Geschworenen für den Schuldspruch abändern, die oft genug sehr emotional „aus dem Bauch heraus" ihr Urteil abgeben. Und die Umstände der Vollstreckung sind regelmäßig einfach nur widerlich. Wie im Falle Moll.

... und am Ende die Guillotine.

Die Todesstrafe war schon früher ein abstoßender Irrweg der Justiz.

Die Hinrichtung im Fall Moll ist für morgens 6 Uhr angesetzt. Hierfür laufen die Vorbereitungen schon Tage vorher. Der Untersuchungsrichter Ernst von Schiller kommentiert solche Vorbereitungen in einem Brief an seine Mutter (in einem anderen Fall) mit Abscheu.

> *„Es erwartet uns bald ein grausiges Schauspiel; bald wird man im Hofe des alten Rathhauses die Guillotine aufrichten, worin die Opfer der Gerechtigkeit ihre Köpfe lassen sollen. Es ist eine traurige, garstige Maschine, ein rother Kasten von der Größe eines großen Tisches, wo den Leuten die Köpfe hineingesteckt werden, die die Armen nimmer wieder herausziehen werden. Leider muß ich von Amts wegen dabei gegenwärtig sein.“*

Nicht wenige Kölner sehen das „grausige Schauspiel" eher als Volksfest für Gaffer und Voyeure. Trotz der frühen Morgenstunde versammelt sich am 3. Mai 1824 auf dem Hinrichtungsplatz eine *„ungeheure Menschenmenge"*, wie die Presse tags darauf vermeldet. Als die traurigen Zeremonien mit nochmaliger Verlesung des Urteils, reuevollem Schuldbekenntnis des Todeskandidaten und mit einem letzten Segen durch den Priester beendet sind, kann endlich der Kölner Scharfrichter Nicolaus Hamels den Mechanismus auslösen, der das Fallbeil aus etwa 3 Metern Höhe niedersausen lässt.

Damit aber noch nicht genug. Die Bonner Universität, vertreten durch ihren Medizinprofessor Dr. Joseph Ennemoser, hat einen Studenten mit einem Experiment beauftragt. Der steht während der Hinrichtung unter der Guillotine, fängt den abgeschnittenen Kopf Molls auf und ruft dem Kopf mehrfach

„Moll!" in das Ohr, um etwaige Reaktionen zu beobachten. Solche Reaktionen bleiben jedoch aus, wie der Student Schmitz in seinem Protokoll notiert.

Früh erkannt, diese Erkenntnis aber nicht umgesetzt: Das Unrecht der Todesstrafe.

Nicht weniger als insgesamt 335 Todesurteile fällen rheinische Geschworenengerichte zwischen 1818 und 1854, jedoch nur 21 Hinrichtungen werden vollstreckt. Denn König Friedrich Wilhelm III. hat sich das Recht vorbehalten, Todesurteile zu bestätigen, um sie vollstreckbar werden zu lassen. Einerseits ein Eingriff in die Unabhängigkeit der Gerichte, verhinderte diese „allerletzte Instanz" jedoch oft genug die Vollstreckung von Fehlurteilen.

„Weg mit der Todesstrafe!" Für die damalige Zeit schon sehr erstaunlich, diese Forderung, die ein namentlich nicht benannter Journalist der *Rheinischen Zeitung* in der Ausgabe vom 9. März 1912 als Überschrift seines Artikels veröffentlicht. Der offenbar für die Gerichtsberichterstattung in dem Blatt zuständige Reporter schreibt, dass am Vortag der Arbeiter Karl Winzen vom Kölner Schöffengericht im Appellhof von der Anklage freigesprochen wurde, seine Ehefrau misshandelt zu haben. Es war der dritte Freispruch dieses Angeklagten in Folge wegen verschiedener Delikte, weil er nach dem Gutachten des Dr. Deiters bei Begehung der Taten sich im Zustande krankhafter Störung der Geistestätigkeit befand. Und auch schon seit langem, so berichtet der Journalist, sei bekannt, dass Karl Winzen geisteskrank sei. Das Wiederaufnahmeverfahren zu einer sehr viel früheren Verurteilung wegen Diebstahls sei anhängig.

Vor drei Jahren jedoch war ein Angeklagter namens Felix wegen Mordes vom Kölner Schwurgericht im Appellhof zum

Tode verurteilt und hingerichtet worden. Das Todesurteil stützte sich im Wesentlichen darauf, dass eben jener Karl Winzen als Hauptbelastungszeuge behauptete, er habe von dem Angeklagten Felix ein Geständnis für diesen Mord gehört. Der Angeklagte Felix bestritt jedoch bis zuletzt sowohl den ihm zu Last gelegten Mord wie auch das angebliche Geständnis, das außer Winzen niemand gehört hatte.

Es geschah schon immer und geschieht auch heute leider noch, dass der Staat einem seiner Bürger als Opfer eines Justizirrtums bitteres Unrecht zufügt. Wenn sich das denn wegen der menschlichen Unzulänglichkeit von Richtern, Zeugen, Rechts- und Staatsanwälten schon nicht vermeiden lässt, so musste schon nach der damaligen Ansicht weitsichtiger Journalisten zumindest die Möglichkeit einer späteren Korrektur offen gehalten werden. „*Wie so viele andre beweist auch dieser Vorgang wieder, wie dringend notwendig die Abschaffung der Todesstrafe ist, ganz abgesehen von der kulturellen Seite der Forderung*", heißt es dazu in dem betreffenden Artikel der *Rheinischen Zeitung*.

Der Appell wird in Deutschland erst viele Jahrzehnte später gehört werden. Für andere Staaten dieser Welt wird man auch heute wohl noch länger auf die überfällige Einsicht warten müssen.

Endlich steht er da – der Appellhof an der Burgmauer!

Das erste Gerichtsgebäude ist architektonisch umstritten, aber es liegt jedenfalls in Köln.

Der Erste Präsident Heinrich Gottfried Daniels ist empört. In diesem Umfeld des Spanischen Baus, des provisorischen Gerichtsgebäudes am Rathaus, ist nach seiner Ansicht der Appellationsgerichtshof geradezu würdelos untergebracht: *„Nicht allein, daß der Appellationsgerichtshof durch das Trommeln bey dem Aufziehen der Wache nach dem Rathause in seinen öffentlichen Audienzien täglich gestört"* werde. Die Ungezogenheit der Soldaten gehe sogar so weit, dass sie in der Vorhalle des Gerichtsgebäudes tanzen und pfeifen, ja dass sie Vorübergehende mit Schneebällen bewerfen, *„wodurch denn öfters Lärmen und Geschrey auf den Gassen entstand und sogar eine Schneekugel in das Secretariat fiel."*

Dabei könnte das neue Gerichtsgebäude doch längst gebaut sein. Schon 1819 hat die Stadt Köln einen Standort an der Burgmauer bestimmt. Grundstücksflächen der beiden früheren Klöster „Zum Lämmchen" und „St. Mariengarten", arrondiert durch weitere Parzellen, stehen als großzügiger Bauplatz bereit. Die Finanzierung des Neubaus ist durch die Kostenzusagen der Stadt und der Kölner Handelskammer gesichert. Wo hakt es denn, dass 1822 immer noch kein Baubeginn erfolgt ist?

Johann Peter Weyer, Kölner Stadtbaumeister und für die Planung des Projekts zuständig, seufzt tief, wenn er nach den Gründen der Verzögerung gefragt wird. Natürlich hat er schon 1819 einen wunderschönen Bauplan für das neue Kölner Gerichtsgebäude zur Genehmigung nach Berlin geschickt. Dabei hat er sich an dem Bauplan eines repräsentativen Pariser

Gerichts orientiert. Den Entwurf bekommt er umgehend mit dem königlichen Bescheid zurück, die Kölner sollten gefälligst *„ein Dienstgebäude und keinen Justizpalast"* planen. 1820 der nächste Anlauf und die nächste Berliner Klatsche: Abgelehnt! Über dem dritten nach Berlin übersandten Entwurf Weyers brütet man jetzt im Ministerium und lässt sich dabei alle Zeit dieser Welt.

Stecken mal wieder die Düsseldorfer mit einer Intrige hinter der Verzögerung?

Leonard Ennen, der erste hauptberufliche Archivar der Stadt Köln, berichtet in einem Zeitungsbeitrag aus dem Jahr 1869 von finsteren Verschwörungstheorien, die 50 Jahre zuvor in Köln die Runde gemacht hätten: *„Bei den Erörterungen über die erforderlichen Räumlichkeiten schien nicht allein die Rücksicht auf das Interesse der Rechtspflege, sondern auch der Verdruß über das Unterliegen der Concurrenzstadt Düsseldorf bestimmend zu sein. Wenigstens glaubte man in Köln, daß einflußreiche Freunde der Stadt Düsseldorf die Frage über den Bauplan für den Appellhof benutzten, um die Stadt Köln auf alle mögliche Weise zu chicanieren."*

Da war sie wieder, die böse rheinische Rivalin Kölns, 40 km rheinabwärts! Tatsächlich verzögern die Ministerialen in Berlin die Baugenehmigung aber wohl deshalb, weil sie immer noch die Einführung eines (neuen) preußischen Rechtssystems auch in den Rheinlanden planen, natürlich ohne die ungeliebten Grundsätze von Öffentlichkeit und Mündlichkeit der Prozesse. Dann aber wären die fünf großen Sitzungssäle in Weyers Entwurf des Gerichtsgebäudes überflüssig und müssten zurückgebaut werden – auf Kosten des preußischen Staates als dem neuen Eigentümer! Dann doch lieber weiter abwarten.

Erst 1823 wird Weyers dritter Bauplan vom zuständigen Ministerium gegenüber dem König befürwortet *(„Ein Plan, der*

„... für Eure Königl. Majestät Staatskasse höchst annehmlich ... und auch mit den Modifikationen sehr wohl als zweckmäßig bestehen kann, unter welchen die Einführung der preußischen Gesetze in den Rheinprovinzen stattfinden dürfe."). Im Klartext: „Majestät, Ihr könnt dem geplanten Neubau Euren Segen geben, denn er kostet Euch nichts. Und wenn wir am Rhein doch noch preußisches Recht durchsetzen, wird der Umbau des Gerichtsgebäudes für Preußen finanziell kein größeres Problem sein."

Und so kann ab 1824 an der Burgmauer gebaut werden. Kurz vor der Fertigstellung des Gerichtsgebäudes im November 1826 ziehen die Berliner die Domstadt dann noch einmal über den Tisch: Man stellt sich in Berlin auf den Standpunkt, dass die Kölner Zusage der Baukostenübernahme auch die Anschaffung des Gerichtsmobiliars umfasse. Auf diese ungeplante Ausgabe kommt es der Stadt dann auch nicht mehr an – man protestiert, versucht zu feilschen, aber letztlich zahlt man doch und zieht ein.

Fertig! Eine lange und spannende Vorgeschichte zu einer wichtigen Kölner Institution hat einen vorläufigen Abschluss gefunden.

Vielleicht nicht schön, aber es ist jedenfalls doch ein *Kölner* Gerichtsgebäude, ...

Da steht er nun, der erste Rheinische Appellationsgerichtshof mit der Postanschrift Burgmauer 33, bald im Volksmund nur noch „der Appellhof" genannt. Mit Platz auch für Landgericht, Handelsgericht und Staatsanwaltschaft. Es ist ein architektonisch bemerkenswertes Gebäude, das Johann Peter Weyer geplant hat: Im Grundriss sieht man zwei konzentrische Halbkreise, der vordere ist ein Säulengang im Anschluss an einen zur Burgmauer offenen Vorplatz, der hintere Halbkreis stellt eine Aufreihung von Dienstzimmern dar, dazwischen radial fünf große Sitzungssäle, die über beide Geschosse gehen.

Ist der eigenwillige Halbkreisbau nun schön? Oder wenigstens zweckmäßig? Da gehen die Ansichten der Zeitgenossen weit auseinander. Archivar Ennen hat dazu eine eindeutige Meinung: *„Als ob man in Berlin gerade den unzweckmäßigsten und in ästhetischer Beziehung den verwerflichsten Plan bevorzugen wolle …".* Als *„von städtebaulichem Reiz"* oder einfach *„schlicht"* bewerten dagegen andere das Gebäude.

Egal! Bei der Einweihungsfeier in 1826 ist man sich einig, dass die Stadt Köln an diesem Tag ein Kapitel rheinische Justizgeschichte glücklich zu Ende geschrieben hat. Selbst ein halbes Jahrhundert nach Einweihung des Appellhofs erinnert sich ein bemerkenswerter Männerchor an diese Sternstunde. Zum 50-jährigen Bestehen des Gerichts besingen nämlich ehrwürdige Appellationsgerichtsräte, vermutlich leicht besäuselt, ihren architektonisch umstrittenen Arbeitsplatz mit den Worten:

> *„Wenn des Hofes runde Hallen,*
> *Auch nicht schön ins Auge fallen,*
> *Sind erbaut sie doch am* Rhein -
> *An dem Rhein mit seinen Reben,*
> *Wo so wonnevoll das Leben*
> *Und so köstlich ist der Wein!"*

Da sind Willi Ostermann und die Bläck Fööss jedenfalls stimmungsmäßig nicht mehr weit weg.

... dessen Grundriss auch heute noch sichtbar ist.

Alles Schnee von gestern, der - in der Sonne geschmolzen - keine Spuren hinterlassen hat? Nein, nicht ganz. Interessant ist, dass man auch heute noch den Grundriss des alten Appellhofs „sehen" kann.

Wir machen uns auf eine Spurensuche und gehen zur Ecke Burgmauer / Neven DuMont-Straße, biegen dann links ab und wundern uns. Denn wir umrunden bei unserem Spaziergang sozusagen das Gerichtsgebäude! Die Straßenführung lässt einen sanften Halbkreis erkennen, der um den früheren und jetzt geschlossenen südlichen Haupteingang des Gerichtsgebäudes herum auf das WDR-Hochhaus zu führt. Es ist der charakteristische Halbkreis im Grundriss des Weyer-Baus.

Kurios die Beschriftung an der Tür der nördlichen Hausmeisterwohnung: Obwohl postalisch am Appellhofplatz gelegen, steht hier unmissverständlich „Burgmauer 33". Es ist die alte Hausnummer des ersten Gerichtsgebäudes von 1826, die sich als Postanschrift der Dienstwohnung bis heute erhalten hat. Da kann selbst Kölns berühmteste Hausnummer „4711" nicht mithalten: Anders als die „Burgmauer 33" ist sie zwar eine sehr bekannte, aber tatsächlich nicht mehr existente Hausnummer.

Der Poet aus dem Appellhof

Dem Gerichtsschreiber Nikolaus Becker gelingt ein steiler, aber nur kurzer Aufstieg als gefeierter Dichter.

Zwei Menschen gibt es Mitte der 1830-er Jahre im Appellhof, die eine besondere Beziehung zu gereimten Worten haben. Ihre persönlichen Wege werden sich vermutlich im Appellhof auch in einer persönlichen Bekanntschaft gekreuzt haben, obwohl diese Lebenswege damals in genau gegenläufige Richtungen weisen.

Der eine ist Ernst von Schiller, zweitältester Sohn des Dichterfürsten aus Weimar. Er hatte sich als Jugendlicher auch in der seinerzeit so genannten „*Dichtkunst*" geübt. Die sollte ihm kein Geringerer als Johann Wolfgang von Goethe vermitteln, ein Freund der Familie von Schiller. Schon mit 13 Jahren versuchte sich der junge Ernst an Balladen und Schauspielen. Es blieb beim Versuch. Bald - und noch rechtzeitig! - kam dem jungen Mann die zutreffende Erkenntnis, dass ihm das Genie seines früh verstorbenen Vaters Friedrich fehlte. Zu große Fußstapfen! Mit der Poesie hatte er in Zukunft nichts mehr im Sinn.

Also wird er Jurist. Ein erfolgreicher sogar, wie sich jetzt gerade im Jahr 1835 für jedermann zeigt: Nach dem Berufsstart in Köln und einem mehrjährigen Einsatz am Landgericht Trier wird er von der preußischen Justiz zum Appellationsgerichtsrat befördert und zurück nach Köln versetzt. Damit ist für ihn ein Traum wahr geworden! Ernst von Schiller platzt fast vor Stolz und schreibt Jubelbriefe an die Familie.

Der andere ist Nikolaus Becker. Der junge Mann aus einer bürgerlichen Bonner Familie fühlt sich schon in jungen Jahren als poetisches Talent, studiert aber trotzdem - der Vater will es wohl - einigermaßen lustlos Jura. Auch er schreibt Briefe an die

Familie. Aber mit dem Inhalt, dass ihn die Juristerei eigentlich nicht sonderlich interessiere. Er möchte Dichter werden. Nach Studium, erstem Staatsexamen und Militärdienst ist er Mitte der 1830-er Jahre Auskultator beim Landgericht Köln im Appellhof. Auskultator, das ist damals der mittlere Abschnitt in der juristischen Berufsausbildung zwischen Studium und Referendariat. Als Auskultator führte man z.B. Protokoll in den Gerichtssitzungen oder leistete sonstige gerichtliche Hilfsdienste.

Früh versterben beide Eltern. Nikolaus Becker bricht seine Ausbildung ab, zieht nach Geilenkirchen, wo seine Stiefschwester mit Familie wohnt, und wird am dortigen Friedensgericht (später: Amtsgericht) aushilfsweise als Gerichtsschreiber in Teilzeit beschäftigt. Da hat er viel Freizeit zum Dichten, aber wenig Geld zum Leben. Es droht ihm der finanzielle und soziale Niedergang.

Vom Gerichtsschreiber zum berühmten Dichter

Fast über Nacht wird Nikolaus Becker dann zum gefeierten Poeten, erhält Geld- und Ehrenpreise, der preußische König persönlich verwendet sich für ihn, damit er eine auskömmliche Anstellung bekommt. Wie kommt es denn dazu?

Da ist viel Politik im Spiel! Die französische Regierung, nach einer außenpolitischen, diplomatischen Schlappe damals in der Defensive, stellt zur innenpolitischen Ablenkung Gebietsansprüche: Sie fordert die linke Rheinseite als ihr Staatsterritorium. Der Rhein soll die französische Staatsgrenze zu Preußen werden. Eine durchsichtige, aber dennoch populistisch wirkungsvolle Aktion. Preußen schnaubt vor Wut, die betroffenen Rheinländer packt das Grausen und es tobt zwischen den beiden Staaten ein kalter Krieg mit Propaganda in jeder Form.

Von dieser Stimmung erfasst, textet damals ein 31-jähriger „abgebrochener" Jurist im stillen Kämmerlein:

> *„Sie sollen ihn nicht haben, den freien deutschen Rhein,*
> *Ob sie wie gierige Raben, sich heiser danach schrein, …"*

„Sie", das sind natürlich die Franzosen, der Erbfeind, und nach weiteren sieben Strophen schließt das Gedicht:

> *„Sie sollen ihn nicht haben, den freien deutschen Rhein,*
> *Bis seine Flut begraben des letzten Manns Gebein!"*

Es trifft sich gut, dass die Mutter des Dichters Nikolaus Becker mit dem damaligen Herausgeber der *Kölnischen Zeitung*, Joseph DuMont, weitläufig verwandt ist. In diesem Blatt wird das Gedicht 1840 abgedruckt. Die Beachtung der Zeilen ist erstaunlich groß, es gibt dazu mehrfache Vertonungen, u.a. auch von dem bekannten Komponisten Robert Schumann, und aus dem Gedicht wird ein patriotisches Kampflied, das „*Rheinlied"*. Als das im Oktober 1840 bei einem Fest im Kölner Stadttheater erstmals von einer Kapelle gespielt wird, erzeugt das Lied nach der folgenden Berichterstattung in der *Kölnischen Zeitung* im Publikum „*einen solchen Enthusiasmus, daß seine Wiederholung stürmisch begehrt wurde."*

Die Begeisterungswelle schwappt anschließend bis Berlin und weiter nach Bayern. Da lässt sich Seine Majestät Friedrich Wilhelm IV. doch nicht lumpen und übersendet dem vaterländischen Jungpoeten 1.000 Thaler. Und eine Festanstellung als Gerichtsschreiber in Köln (jetzt natürlich in Vollzeit!) gibt es noch obendrauf. König Ludwig I. von Bayern ist ebenfalls begeistert und zeigt das durch ein Dankesschreiben mit beigefügtem Ehrenpokal.

Was danach kommt, ist leider nicht mehr so toll. Ein 1841 veröffentlichter Gedichtband von Becker findet kaum Beachtung. Ein berühmter Kollege senkt 1844 ebenfalls den Daumen. In seinem Epos „*Deutschland. Ein Wintermärchen*" nimmt sich Heinrich Heine das „*Rheinlied*" vor und lässt den „Vater Rhein" selbst über das überschwängliche Nationalgefühl Beckers spotten:

> „*Zu Bibrich hab ich Steine verschluckt, wahrhaftig, sie schmeckten nicht lecker!*
> *Doch schwerer liegen im Magen mir die Verse von Niklas Becker.*"

Mit nur 35 Jahren stirbt Nikolaus Becker 1845 an einer Lungenerkrankung. Da ist sein früherer Berufskollege aus dem Appellhof, Ernst von Schiller, ebenfalls lungenkrank geworden, schon vier Jahre lang tot.

Schnellgericht Anno 1847

*Schon im Appellhof des vorletzten Jahrhunderts konnte die Strafe
„auf dem Fuße" folgen.*

Vielleicht hat er morgens, als er aus dem Haus ging, zu seiner
Frau gesagt: „Ich bin dann mal weg. Zum Mittagessen bin ich
ganz sicher zurück!"

Das Mittagessen wird kalt. Er kommt erst fünf Jahren später
zurück. Denn mittags wird er sehr spontan angeklagt und sofort
zu fünf Jahren Gefängnis verurteilt. Das konnte er am Morgen
selbstverständlich noch nicht ahnen.

Ja, so kann es gehen, wenn man ausgerechnet in einem
Gerichtssaal kriminell wird. Vor allem aber zeigt diese
Verurteilung die sehr effiziente rheinische Rechtsprechung, ein
„beschleunigtes Verfahren" im Jahre 1847. Aber jetzt mal der
Reihe nach.

Der mittlere, zentral gelegene Saal des ersten Appellhof-
Gerichtsgebäudes ist besonders groß, um bei spektakulären
Prozessen möglichst viel Publikum aufnehmen zu können. Man
nimmt den Grundsatz der Öffentlichkeit von Gerichtsverfahren
in Köln eben durchaus ernst.

Das Publikum weiß dieses Angebot zu schätzen: Es gibt
Krimi-Unterhaltung vom Feinsten, live und auch noch
kostenlos! In Verhandlungen des Schwurgerichts in Mord- und
Totschlagsanklagen oder anderen Aufsehen erregenden
Verbrechen ist der Saal gerammelt voll. Die Zuschauer sind
Leute *„zum Theil aus den geringsten Volksklassen"*, wie schon 1831
amtlich an das Berliner Justizministerium berichtet wird, um die
Kosten für fünf Kronleuchter im Zuschauerraum bewilligt zu

bekommen. Dort gibt es nämlich, auch wegen der schlechten Belichtung des Saals, immer wieder *„lärmende Bewegungen"*.

Diebstahl unter den Augen des Gerichts

Auch heute, an einem Frühlingstag im April 1847, sitzt man bei einer spannenden Verhandlung auf den Zuschauerbänken im Schwurgerichtssaal des Appellhofs auf Tuchfühlung, dicht an dicht. Scheinbar ideale Arbeitsbedingungen für einen Herrn Nolden, der an diesem Morgen seinem kriminellen Treiben als Seriendieb nachzugehen gedenkt. Im Zuschauerraum kommt es dann auch bald zu einer dieser „lärmenden Bewegungen", die zuvor in 1831 dem Justizministerium gemeldet worden waren. Was sich da abspielt, kann man nicht besser wiedergeben als die *Kölnische Zeitung* tags darauf berichtet.

> *„Am 21. April Vormittags ereignete sich der Fall, daß unter den Augen des Gerichts im kölnischen Assisensaale, als die Verhandlungen im vollen Gange waren, von einem unter den Zuhörern anwesenden Individuum ein Taschendiebstahl durch Entwendung einer Börse, welche 5 Thlr. 20 Sgr. enthielt und die einem Kanonier zugehörte, versucht ward.*

> *Die That wurde indessen von mehreren Anwesenden bemerkt und der Dieb, namentlich von Eigenthümer der Börse, an der Hand festgehalten, als er dieselbe aus seiner Rocktasche zog. In den Assisensaal zurückgebracht, trug die Staatsbehörde bei dem versammelten Hofe darauf an, den Beschuldigten sofort vor die Gerichtsschranken zu stellen und über das ihm zur Last gelegte Vergehen abzuurtheilen. Der Hof ging darauf ein und der Präsident forderte diejenigen Personen, welche von der That Kenntniß genommen hatten, auf, gegenwärtig zu bleiben, um als Zeugen vernommen werden zu können.*

Kurz darauf constituirte sich auch der Assisenhof als Zuchtpoliceigericht; die Zeugen wurden vernommen und da sich aus deren Aussagen das beabsichtigte Factum als unläugbar vorhanden darstellte, so trug der Staatsprocurator darauf an, den Angeklagten in eine Gefängnißstrafe von 5 Jahren und den Verlust der Nationalkokarde zu verurtheilen und denselben unter 10jährige Policeiaufsicht zu stellen, welcher Antrag von dem Gerichte auch in allen Theilen bestätigt ward.

Der Verurtheilte ist hier aus Köln gebürtig, heißt Nolden und ist Diebstahls halber früher schon zu 5jährigem, zu 13monatlichem und 6monatlichem Gefängnis verurtheilt gewesen."

Jeder kennt das aus Elternhaus oder Schule: Eine freche Antwort oder erkennbares Pfuschen bei der Klassenarbeit hat sofortige Konsequenzen. In der Justiz sollte das nicht anders sein. Ein Gesetzesverstoß muss schnell bestraft, der gebrochene Rechtsfrieden bald wiederhergestellt werden. Denn „verzögerte Gerechtigkeit ist verweigerte Gerechtigkeit", wussten schon kluge Juristen im vorletzten Jahrhundert. Was nützt ein Richterspruch, wenn er durch den inzwischen eingetretenen Zeitablauf kaum noch Wirkung hat? Wenn die Strafe der Tat nicht „auf dem Fuße folgt", ist die erzieherische und abschreckende Wirkung sicher geringer.

Und wieder einmal zeigt sich, wie rheinisches Recht sich vielfältig bewährt: Die Prozessgrundsätze von Mündlichkeit und Unmittelbarkeit der Verfahren bieten, wie der vorstehende Bericht zeigt, beste Voraussetzungen für eine zeitnahe, effektive Justiz.

Das gilt übrigens auch heute noch: Bei Straftaten von geringem Gewicht und klarer Beweislage kann im sogenannten „beschleunigten Verfahren" der Strafprozessordnung ein Täter innerhalb von wenigen Tagen verurteilt werden. Davon wird zunehmend im Jugendstrafrecht Gebrauch gemacht.

Von ganz anderem Kaliber waren dann aber doch die politischen Verfahren, die ab 1848 im Appellhof zur Verhandlung kamen. Auch und gerade der Appellhof blieb nämlich von den revolutionären Unruhen in den deutschen Staaten nicht verschont.

Freispruch für die Revolution!

Gottfried Kinkel, Bonner Theologe und Revolutionär, ist für Kölner Richter unschuldig.

Niemals zuvor und danach hat sich der Appellhof so kriegerisch gezeigt wie an diesem 29. April 1850. Am Eingang zum Schwurgerichtssaal stehen Soldaten mit Gewehr und aufgepflanztem Bajonett. Vor dem Gerichtsgebäude, in dem halbkreisförmigen Vorhof, wo sonst Kinder spielen oder Bettler das illustre Publikum der Verhandlungen um Almosen angehen, hat man sogar Artillerie in Stellung gebracht: Zwei gefechtsbereite Kanonen mit einem Munitionswagen lassen keinen Zweifel daran, dass man seitens der Obrigkeit mit allem rechnet, sogar mit dem Versuch einer gewaltsamen Befreiung dieses ganz besonderen Angeklagten.

Ein Räuberhauptmann? Ein Massenmörder? Nein, viel schlimmer! Jedenfalls aus der Sicht der Berliner Monarchie. Er soll auf keinen Fall wieder in Freiheit kommen, dieser Professor der Bonner Universität, mochte er auch Theologe und Philosoph sein. Denn für den Staat ist er ein Hochverräter, ein nichtswürdiger Revolutionär, der den Umsturz des Königreichs Preußen nicht nur geplant, sondern sogar wiederholt tatkräftig versucht hat.

An diesem frühen Morgen sitzt der Angeklagte Gottfried Kinkel, dem die ganze Drohkulisse gilt, bleich, abgemagert und längst schon in einem früheren Prozess zu einer lebenslänglichen Zuchthausstrafe verurteilt, in einem Gefangenentransporter. In dem rumpelt er nun vom Arresthaus seinem zweiten Strafprozess entgegen. Diesmal im Appellhof, wo ihm womöglich sogar die Todesstrafe drohen könnte.

Ja, er hat mit der Waffe als Freischärler im Badischen gegen preußische Truppen gekämpft. Deswegen ist er ja bereits durch ein Militärgericht verurteilt worden. Und ja, er hat im Mai 1849 zusammen mit etwa 100 Bonner Bürgern versucht, die Waffen des Siegburger Zeughauses zu erbeuten. Mit denen wollte man erzwingen, was König Friedrich Wilhelm IV. in der zuvor friedlichen „Deutschen Revolution" von 1848 seinen Untertanen verweigert hatte: Eine liberale Verfassung, Pressefreiheit, ein gleiches Wahlrecht und andere Bürgerrechte. Der Versuch der Bonner Bürgerwehr ist zwar an einem Trupp Dragoner kläglich gescheitert, kommt aber heute vor dem Kölner Schwurgericht unter dem Vorwurf des Hochverrats zur Anklage.

Ungläubig schaut sich Gottfried Kinkel um, als er vor dem Appellhof den Transporter verlässt und ihm Soldaten mit blank gezogenem Säbel eine Gasse zum Gerichtseingang bahnen. Trauben von Menschen, teilweise auch aus Bonn angereist, jubeln ihm zu. Vergeblich versuchen Soldaten mit Gewehrkolbenstößen die „Hoch!"- und „Vivat!"-Rufer zum Schweigen zu bringen. Der honorige Hochschullehrer ist zu einer Symbolfigur für die Freiheitsbewegung geworden.

Der bewaffnete Kampf ist zwar nicht gerade die Spezialität der Kölner. Als im vorletzten September in 1848 am Alter Markt einmal ein paar Barrikaden errichtet wurden, waren die am nächsten Morgen kampflos von dem preußischen Militär abgebaut worden; wie heutzutage Zuschauertribünen nach dem Rosenmontagszug. Aber mit dem Mund ist jeder Kölner ein echter Revolutionär. *„Es lebe hoch die Republik, dann sind wir auch die Preußen quitt!"* hat man dem Infanterieregiment entgegengerufen, das der König nach Köln verlegt hatte. Auch deshalb soll jetzt durch die erneute Verurteilung Kinkels mitten im Rheinland durch ein rheinisches Geschworenengericht ein Exempel statuiert werden.

Schon Karl Marx wurde im Appellhof freigesprochen.

So etwas war allerdings schon einmal – aus Berliner Sicht – gründlich schiefgegangen. Kein Geringerer als Karl Marx, Mitautor des *„Kommunistischen Manifest"*, hatte nach der gewaltsamen Auflösung der gewählten preußischen Abgeordnetenversammlung durch den König in der *Neuen Rheinischen Zeitung* zum Steuerboykott gegen Preußen aufgerufen: *„Steuerverweigerung ist erste Bürgerpflicht!"*

Das war dann für Preußen eine „Aufforderung zur Rebellion" im Sinne von Artikel 209 des Strafgesetzes. Wegen dieses Verbrechens folgte prompt im Februar 1849 die Anklage vor dem Kölner Schwurgericht. Der Prozess wurde ein Triumph für den früheren Rechtsanwalt Karl Marx. In einer rhetorischen Glanzleistung legte Marx dar, dass er mit seinem Aufruf lediglich den letzten Beschluss der gewählten Abgeordnetenversammlung zum Steuerboykott eingefordert hatte. Und der König sei es doch vielmehr gewesen, der die neue, frei gewählte staatliche Ordnung zerstört habe! Die Geschworenen waren restlos überzeugt. Ergebnis: Nicht schuldig, Freispruch!

Für die zeitweiligen Kölner Bürger Karl Marx und Friedrich Engels ging damit eine Rechnung auf, die Engels später in 1884 so beschrieb:

„Wir mussten eben nach Köln gehen und nicht nach Berlin. Erstens war Köln das Zentrum der Rheinprovinz, die die Französische Revolution durchgemacht, sich im Code Napoléon moderne Rechtsanschauungen bewahrt, die weitaus bedeutendste große Industrie entwickelt hatte und in jeder Beziehung damals der fortgeschrittenste Teil Deutschlands war. ...

Entscheidend aber war: In Berlin herrschte das elende preußische Landrecht und politische Prozesse kamen vor die Berufsrichter; am Rhein bestand der Code Napoléon, der keine Preßprozesse kennt, weil er die Zensur voraussetzt, und wenn man keine politischen Vergehen, sondern nur V e r b r e c h e n beging, kam man vor die Geschworenen …".

Gottfried Kinkel kennt oder ahnt zumindest diese juristische Lösung für seinen Fall, als der Ankläger nach mehrtägiger Beweisaufnahme und Verhandlung erwartungsgemäß für ihn die Todesstrafe fordert. So ungebrochen und hoch erhobenen Hauptes wie er geht und steht, so geradlinig steht er zu seinen politischen Überzeugungen, die er den Richtern sowie den Geschworenen im Appellhof am letzten Prozesstag im Mai 1850 persönlich darlegt:

„Weil ich aber Demokrat bin, weil ich den demokratischen Staat für die einzige und gewisse Möglichkeit halte, das Elend aus der Welt fortzuschaffen, darum glaube ich auch, dass, wenn einmal ein Volk demokratische Einrichtungen erobert hat, dieses Volk das Recht nicht allein, sondern auch die Pflicht besitzt, diese Einrichtungen bis auf den letzten Mann mit allen Waffen, also auch mit der Kugel und dem scharfen Stahl, zu verteidigen."

Dann, in seinem Schlusswort, wird der Angeklagte gezielt emotional und wendet sich direkt an die zwölf Geschworenen, von deren Entscheidung sein Leben abhängt.

„Ich begehre Ihr Mitleid nicht, denn wie scharf, wie blutig dieses Gesetzbuch sei, Sie können mein Los nicht gräßlicher machen als es ist. Der Mann, den man vor diesen Schranken der Feigheit zu zeihen wagte, hat im letzten Jahre dem Tode in seinen verschiedensten Gestalten so oft, so nahe, so kaltblütig ins Auge gesehen, daß auch die Guillotine ihn nicht besonders mehr erschüttert. Ich will Ihr Mitleid nicht; aber

mein Recht verlange ich von Ihnen; mein Recht wälze ich auf Ihr Gewissen, und weil ich weiß, daß Sie, Bürger Geschworene, Ihrem rheinischen Mitbürger sein Recht nicht versagen können, darum erwarte ich mit der ruhigsten Zuversicht aus Ihrem Munde das <Nicht schuldig>. Ich habe gesprochen; nun richten Sie."

Freispruch im Appellhof, Freiheit in England

Man glaubt dem ehemaligen Bonner Geschichtsstudenten Carl Schurz aufs Wort, wenn er in seinen Lebenserinnerungen wiedergibt, was sich danach laut Augenzeugen im Schwurgerichtssaal des Appellhofs abspielte. Die Totenstille am Ende des Plädoyers wird nur durch das Schluchzen und Schnäuzen des Publikums und der Geschworenen unterbrochen. Auch die Berufsrichter und selbst der Ankläger ringen um Fassung.

Als dann, nach kaum einer halben Stunde der Beratung, der Obmann der Geschworenen das einstimmige Votum „Nicht schuldig!" verkündet, explodiert die Stimmung nicht nur im Gerichtssaal, sondern auch bei dem wartenden Publikum vor dem Gerichtsgebäude am Appellhofplatz. Tosender Jubel begleitet den soeben Freigesprochenen allerdings nicht in die Freiheit, sondern wieder zurück in die Haft aus der ersten Verurteilung. Nur eine Umarmung seiner im Gerichtssaal anwesenden Ehefrau Johanna ist Gottfried Kinkel vergönnt. Dann fährt ihn die preußische Gefängnisverwaltung konspirativ auf geheimen Wegen, immer in Sorge vor Befreiungsversuchen, in das Zuchthaus nach Spandau.

Trotzdem hat die Geschichte mit dem glücklichen Urteilsspruch im Appellhof und der unglücklichen weiteren Haft sogar noch ein „Happy End" in Spandau. Der zuvor erwähnte ehemalige Student Carl Schurz, Weg- und sogar Kampfgefährte seines Professors, kann Gottfried Kinkel nur wenige Monate später im November 1850 auf abenteuerliche Weise aus dem Zuchthaus befreien und mit ihm über Rostock nach England flüchten.

Danach zeigt sich, welche Persönlichkeiten man über die Grenzen getrieben hat: Kinkel wird geachteter Professor der Universitäten von London und Zürich. Carl Schurz emigriert nach Amerika, wo er eine steile Politikerlaufbahn damit abschließt, dass er 1877 Innenminister der Vereinigten Staaten von Amerika wird.

Der Appellhof hat sie nicht im Lande halten können, obwohl er doch sein Bestes gegeben hat!

Von den Mühsalen rheinpreußischer Richter

Ach ja, Kölner Richter hatten es schon immer schwer – sagen die Richter der Domstadt.

Es gibt wohl kaum einen Berufsstand, der nicht über seine Arbeitsbedingungen jammert, ob nun zu Recht oder zu Unrecht. Nein, Richter machen da keine Ausnahme. Und das ist bei den rheinpreußischen Kölner Richtern des vorletzten Jahrhunderts auch schon so. Interessant sind jedoch die konkreten Verhältnisse, über die man sich beklagt. Wir hören einfach einmal interessiert zu.

Erstes und tiefstes Jammertal ist im 19. Jahrhundert die völlig unangemessene, weil viel zu geringe Besoldung. Die ist für den jungen Richter im Eingangsamt mit 600 Thalern Jahresgehalt geradezu lächerlich. Heute wäre das unter Hartz IV-Niveau. Aber es geht noch schlimmer: Referendare bekommen für ihre jahrelange Arbeit bis zur Festanstellung als Assessor überhaupt keinen Sold! Im Königreich Preußen wird eben gespart bis es quietscht.

Landgerichtsräte können es auf ein Gehalt von 1.000 und Appellationsgerichtsräte je nach Dienstalter auf 1.200 bis 1.500 Thaler im Jahr bringen. Diese Sätze bleiben von 1819 bis 1871 praktisch unverändert. Was von diesen Beträgen zu halten ist, stellt August Reichensperger, Kölner Appellationsgerichtsrat und gewählter preußischer Landtagsabgeordneter, in einem Redebeitrag zur Beratung des Justizhaushalts in 1852 klar:

„Wer einigermaßen die Verhältnisse, den Preis der gewöhnlichen Bedürfnisse kennt, wird mir zugeben, daß es für ein Mitglied des obersten Gerichtshofes der Provinz nicht möglich ist, mit 1.200

Reichsthalern, ich will nicht sagen standesgemäß, sondern nur anständig mit seiner Familie in Köln zu leben; es ist das rein unmöglich. "

Und bissig setzt der spätere Kölner Ehrenbürger noch hinzu: Natürlich werde der Herr Finanzminister gegen eine Besoldungserhöhung Bedenken anmelden! Nur wenn es um Militärausgaben gehe, habe der Herr Minister niemals solche Bedenken.

Ein preußischer Richter muss schon Geld in sein Amt mitbringen.

Aber warum verhungern denn die Richter in Preußen nicht? Nun, es ist eben so, dass man den Richterberuf in diesem Staat regelmäßig nur ergreifen kann, wenn man zumindest eine von zwei wichtigen persönlichen Voraussetzungen erfüllt: Entweder wird man reich geboren oder man muss noch reich heiraten.

Nehmen wir beispielhaft den jungen Ernst von Schiller. Trotz eines Zubrots aus den Tantiemen des verstorbenen Vaters Friedrich macht sich seine Mutter Charlotte in einem Brief Gedanken, ihr Sohn könnte als Kölner Richter verarmen. Denn im Winter 1819 hat Ernst eine junge Dame aus Aachen mit unklaren Vermögensverhältnissen kennengelernt. *„Sei außer Sorgen!"* schreibt Ernst der Mutter daraufhin zurück. *„Wenn sie nicht 30.000 wenigstens hat, so mag sie noch so angenehm sein, sie wird mich nicht weiter beunruhigen. "* Prompt heiratet er einige Jahre später nicht die junge Aachenerin, sondern eine deutlich ältere, aber sehr wohlhabende Bonner Witwe.

Zyniker könnten in diesem Klassensystem sogar noch Vorteile sehen: Man muss als Richter schon Idealist sein und seinen Beruf lieben, wenn man sich trotz guter Vermögenslage mit so einem dürftigen Jahresgehalt begnügt. Und weil man die paar Thaler des Dienstherrn eigentlich gar nicht nötig hat, fällt ggf. auch der Abschied aus dem Staatsdienst nicht schwer. Das ist natürlich auch eine Form der richterlichen Unabhängigkeit!

Urteile werden selbstverständlich am Küchentisch geschrieben.

Gerne wird heute und wurde schon seinerzeit eine tatsächlich oder vermeintlich unzulängliche Unterbringung in den Dienstgebäuden beklagt. So wird die heute gültige Vorgabe der Justizverwaltung, dass ein einfaches Richterzimmer nicht größer als 15 qm sein soll, schon einmal – sicher stark übertrieben - als „Richter-Intensivhaltung" verspottet.

Der alte Appellhof von 1826 hat jedoch kein einziges Dienstzimmer für den „normalen" Richter. Die relativ wenigen Zimmer (außer den Sitzungssälen mit Beratungszimmern) dienen damals den Präsidenten der untergebrachten Gerichte sowie dem Generalstaatsanwalt und ihren Verwaltungen oder werden als Kanzleiräume für den Sitzungsbetrieb genutzt. „Wozu denn auch Zimmer für Richter?" ist wohl der Standpunkt des preußischen Justizministeriums. „Die haben doch alle ein Zuhause und können ihre Urteile notfalls am Küchentisch schreiben!"

Deshalb hat auch niemand Verständnis dafür, dass der Strafkammerpräsident Meurer im Winter 1855 damit beginnt, nachmittags nach Sitzungsende in einem Beratungszimmer seine Urteile zu schreiben. Der erste, der das sabotiert, ist der Kastellan, also der Hausmeister. Der „vergisst" trotz nachdrücklicher Erinnerung immer wieder, das Kanonenöfchen in dem betreffenden Raum zu befeuern und mit klammen Fingern schreibt man nicht gut.

Die Situation eskaliert, als ein kleines, abschließbares Tischchen, das sich der Kammerpräsident Meurer für seine Schreibutensilien und Sitzungsnotizen aufgestellt hat, über Nacht aus dem Beratungszimmer verschwindet - gestohlen, entsorgt, wie auch immer. Empört beantragt jetzt der Kammerpräsident hochoffiziell bei seinem Landgerichtspräsidenten die Zuweisung eines dienstlichen Arbeitszimmers. Begründung: Stark gestiegene Eingangsfallzahlen (übrigens auch heute noch eine gern genommene Begründung für Verbesserungsvorschläge jeder Art).

Der Landgerichtspräsident löst das Problem durch eine statistische Erhebung unter den Kollegen und stellt mit großem Unmut fest, *„daß in allen von mir bisher eingesehenen Acten auch nicht die leiseste Spur oder Andeutung oder sonst bekannt geworden, daß einem oder mehreren der Herrn Kammer-Präsidenten ein Arbeitszimmer amtlich zugetheilt worden ist."* Heißt im Ergebnis: Herr Kollege Meurer, erstens sind wir hier im sparsamen Königreich Preußen, zweitens könnte da ja jeder kommen und zum Dritten – ab nach Hause, von mir aus an den Küchentisch!

Der Appellhof verfällt so langsam.

Dabei hat auch die Chef-Präsidentschaft im Appellhof schon länger erhebliche Probleme mit der räumlichen Unterbringung. Und die betreffen nicht nur die zunehmende Raumnot aufgrund der personellen Vergrößerung der Gerichte. Vielmehr ist es der fortschreitende Verfall des alten Gerichtsgebäudes von 1826, der den Gerichtsbetrieb behindert. Das schon mit Baumängeln errichtete und kaum unterkellerte Gebäude fault durch aufsteigende Feuchtigkeit praktisch von unten weg: Wände werden rissig, Putz fällt ab, nasse Holzbalken werden morsch und stinken nach Gammel.

Dazu gibt es noch andere wenig edle Gerüche, wie wütenden Eingaben der Bediensteten an die Justizverwaltung entnommen werden kann: Es müssten endlich Maßnahmen ergriffen werden, damit der *„pestilenzialische Gestank, welcher die Nerven und die Gesundheit der landgerichtlichen Beamten angreift"*, beseitigt werde. Diesen Duft hauchen die u.a. landgerichtlichen Latrinen im Hause aus. Im gesamten Königreich gebe es sicher keinen zweiten Fall, wird beklagt, *„dass man die zu den Audienzsälen führenden Corridors nur mit vorgehaltenem Schnupftuche passieren"* könne!

Doch solche Mängel des Appellhofs wirken in 1859 auf einmal wie kleinere Übel. Denn in diesem Jahr droht plötzlich die größtmögliche Gefahr für das Gerichtsgebäude und seine Bediensteten: Der Verkauf des Gerichtsgrundstücks, der Abriss des Appellhofs und die Verteilung der Gerichtseinrichtungen über das ganze Stadtgebiet.

Sorgenvoll, fast schon verzweifelt sitzen die beiden Hausherren, der Präsident des Appellationsgerichtshofes Broicher und der General-Procurator (General-Staatsanwalt) Nicolovius, Anfang November 1859 beisammen und überlegen, wie man das Unheil abwehren könne. Der Appellhof wird von Geld bedroht, von viel Geld reicher Kölner. Und das kam so wie im nächsten Kapitel beschrieben.

Das Theater brennt, der Appellhof wackelt!

Für einen Neubau der Kölner Comödie soll das Gerichtsgebäude abgerissen werden.

Eine Explosion erschüttert am späten Abend des 23. Juli 1859 die Comödienstraße. Das städtische Schauspielhaus, die „Comödie", brennt lichterloh: Der Hausmeister hatte Schwarzpulver für Feuerwerkskörper unsachgemäß gelagert.

Als nach drei Tagen die letzten Glutnester gelöscht sind, macht sich ein Theater-Comité unter Leitung des Kölner Oberbürgermeisters zügig an die Planung eines neuen, natürlich größeren und prächtigeren Schauspielhauses. Die Finanzierung ist kein Problem: Vermögende Kaufleute und Honoratioren der Stadt wollen großzügige, unverzinsliche Anteile an einer Investorengesellschaft zeichnen. Als Gegenleistung erwarten sie repräsentative Privatlogen in dem neuen Theater mit vererblichem Nutzungsrecht für die Sponsoren. Es fehlt nur noch ein geräumiger Bauplatz für den geplanten neuen „*Tempel der Musen*".

War der Funkenflug des Brandes für den benachbarten Appellhof überhaupt nicht gefährlich, so bedroht nun ein Vorschlag in einer Bürgerversammlung für den Theater-Neubau die Existenz des Gerichtsgebäudes: Man solle doch der Justiz das Gerichtsgrundstück an der Burgmauer abkaufen, dann habe man nach dem Abriss des hässlichen, verwahrlosten Gebäudes einen erstklassigen Bauplatz. Und selbstverständlich werde die preußische Justizverwaltung danach doch unverzüglich die Gelder für den Neubau eines neuen, viel besseren Gerichts irgendwo in der Stadt zur Verfügung stellen – also zwei Fliegen mit einer Klatsche! Heute würde man sagen: Eine „Win-win-Situation".

Der Präsident des Appellationsgerichtshofes Broicher schnauft ungehalten, als das Theater-Comité ihm diesen wohl mehr schlitzohrigen als blauäugigen Vorschlag zuleitet. Mit seinem Kollegen von der Generalstaatsanwaltschaft, dem General-Procurator Nicolovius, ist er sich schnell einig: Kein Theater am Appellhofplatz! Auf keinen Fall machen wir dabei mit! „Es wird doch heute schon", kommentiert Broicher süffisant bei Kollegen, „hier in so manchen Prozessen großes Theater gespielt. Und das sind nicht nur Komödien!"

Dem Appellhof droht der Abriss.

Aber so einfach funktioniert die Lösung des Problems nicht. Das Theater-Comité bietet der preußischen Bezirksregierung beeindruckende 50.000 Thaler für das Objekt. Dazu addiert die Bezirksregierung in Gedanken noch einmal ersparte 14.000 Thaler, die nach einem vorliegenden Gutachten die Sanierung des Gerichtsgebäudes kosten würde. Da ist die Versuchung eines miesen Geschäfts zulasten des Appellhofs groß, der Widerstand der Hausherren aber auch!

Deshalb schreibt der Regierungspräsident die beiden Hausherren des Gebäudes, Broicher und Nicolovius, mit der Bitte um ihre *„gefällige Äußerung ergebenst"* an, weist darauf hin, dass die beiden Behördenleiter doch selbst *„schon vielfach Klagen über die Unzweckmäßigkeit des Justizgebäudes"* geführt hätten, welches *„keine Zierde für Cöln"* sei. Vielleicht könne man doch der Stadt *„gegen einen angemessenen Ersatz in einem neuen Justizgebäude die Hand zu bieten geneigt sein"*. Allerdings seien bis zu einer Fertigstellung eines neuen Justizgebäudes - und dann fällt das entscheidende Stichwort – natürlich *„Provisoria"* erforderlich.

Was das zu bedeuten hatte, wissen unsere beiden Appellhof-Chefs aufgrund jahrzehntelanger leidvoller Erfahrung nur zu gut. Denn sie kennen die Umstände der provisorischen Unterbringung von Friedensgerichten (später: Amtsgerichten), die wegen der sprunghaft steigenden Bevölkerungszahl in Köln in letzter Zeit ständig neue Diensträume brauchen, selbst wenn diese *„in hohem Grade unpassend"* sind.

So hat der Landgerichtspräsident in einem Fall einer Neuanmietung für ein Friedensgericht wie folgt berichtet:

> *„Der Hausflur führt zwischen den Schenkzimmern und dem Sitzungssaale durch, wo Gäste und Rechtssuchende oft einander sich drängen und die Hitze des Rechtsstreits durch Getränke gesteigert wird und in gemeinen Schimpfereien unmittelbar nach dem Hinaustreten der Parteien aus dem Sitzungssaale sich Luft macht. Der Sitzungssaal selbst ist dumpf und der straßenwärts gelegene zweite vollends so feucht, daß er nicht gebraucht werden kann und in der Regel zur Niederlage von Wirtschafts-Utensilien dient. "*

Damit nicht genug, wie Broicher in der Krisenbesprechung mit dem „General"-Kollegen Nicolovius am 11. November 1859 feststellt: „Die Aufteilung der einzelnen Gerichtszweige und die weitere Aufsplitterung auf Nebenstellen wird die Dienstaufsicht zum Erliegen bringen, die Organisation des Sitzungsdienstes lähmen und die Einheitlichkeit der Rechtsprechung beeinträchtigen." Von draußen dringt das schrille Gekreische einer Frauenstimme durch das geöffnete Fenster in das Präsidentenzimmer.

„Sehr zutreffend, Herr Kollege, aber was ist zu tun?", erwidert Nicolovius, der das Gekreische vom Vorplatz des Gerichts zu ignorieren versucht. „Totalverweigerung gegenüber der Obrigkeit ist ebenso wenig anzuraten wie ein Einknicken vor

dieser erkennbaren Zumutung einer falschen Entscheidung."
Dröhnendes Lachen von Männern schallt durch das Fenster,
beantwortet durch eine weibliche Kanonade übelster, ordinärer
Schimpfworte, die man nicht mehr überhören kann. „Wieder
diese ... diese Scholastika Bolz!" – „Ihr kennt dieses
Frauenzimmer auch?" – „Ja, natürlich, wer kennt sie wohl
nicht?" Mit einem leisen Seufzer schließt Broicher das Fenster.
Man muss sich schließlich konzentrieren.

Den Appellhof aufgeben? - Nur bei gleichzeitigem Neubau!

Nach intensiver Diskussion steht die diplomatisch-geschickte
Formulierung, mit der die Bezirksregierung in Zugzwang
gebracht wird. Die Appellhof-Chefs wünschen in ihrem
Antwortschreiben an den Regierungspräsidenten für die Aufgabe
des Gerichtsgebäudes, *„daß für das Provisorium würdige und völlig
ausreichende Räume beschafft und daß beim Verlassen des bisherigen
Justizgebäudes gleichzeitig der Bau des neuen begonnen werde."*

Eine gut nachzuvollziehende Forderung, aber schon wegen
der finanziellen Dimension für Preußen nicht zu akzeptieren.
Der alte Appellhof bleibt folglich an seinem Platz und hält die
Stellung bis zu dem unvermeidlichen Gerichtsneubau, der in
1893 vollendet werden wird. Die durchdringende Frauenstimme
wird deshalb hier auch noch manches Mal zu hören sein. Und
wir sind neugierig, wer diese im Gericht bekannte Dame ist.

Eine Dame mit Namen Scholastika

Wie die kleinkriminelle Witwe Bolz zum Kölner Original wurde.

Tausende von Strafverfahren! Jedes Jahr! Wie kann es sein, dass auch heutzutage im „Hillije Kölle" so viele Menschen gegen Gottes Gebote – und nebenbei auch noch gegen die weltlichen Gesetze – verstoßen? Gebote wie Gesetze verbieten doch, zu stehlen, zu rauben, zu betrügen und zu töten!

Wir nehmen zur Klärung dieser Frage Anschauungsunterricht in der Luxemburger Straße 101, also im Kölner Justizzentrum mit Amtsgericht, Landgericht und Staatsanwaltschaft. An einem beliebigen Freitagmorgen setzen wir uns als Zuschauer im Erdgeschoss in einen Sitzungssaal des Amtsgerichts, in dem ein Einzelrichter nach dem Aushang der zu verhandelnden Sachen im Halbstunden-Takt Strafverfahren durchführen wird. Ein paar Stunden später wissen wir, wie man vom unschuldig geborenen Kind im Laufe von etwa 20 Jahren zum rechtskräftig verurteilten Straftäter wird. Das geht regelmäßig in mehr als der Hälfte der Fälle etwa so:

Man wird in schwierige Familienverhältnisse geboren und wächst in einem sozialen Brennpunkt auf. Schon beim kindlichen Brettspiel gewinnt derjenige, der „Sechs!" ruft, obwohl er nur eine „Eins" gewürfelt hat. Die Eltern – wenn es denn noch zwei gibt – sind nicht sehr um einen guten Schulabschluss oder eine Berufsausbildung des Nachwuchses bemüht. So etwas haben die Eltern ja oft auch nicht und das Leben geht trotzdem weiter. Irgendwann steht dann ein Jugendlicher ohne berufliche Perspektive auf der Straße. Wenn daraus gesellschaftliche und finanzielle Unterschiede zu anderen entstehen, gleicht der junge Mann oder die junge Frau solche gefühlten Ungerechtigkeiten durch eine harte Faust oder einen Griff in fremde Taschen aus. Ein Strafurteil ist allerdings für den jugendlichen Täter Anlass zur selbstkritischen Besinnung: Was muss ich beim nächsten Mal besser machen, um nicht erwischt zu werden? Der dem nächsten Mal folgende Prozess kann darum schon mal in einem der Obergeschoss-Sitzungssäle der Luxemburger Straße, vielleicht also beim Landgericht statt beim Amtsgericht, stattfinden. Da könnte natürlich auch ein höheres Strafmaß drohen.

Wohlstandskriminalität des 21. Jahrhunderts? Oh nein, viele Strafverfahren in der Luxemburger Straße hätten genauso vor 150 Jahren im Appellhof stattfinden können. Das Täterprofil wäre wohl ähnlich. Wir machen das einmal fest an einer kleinkriminellen jungen Frau, die im vorletzten Jahrhundert tatsächlich existiert hat und in der sogenannten Köln-Literatur als „Original" beschrieben wird. Der dabei geschilderte Prozess im Appellhof ist allerdings nur die juristisch-phantasievolle Fortsetzung der Konsequenzen zu den gesichert überlieferten Straftaten der jungen Dame. Denn ein Strafverfahren gegen die Scholastika Bolz ist zwar durchaus wahrscheinlich, trotzdem aber konkret nicht bekannt.

An der Zollstelle der Schiffsbrücke sind besonders die Schmugglerinnen leider sehr erfolgreich.

„Schön, dass Ihr da seid!" Hermann Richartz freut sich an diesem Samstagmorgen in 1858 wirklich. Endlich! Endlich hat er eine neue Kollegin bekommen! Der Zöllner Richartz, der an der Zollstelle der Schiffbrücke zwischen Deutz und der Kölner Altstadt seit zwei Jahren Dienst tut, hat in den letzten Monaten doch viele frustrierende Erlebnisse gehabt.

Seit der Einführung der Kölner Mahl- und Schlachtsteuer in 1856 blüht der Schmuggel zwischen der anderen Rheinseite und Köln. Mehl und Fleisch sind durch die Steuer in Köln deutlich teurer als im Bergischen Land. Die Schmuggler dieser Waren machen sich erst gar nicht die Mühe, etwa heimlich von der Deutzer Seite per Boot überzusetzen. Vor allem die Schmugglerinnen kommen dreist über die Schiffsbrücke, eine mit Planken belegte Reihe von 40 im Rhein verankerten Nachen. Die Schmuggelware ist dabei unter den neumodischen, weiten Krinolinenröcken der Damen eingehakt. Aber wehe ein Zöllner sollte es wagen, seinen Verdacht durch einen Griff auf oder einen Blick unter den glockenförmigen Reifrock zu überprüfen! Deshalb hat der auf die Sittlichkeit bedachte Kölner Stadtrat auch schon vor langer Zeit Stellen für Zöllnerinnen geschaffen. Nur dass diese Stellen in den letzten Monaten nicht besetzt waren.

Die neu eingestellte Kollegin, Karola Thelen, verwitwete Stein, ist - nun ja - klein und dabei sehr korpulent. Oder sollte man höflich sagen: Etwas kräftig gebaut, wie Hermann Richartz bei ihrem Dienstantritt an diesem Morgen im Stillen feststellt. Aber die stämmige Figur kann bei der typischen Kundschaft durchaus von Vorteil sein. Sie war zuvor Gefängniswärterin in der „Bleche Botz" gewesen, also dem unter diesem Spitznamen bekannten *„Correctionshaus"*, das seit 1839 das Kölner Frauengefängnis ist.

Frau Scholastika Bolz kommt über die Schiffsbrücke, das verspricht Ärger.

„Es gibt Arbeit", bemerkt der Zöllner nach einem prüfenden Blick durch das Fenster der Zollbaracke auf die Brücke. Eine junge Frau kommt mit einem unnatürlich watschelnden Gang über die Planken. „Natürlich wieder die Bolz, schwer beladen. Ich schätze mal zehn bis zwölf Pfund unter dem Rock."

„Die Bolz" heißt Scholastika Bolz, möchte aber nicht mit diesem seltenen lateinischen Taufnamen („Die Lernende") angesprochen werden. Der passt nämlich zu ihrer Herkunft wie die Faust aufs Auge. Deshalb ist sie für alle Welt „et Bolze Lott". 1825 wird sie als Tochter eines Rhingrollers geboren, also eines Lastenträgers im Kölner Hafen. Als Rhingroller verdient man wenig Geld und noch viel weniger davon kommt im Hause Bolz bei der Familie an. Die schwere Arbeit macht den Vater nämlich oft sehr durstig.

Längst vergessen! Lotte ist in diesen Tagen und Wochen des Jahres 1858 bester Laune. Sie genießt als Schmugglerin seit kurzem fast schon so etwas wie einen finanziellen Wohlstand. Mit 21 Jahren war sie vom (elterlichen) Regen in die (eheliche) Traufe geflüchtet. Sie heiratete einen als Schläger berüchtigten jungen Hafenarbeiter, der schon in den Flitterwochen ins Gefängnis musste, danach ins Armenhaus wechselte und kurz darauf starb.

Auch längst vergessen! Sicher, das war für die junge Witwe eine schwere Zeit. Da musste sie sich als sogenannte „Kääzemöhn" über Wasser halten. So bezeichnet man damals in Köln arme Frauen, die vor den Kirchen Kerzen verkaufen und verhinderten Kirchgängern anbieten, die gekauften Lichter an bestimmten Gedenktagen im Gotteshaus zu entzünden. Lottes Kerzen werden zwar gut bezahlt, brennen aber leider nicht zur vereinbarten Zeit. Das spricht sich rund und die als Betrügerin beschimpfte junge Frau hat ihre dürftige legale Einnahmequelle verloren. Dann eben illegal, entscheidet sich Lotte.

Die Schmugglerin ist an diesem Morgen auch deshalb wieder gut gelaunt und zuversichtlich, weil sie seit Wochen ihre auf der anderen Rheinseite in Deutz günstig eingekaufte Ware problemlos am Zoll vorbei und durch das Markmanns-Stadttor auf den Kölner Neumarkt bringen kann. Der männliche Aufpasser in dem linksrheinischen Zollhäuschen hat nicht die geringste Chance, sie zu überführen. Denn für die dazu erforderliche Leibesvisitation fehlt schon seit Monaten das weibliche Personal.

Wird sie trotzdem als verdächtige Person angehalten, kommen ihr zwei Eigenschaften zugute, die man bei einer jungen Dame nicht vermuten würde: Sie kann – Stufe 1 – mit einer Lautstärke und mit einer Unterste-Schublade-Wortwahl losbrüllen, dass selbst abgebrühte Kölner Bierkutscher rote Ohren bekommen. Gerne keift sie dann mit einer großartigen schauspielerischer Leistung, dass der - tatsächlich völlig unschuldige - Zöllner sexuell übergriffig geworden sei. Solche empörenden Beschuldigungen führen nicht selten zu einer tatkräftigen Solidarität von Passanten mit der vermeintlich bedrängten, armen Frau. Bleibt diese Hilfe aus, schlägt sie selbst – Stufe 2 – eigenhändig mit einer Härte zu, die dem geschockten Zöllner jede Lust auf eine weitere Überprüfung nimmt.

Eine Kontrolle gerät außer Kontrolle.

Lotte ist deshalb wenig beunruhigt, als der Zöllner Richartz an diesem Morgen aus dem Zollhaus tritt und sie aus der Gruppe der Brückenpassanten herauswinkt. Vorsorglich schnauzt sie den Beamten an, er solle bloß seine dreckigen Finger bei sich behalten, sonst …! Erst beim Betreten des Kontrollraums sieht Lotte die Zöllnerin, die sie mit einer Handbewegung zur Visitation hinter die Spanische Wand dirigieren will. Lotte erkennt, dass sie eigentlich verloren hat, gibt sich aber noch längst nicht verloren.

Mit einer Schleuderbewegung der Rechten zieht sie dem überraschten Richartz ihre Einkaufstasche durch das Gesicht, die Metallschnalle schlitzt seine Stirn auf, Blut fließt. Mit der Linken stößt Lotte den Zöllner zur Seite, der ihr den Rückzug versperrt. Die Flucht wäre vielleicht gelungen, hätte sich da nicht von hinten eine Hand um ihren Hals gelegt und wie ein Schraubstock zugedrückt. Gleichzeitig wird die Schmugglerin mit Wucht in die Zimmerecke hinter den Sichtschutz gedrückt, ein Knie rammt ihr gegen den Oberschenkel, während Fingernägel sich in das Handgelenk ihrer „Schlaghand" bohren. Lottes Augen treten aus den Höhlen, die Gesichtsfarbe wechselt zu Dunkelrot, wie an die Wand genagelt muss sie bewegungsunfähig warten, bis Karola Thelen den Griff am Hals endlich lockert.

„Donnerwetter! Diese Kraft!" Richartz hat sich von Lottes Attacke etwas erholt, betupft mit seinem Schnupftuch die blutende Stirn und staunt über seine neue Kollegin. „Lernt man das in der <Bleche Botz>?" – „Nee", schmunzelt die dralle Zöllnerin. „Das ist die Erbmasse meines Vaters. Der war Schmied in der Nordstadt. Die Leute nannten ihn <Hammer-Schorsch>."

Dann fördert sie mit schnellen Griffen diverse Lebensmittel unter dem Reifrock der Bolz hervor: Ein 5 Pfund-Säckchen Mehl, einen großen Schinken und mehrere Würste. Lotte versucht zu protestieren, aber außer ein paar krächzenden Lauten bringt sie nichts heraus. Der Zöllner Richartz füllt sorgfältig das Protokoll-Formular aus. Dann wendet er sich grimmig der Schmugglerin zu. „Lotte, das reicht für eine Anklage im Appellhof!" Dabei zeigt er auf seine immer noch blutende

Stirn. Gerne hätte Lotte das auf ihre Art kommentiert. Aber sie kann nicht. Lotte röchelt nur.

Und jetzt geht es zum Appellhof.

Der Kammerpräsident Meurer, Vorsitzender des Zuchtpolizeigerichts im Appellhof (heute vergleichbar: Kleine Strafkammer des Landgerichts), war gewarnt. Ein Freund, Richter am Friedensgericht (Amtsgericht), der über die Frau Scholastika Bolz schon einmal wegen einfacher Schmuggelei zu richten hatte, konnte von üblen Erfahrungen aus diesem Prozess berichten, bei dem die mündliche Verhandlung völlig aus dem Ruder gelaufen war.

Deshalb geht der Vorsitzende Meurer mit einer einfachen, aber oft bewährten Prozess-Strategie in die mündliche Verhandlung der Strafsache Scholastika Bolz: Heftige Strafandrohung, kleinlautes Geständnis der Angeklagten gegen großzügigen Strafnachlass des Gerichts. Also: kurzer Prozess, keine Probleme. Dachte er. Lotte dachte anders.

Die Zuschauerbänke im Sitzungssaal des Appellhofs sind an diesem regnerischen Herbstmorgen bis auf den letzten Platz besetzt. Die Stimmung im Publikum ist heiter und erwartungsvoll, wie vor einer Premiere im Theater. Jeder kennt die Angeklagte, diese in jeder Beziehung „schlagfertige" Frau mit dem losen Mundwerk, in dem trotz der jungen Jahre kaum noch Zähne sind.

Alle im Gerichtssaal kennen die Geschichten über ihr aggressives, respektloses Verhalten, insbesondere gegenüber jeder Art von Obrigkeit, sei es Polizei, Zoll, Justiz oder Klerus. So kennt man auch den bis heute gerne kolportierten Dialog, bei dem ein Kölner Pastor die vor seiner Kirche auf einer kalten

Mauer sitzende, bettelnde Lotte mitfühlend fragt: „Habt Ihr denn heute schon etwas bekommen?" Und der Geistliche die ernüchternd schroffe Antwort der Bettlerin erhält: „Oja, einen kalten Hintern!"

Die Verhandlung im Appellhof hat kaum begonnen, da ist die Strategie des Gerichts auch schon Makulatur. Es bewahrheiten sich stattdessen die schlimmsten Befürchtungen der Robenträger. Als der Staatsanwalt seine Anklageschrift vorträgt, belehrt ihn die Angeklagte, erstens heiße sie Lotte und nicht Scholastika und zweitens seien die Vorwürfe „alle erstunken und erlogen". Als der Kammerpräsident die große Menge der Schmuggelware anspricht und mit einer hohen Strafe wegen der offensichtlich doch gewerblichen Schmuggelei droht, erklärt Lotte die beschlagnahmten Lebensmittel von 14 Pfund zum „kleinen Eigenbedarf" ihres Haushalts; etwas anderes könne eigentlich nur – und dabei mustert sie den kleinwüchsigen und mageren Gerichtsvorsitzenden abschätzig – ein „Spinnenflicker ohne Appetit" behaupten. Das Publikum johlt, in der Comödie wäre das Szenenapplaus.

Widerstand und Körperverletzung? Der Zöllner Richartz hat eine Stirnverletzung? Doch nicht von ihr! Der Kerl sei wohl im Dienst eingeschlafen und mit dem Kopf auf die Schreibtischplatte geschlagen. Die Ankündigung des Gerichts, zur Überführung der hartnäckig leugnenden Angeklagten jetzt die Zöllner Richartz und Thelen als Zeugen zu vernehmen, sieht die Bolz nicht als der Wahrheitsfindung dienend an: „Was soll denn der Quatsch? Die Kissenfurzer lügen doch schon, wenn die das Maul aufmachen!" Brüllendes Gelächter und zustimmende Zwischenrufe der Zuschauer. Der entnervte Kammerpräsident droht der Angeklagten mit Ordnungsstrafe und dem schenkelklopfenden Publikum mit der Räumung des Gerichtssaales.

Rund um den Richtertisch lacht man nicht. Nein, auch Ludwig Ebinger, der Gerichtsschreiber, lacht nicht. Er sorgt sich vielmehr um die Angeklagte. Als ehrenamtlicher Küstergehilfe von St. Gereon kümmert er sich auch um die irrlichternden Gestalten, die abgemagert, verdreckt und oft völlig orientierungslos um seine Kirche herumlungern. Und er weiß, dass ein hartes Urteil, mag es auch noch so gerechtfertigt sein, den Absturz eines strauchelnden Menschen aus der Gesellschaft besiegeln kann. Danach sieht es im Moment aus. Denn Ebinger kennt „seinen" Kammerpräsidenten Meurer aus jahrelanger Gerichtserfahrung. Der ist sicher ein guter Jurist. Aber wenn er persönlich angegriffen, sogar noch wegen seiner schmächtigen Gestalt von einer Angeklagten lächerlich gemacht wird, dann endet die sonst gegebene Objektivität des Kammerpräsidenten abrupt.

„Ein Jahr Gefängnis! Mindestens!", schätzt Ludwig Ebinger vor der Urteilsverkündung. Damit liegt er richtig. Es ist ein hoher Preis, den die Angeklagte Bolz auch dafür bezahlt, dass sie einen Vormittag lang den Gerichtssaal im Appellhof zu ihrer Bühne gemacht hat.

Hätte es sie als Strafgefangene in der „Bleche Botz" getröstet, wenn sie damals gewusst hätte, dass sie wegen solcher Szenen einmal als „Kölner Original" beschrieben werden würde? Dass eine Kölner Brauerei sie noch 100 Jahre später in der Serie „Kölner Originale" als die urkölsche „Bolze Lott" tausendfach auf Bierdeckeln abbilden würde, als keifende Schmugglerin, die ihre Beute gegen den Zoll verteidigt? Dass man auch heute noch im Internet dekorative Keramik-Fliesen mit diesem Motiv für den häuslichen Küchenspiegel erstehen kann?

Aber selbst der Appellhof kann so eine starke Person nicht brechen. Lotte wird sogar gesetzestreu. Dazu trägt allerdings hauptsächlich die Abschaffung der Mahl- und Schlachtsteuer bei: Der Schmuggel lohnt sich nicht mehr, Lotte sattelt um auf Wandergewerbe: Auf Jahrmärkten und in Wallfahrtsorten rund um Köln verkauft sie aus ihrem Bauchladen Heiligenbildchen, Kerzen und allerlei Schnickschnack. Kaufinteressenten sind jedoch gut beraten, keine abfälligen Bemerkungen über die Qualität der angebotenen Waren zu machen. Auch mit über 70 Jahren kann sie mit Stimmgewalt und einem besonders ausgewählten Wortschatz noch jeden zusammenstauchen, der ihr Vorwürfe macht.

Franz erzählt von den Adenauers und dem Gerichtsneubau.

Ein strebsamer Justizbeamter bereitet die Karriere seines Sohnes vor, der einmal Oberbürgermeister und Bundeskanzler werden wird.

Ich sage Ihnen jetzt erst einmal einige Einwohnerzahlen von Köln: In 1816 waren es 50.000, in 1855: 107.000, in 1871: 130.000 und in 1890: 230.000 Einwohner. Und dann nenne ich Ihnen ein paar dazu passende, immer noch klangvolle Firmennamen: Maschinenbau AG Humboldt, Motorenfabrik Deutz oder auch Kabelwerke Felten und Guilleaume. Alles klar? Etwa nicht?

Es ist die Industrialisierung, die in der zweiten Hälfte des vorletzten Jahrhunderts kräftige Männer in Massen aus dem Kölner Umland, aus der Eifel und aus dem Bergischen nach Köln in die neuen Fabriken lockt! Also dorthin, wo es Arbeit gibt. Wo preiswerte Kohle als Energieträger die neuen, schnaufenden Dampfmaschinen zum Laufen bringt.

Geschickte Frauenhände werden auch gebraucht, etwa zum Verpacken empfindlicher Ware. Von dem Unternehmer Franz Stollwerck zum Beispiel (das ist der „Kamelle-Napoleon", wie die Kölner ihn nennen). Der produziert, statt wie früher Hustenbonbons, jetzt Schokolade und Pralinen. Gut verpackt in alle Welt exportiert wird auch das „Kölnisch Wasser" von „Farina Gegenüber dem Jülichplatz" und das „4711" von Mülhens aus der Glockengasse. Diese Luxusartikel werden jetzt allerdings mit der Eisenbahn oder mit Dampfschiffen auf dem Rhein statt wie zuvor mit Pferdefuhrwerken transportiert.

1881 wird die 700 Jahre alte Stadtmauer abgerissen und die vorgelagerten Freiflächen (früheres Schussfeld der Kanonen!) werden als neues Bauland ausgewiesen. Das gerade erst geschaffene Grundbuchamt meldet deshalb natürlich „Land unter". Aber jetzt können noch mehr Menschen Kölner werden.

Doch selbst im „Heiligen Köln", das seit 1871 mit Preußen zum Deutschen Kaiserreich gehört, gilt die Formel: Mehr Menschen gleich mehr Rechtsstreite und Straftaten gleich mehr Richter gleich mehr Raum für Gerichte. Der alte, vergammelte Appellhof mit seinen inzwischen lächerlichen nur fünf Sitzungssälen hat ausgedient. Da muss schon in den 1880-er Jahren ein neues, sehr viel größeres Gerichtsgebäude her.

Endlich wird der Appellhof neu gebaut! Und zwar hervorragend!

Alle hatten diesen Neubau gewünscht, herbeigesehnt, sogar dringend gefordert. Nur ich war da eher etwas zögerlich. Schließlich war ich ja derjenige, der von dem Neubau am meisten betroffen war. Denn der alte Appellhof von 1826 war für mich nicht nur das Dach über dem Kopf, sondern er war zudem meine, sagen wir mal, rechtspolitische Heimat.

Ach, Entschuldigung! Ich habe mich noch nicht vorgestellt. Franz ist mein Name, der Name soll an die Franzosen erinnern. Ich bin so etwas wie der gute Geist des Gerichtsgebäudes. Nein, ich laufe nicht um Mitternacht mit dem Bettlaken über dem Kopf durch den Appellhof-Keller und erschrecke den Hausmeister. Ich will einfach die bessere, im Appellhof seit Anfang an angesiedelte moderne Justiz symbolisieren. Eine Justiz, die für den Bürger da ist und ihn respektvoll behandelt. Und das kann man schon ein wenig an der Architektur eines Gerichtsgebäudes erkennen. Daher war damals meine große

Sorge, dass aus Sparsamkeit zwischen Burgmauer und Appellhofplatz der Neubau als eine schäbige Billiglösung gebaut würde. Gott sei Dank, so kam es nicht!

Wir schreiben das Jahr 1893 und der neue Appellhof – so nenne ich das Gebäude – ist fertig. Ich bin ja so was von glücklich! Schon während der neunjährigen Bauzeit wurde ich zunehmend zufriedener. Die sonst so knickrigen Preußen haben richtig viel Geld in die Hand genommen und für ihre drittgrößte Stadt, die „Hauptstadt des Westens", auf dem bisherigen Gerichtsgrundstück eine bestechende Bauplanung umsetzen lassen:

Nach den Plänen der einfallsreichen Baumeister Paul Thoemer sowie Rudolf Mönnich wurde zunächst in einem ersten Bauabschnitt entlang der Burgmauer ein langgezogener Bautrakt für das „Königliche Oberlandesgericht" errichtet. Dann wurde der alte Appellhof abgerissen und genau in dessen halbkreisförmigen Grundriss mit Vorplatz hinein wurde ein großzügiger zweiter Bauteil zur Nutzung durch das Landgericht und das Amtsgericht eingepasst. Die verbundenen beiden Gebäude haben prächtigen Fassadenschmuck und Türmchen. Ein großflächiger Innenhof kann über zwei Durchfahrten auch von Wagen angefahren werden. Erstmals gibt es Dienstzimmer für alle Richter. Viele und große Sitzungssäle, die über breite und helle Gänge erreicht werden, signalisieren unverändert die aus der Franzosenzeit übernommenen Grundsätze von Öffentlichkeit und Mündlichkeit der Verhandlungen. Das war und ist mir immer noch besonders wichtig!

Es kommt noch besser: Die für die Zuschauer interessantesten Sitzungssäle im Südteil können über zwei eigene Treppenhäuser direkt von der Straße aus auf kürzestem Weg betreten werden. Nimmt man aber den Eingang des Landgerichts vom Appellhofplatz aus, steht man tief beeindruckt in einem imposanten Lichthof, über alle drei Geschosse hoch, belichtet durch eine Glaskuppel und gesäumt von umlaufenden Arkadengängen.

Sie merken, ich bin von meinem neuen Zuhause restlos begeistert. Und erst die Technik – ich sage nur: vom Feinsten! Elektrizität in allen Räumen sowieso. Keine gusseisernen, rußenden Kanonenöfchen mehr in den Zimmern und in den Sitzungssälen. Im Keller arbeitet eine Zentralheizung, die die Heizkörper in den Zimmern mit Heißwasser versorgt. Zur Beheizung der Sitzungssäle pumpt ein neu entwickelter Siemens-Ventilator Warmluft aus dem Heizungskeller durch Schächte nach oben. Jetzt kommt das Beste: An heißen Sommertagen kann auf diese Weise kalte Kellerluft die vielleicht hitzige Sitzungsatmosphäre kühlen. Kaum zu glauben, eine Klimaanlage in einem preußischen Gericht! Und das schon 1893!

Die „Kölnische Zeitung" nennt das Gericht bereits vor der Einweihung „*eines der schönsten Baudenkmäler der rheinischen Metropole*" und das war ausnahmsweise keine der üblichen Kölner Selbstbeweihräucherungen. Kein Wunder also, dass bei so viel Anerkennung gleich zwei preußische Minister zur Einweihungsfeier am 8. Juli 1893 in Köln eintreffen.

Nach der Einweihung gibt es ein Festessen im Gürzenich mit 600 Gästen, danach eine Schiffstour auf dem Rhein zur Flora, dort findet ein Konzert statt - und dann? Ich sage mal: Da schweigt des Sängers Höflichkeit.

Stattdessen lasse ich den Amtsrichter Dr. Schöller mit seinem aus diesem Anlass sehr juristisch formulierten Gedicht zu Worte kommen:

Wer „homo sui iuris" ist, mag heute nach Befinden,
Ohn´ Anwaltszwang und Einlaßfrist, dem Durst den „Streit
verkünden".
Wenn er zum „Haupt"verfahren hat, dann ordentlich „geladen",
Schwankt er „rechtshängig" durch die Stadt, und trägt zuletzt den
Schaden.

Die Familie Adenauer kommt in die Geschichte des Appellhofs ...

Genau in dieser Zeit ereignet sich in und um den Appellhof eine
ganz erstaunliche Familiengeschichte: Wer sich während der
gesamten Bauzeit immer wieder interessiert den Fortschritt der
Arbeiten ansieht, oft mit seinen damals noch sehr kleinen
Söhnen, das ist der Gerichtssekretär am Königlichen Kölner
Landgericht Johann Conrad Adenauer. Jetzt vergessen wir
einmal kurz den später doch sehr berühmten Familiennamen
und betrachten zunächst den Menschen Johann Conrad.

Ein Gericht funktioniert nämlich nicht nur mit genialen
Präsidenten und weisen Richtern, mögen sie Daniels,
Reichensperger oder wie auch immer heißen. Es braucht den
soliden Unterbau der Gerichtsverwaltung, damit Justiz
funktioniert. Und wenn auf den Beamten des mittleren Dienstes
Herrn Johann Conrad Adenauer ein Merkmal passt, dann ist es
„solide".

Der 1833 geborene Sohn eines Bonner Bäckermeisters hatte
sich als Berufssoldat verpflichtet und war dann nach zwei
preußischen Kriegen mit 39 Jahren als Invalide ausgemustert
worden. Mit einer monatlichen Rente von 20 Talern,
einschließlich 5 Talern „Verstümmelungszulage". Zu wenig zum
Leben, zu viel zum Sterben, aber das Hoffnungswort hieß

„Zivilversorgungsschein". Der begründete den Anspruch auf eine weitere Beschäftigung im preußischen Verwaltungsapparat.

Und so wird der Kriegsinvalide Johann Adenauer 1873 als Quereinsteiger Justizsekretär im alten Appellhof. Mit Fleiß, eiserner Disziplin und Anspruchslosigkeit macht er Karriere. 1883 wird er zum Kanzleirat befördert. Das ist das Spitzenamt der Laufbahn und das Gehalt reicht für das Schulgeld seiner Kinder.

Ich sage Ihnen: Der Bonner war so was von preußisch, der zog sogar das Komma mit dem Lineal! Samstags (im Gericht damals noch ein normaler Arbeitstag mit Sitzungsbetrieb) sah ich den abends regelmäßig mit einer dicken Aktentasche nach Hause gehen. Sonntags, nach dem Kirchgang, wurde dann im Kreise der Familie kollationiert.

Ach, Sie wissen nicht, was das ist? Also: Ein Gerichtsurteil gibt es in einem von den Richtern unterschriebenen Original, von dem für die Prozessbeteiligten Abschriften erstellt werden. Abschriften zu erstellen ist heute ein PC-Klick auf die Druckfunktion. Damals allerdings wurde noch wirklich per Hand – leider oft auch fehlerhaft - abgeschrieben.

Die Übereinstimmung der Urteilsabschriften mit dem Original wurde bei den Adenauers so überprüft, d.h. kollationiert: Vater Johann las das Original laut vor, die Söhne August, Johannes und Konrad Adenauer, als Schüler schon des Lesens kundig, kontrollierten die ihnen vom Vater vorgelegten Abschriften mit dem vorgelesenen Text. Damit und durch die Besuche beim Vater im Appellhof ist bei August, der später Rechtsanwalt werden wird, und bei Konrad das Interesse an der Juristerei geweckt. Ich habe sie schon als Jugendliche oft im Zuschauerraum der Sitzungssäle gesehen.

... und ein Jungjurist mit Namen Konrad Adenauer macht Karriere.

Der junge Konrad Adenauer paukt sich mit der vom Vater geerbten Disziplin in nur sechs Semestern durch das Jura-Studium und besteht 1897 das 1. Examen an der Universität Bonn mit „gut". Danach geht er bei uns im Appellhof ein und aus, weil er den Vorbereitungsdienst hier, u.a. beim Landgericht, bei der Staatsanwaltschaft und bei dem Oberlandesgericht Köln absolviert. Das Assessor-Examen klappt allerdings nicht so toll: Mit der Prüfungsnote „ausreichend" kann man damals wie heute als Jurist keinen Blumentopf gewinnen. Zweimal wird Konrad als zeitlich befristete Vertretung in der Kölner Justiz eingesetzt: Zunächst bei der Staatsanwaltschaft und später ab Dezember 1905 als „Hilfsrichter" beim Landgericht Köln. Dann wird er als politisches Talent erkannt und er braucht die juristische Laufbahn nicht mehr.

Bei seinem Einstieg in die Politik hilft ihm die Heirat mit Emma Weyer, die einer einflussreichen Kölner Familie angehört. Ihr Großvater väterlicherseits hieß übrigens Johann Peter Weyer und der war ... na, Sie erinnern sich? Genau, der war der Kölner Stadtbaumeister, der den ersten, halbkreisförmigen alten Appellhof für die Preußen entworfen hat.

Aber noch einmal zurück zu dem „Stammvater" der nicht nur für Köln so bedeutenden Familie: Am 11. März 1906 vermeldet der *Kölner Stadt-Anzeiger* den Tod des hochangesehenen Kanzleirats bei dem Kölner Oberlandesgericht Johann Adenauer mit der tröstlichen Mitteilung im Nachruf:

> *„Noch einige Tage vor seinem Tode sollte der Verstorbene die Freude erleben, daß einer seiner Söhne, der Gerichtsassessor*

Adenauer, einstimmig zum Beigeordneten der Stadt Köln gewählt wurde."

Eine steile politische Karriere, auch vom Appellhof aus gestartet, hatte begonnen.

Manchmal träume ich in den Tag hinein. Dann lasse ich die merkwürdigen Ereignisse und Entwicklungen, die ich als Appellhofgeist bereits erlebt habe, noch einmal verwundert vor meinem geistigen Auge vorbeiziehen und frage mich: Was wäre wohl geschehen, wenn ein Prophet Ende der 1890-er Jahre im Lichthof des Appellhofs laut ausgerufen hätte: „Der junge Referendar, der gerade das Gerichtsgebäude verlassen hat, wird in 50 Jahren der Regierungschef eines neu gegründeten deutschen Staates mit Bonn als Hauptstadt werden!" Oder der Prophet hätte gerufen: „Im Kohlenkeller unseres neuen Gerichts werden in 100 Jahren keine Kohlen mehr lagern, sondern es werden dort riesige elektrische Rechenapparate, genannt Server, stehen, die zusammen mit vielen kleinen PC-Rechenapparaten in den Zimmern fast die gesamte einfache Gerichtsarbeit erledigen!"

Spätestens dann wäre wohl ein freundlich lächelnder Gerichtswachtmeister erschienen, hätte dem Propheten den Arm um die Schultern gelegt und sanftmütig gesagt: „Wir gehen jetzt einmal nach draußen, an die frische Luft. Sie werden sehen, dann geht es Ihnen gleich viel besser!"

Houdini – der erste Show-Star im Appellhof

*Klagen durch alle Instanzen – für den amerikanischen
Entfesselungskünstler eine Frage der Ehre*

„Mein spektakulärster Fall als Rechtsanwalt? Lassen Sie mich mal
überlegen, also …" Der alte Herr tat so, als müsste er über die
Antwort auf die Frage des jüngsten Anwalts in der Runde seiner
Gratulanten wirklich nachdenken.

Dr. Schreiber hatte die Berufskollegen zu seinem 75.
Geburtstag eingeladen und diese waren gerne der Einladung des
hoch angesehenen Kölner Rechtsanwalts gefolgt. Jetzt saßen sie
mit dem Jubilar zur fortgeschrittenen Stunde in gelockerter
Stimmung bei einem alten Cognac beisammen: die Herren der
Anwaltssozietät Dr. Schreiber & Collegen, befreundete Juristen
aus den Anfangszeiten seiner Karriere sowie der eine oder
andere Staatsanwalt und Richter, mit dem man im Laufe der
Jahrzehnte ein freundschaftliches Verhältnis aufgebaut hatte. Die
älteren Geburtstagsgäste kannten selbstverständlich die dann
folgende Antwort auf die Frage des juristischen Grünschnabels:
Houdini, natürlich!

„Also, ich glaube, das war der Fall Houdini." Ach –
tatsächlich? Houdini, also *der* Houdini? Herr Kollege, dann
erzählen Sie doch mal!

„Vorab für alle, denen dieser Name tatsächlich nichts sagen
sollte oder die nicht seine sensationellen Auftritte kennen,
möchte ich noch einmal ein paar Sätze vorausschicken. Houdini,
das war der unglaublich talentierte amerikanische
Entfesselungskünstler, der Anfang des Jahrhunderts erst hier in
Europa und dann in Amerika zum gefeierten Show-Star wurde.
Diesen in der Presse als „König der Handschellen" gekrönten

Magier konnte nichts halten, keine Schlösser, Ketten, Seile oder Zwangsjacken. Auf dem Höhepunkt seiner Karriere ließ er sich zum Beispiel in Pittsburgh vor 40.000 Zuschauern in Ketten gefesselt von einer Brücke in einen Fluss werfen oder in Kent vor die Mündung einer geladenen Kanone mit Zeitzünder binden. Immer schaffte er es in wenigen Minuten, seine Fesseln zu öffnen, ohne sie zu zerstören. Es schien tatsächlich Zauberei zu sein."

„Und der war hier in Köln Ihr Mandant gewesen?" Die ungläubige Frage kam von einem etwas vorlauten Referendar, der gerade in der Sozietät ausgebildet wurde. Dr. Schreiber lächelte nachsichtig.

„Als Houdini 1900 nach Europa kam, stand er noch am Anfang seiner Artistenlaufbahn und befreite sich bei seinen Auftritten hauptsächlich aus Handschellen. Die legten ihm in London Beamte von *Scotland Yard* oder hier in Deutschland zum Beispiel Berliner Polizisten an. Die Ordnungshüter trauten bei den Vorstellungen im bekannten Berliner *Wintergarten* ihren Augen nicht: Obwohl sie ihre eigenen, im Polizeidienst erprobten Fesseln verwendeten und diese bis auf die Handgelenke einrasten ließen, erhielten sie die Handschellen von einem triumphierenden Houdini geöffnet und unbeschädigt zurück, nachdem der Meister für ein paar Minuten hinter einem Vorhang verschwunden war. Das begeisterte Publikum tobte und die Zeitungen berichteten mit vielfältigen Spekulationen, wie das wohl angehen könnte."

„Warum wurde Houdini denn hier in Köln angeklagt?" – „Nein, nein! *Wir* waren die Ankläger. Es war eine Privatklage. Angeklagt wegen öffentlicher Beleidigung meines Mandanten

Houdini waren der Schutzmann Werner Graf und der Zeitungsredakteur Johann Merfeld." – „Wie kam es denn dazu?"

Der Senior schmunzelte. „Eines Tages kündigte mir mein Bürovorsteher einen Besuch eines gewissen Ehrich Weiss, alias Harry Houdini, an. Natürlich hatte ich die Berichterstattung in der Presse verfolgt und wusste, wer das war. Ehrlich gesagt war ich mir seinerzeit nicht sicher, ob ich das Mandat dieses – aus meiner damaligen Sicht – „Paradiesvogels" überhaupt annehmen sollte. Die Reputation unserer Kanzlei, damals übrigens noch in der Louisenstraße, stand natürlich im Vordergrund.

Dann saß er vor mir, untersetzt, kräftiger, durchtrainierter Körper, blassblaue stechende Augen, mit einer Ausstrahlung, die besagte: <Ich weiß, was ich will und was ich will, das erreiche ich auch!> Mandanten erzählen ihrem Anwalt ja oft merkwürdige Geschichten. So, wie mir damals auch ein sehr zweifelhafter Sachverhalt unterbreitet wurde.

Der berühmte Entfesselungsartist – ein Betrüger?

Tatsache war nur, dass die *Rheinische Zeitung* am 25. Juli 1901 unter der Überschrift *„Die Entlarvung Houdinis"* behauptet hatte, *„Houdini, der in allen Ländern bekannte Fesselsprenger"*, habe bei einem Besuch des Kölner Polizeipräsidiums dem Schutzmann Werner Graf 20 Mark dafür geboten, dass der ihm einen Nachschlüssel für die in Köln ortsüblichen Handschellen überlassen solle. Graf habe das abgelehnt. Daraufhin habe Houdini mit dem gleichen Angebot versucht, den Polizeiangestellten Lott zu bestechen. Nachdem auch dieser abgelehnt habe, sei es beim ersten Auftritt Houdinis in dem damals in Köln gastierenden *Circus Corty-Althoff* zum Eklat gekommen: Unfähig, sich ohne Nachschlüssel aus den von Graf angelegten Handschellen zu befreien, habe Houdini hinter dem

Vorhang die Fesseln einfach brutal durchgefeilt. Dann habe er zur Vermeidung der Blamage dem Publikum ein Paar ausgetauschte, unversehrte Handschellen vorgezeigt. Gewährsmann für all das - der Schutzmann Werner Graf.

Die Geschichte meines Mandanten ging allerdings völlig anders, nämlich so: Niemals habe er Graf im Polizeipräsidium aufgesucht, geschweige denn zu bestechen versucht. Die gegenteilige Behauptung des Polizisten sei ein Racheakt der „kaiserlichen Polizei" für die regelmäßige Selbstbefreiung Houdinis aus den Polizei-Handschellen bei den Auftritten im Kaiserreich. Deshalb habe ihm Graf auch im Circus keine regulären Handschellen, sondern eine Sonderanfertigung mit einem sogenannten „toten Schloss" angelegt. Ein solches Schloss, einmal eingerastet, sei selbst mit dem Originalschlüssel nicht mehr zu öffnen. Lott habe ihn noch zu warnen versucht. Darum habe er, Houdini, ihm später auch aus Dankbarkeit 20 Mark gegeben. Er habe es jedenfalls geschafft, selbst das manipulierte Schloss ohne Beschädigung zu öffnen. Alle anderen Behauptungen Grafs und der Zeitung seien eine üble Verleumdung."

„Das klingt für mich nicht besonders überzeugend", meinte ein skeptischer Kollege aus der Geburtstagsrunde. Dr. Schreiber nickte. „Ja, das war damals auch meine Meinung. Andererseits wusste ich die Einzelheiten zu dem letzten vorangegangenen Auftritt Houdinis in Essen. Das war im Mai 1901. Dort hatten die Krupp-Arbeiter, ausdrücklich herausgefordert von meinem Mandanten, ein Paar Handschellen aus Krupp-Stahl als Sonderanfertigung hergestellt. Sogar aus denen hatte er sich bei seinem Auftritt im Essener *Colosseum* in etwa einer halben Stunde befreit. Warum sollte er also eine Bestechung der Polizisten und das Zerstören eventuell manipulierter Handschellen nötig gehabt haben? Trotzdem wurde es im folgenden Strafprozess gegen Graf und die Zeitung sehr eng."

Dr. Schreiber schwenkte konzentriert sein Cognacglas und machte den Eindruck, als sei er wieder in der mündlichen Verhandlung des Schöffengerichts, die im Februar 1902 im Saal 2 des Appellhofs (gleich hinter dem Eingang Appellhofplatz um die Ecke) stattgefunden hatte.

„Über zwei Verhandlungstage waren Zeugen vernommen worden, ohne dass sich ein klares Bild des tatsächlichen Geschehens ergeben hatte. Dann ließ sich Houdini auch noch dazu hinreißen, Graf einen „gemeinen Lügner" zu nennen und fing sich dafür eine Geldstrafe des Gerichts ein. Völlig unverhofft hatte dann der Vorsitzende des Schöffengerichts, Amtsrichter Wickel, die rettende Idee: <Wenn Sie, Herr Weiss, auf allen Bühnen dieser Welt Handschellen unbeschädigt öffnen können, dann können Sie das doch sicher auch hier und jetzt, bei uns im Gericht – oder?>

Entfesselung hinter dem Richtertisch

Ich war unsicher, mein Mandant sicher, als wir uns flüsternd über die Antwort verständigten. Er stellte nur eine Bedingung für diesen unerwarteten Auftritt im Gerichtssaal: <Niemand außer den Richtern darf dabei zusehen! Es ist schließlich mein Geschäftsgeheimnis.> Die Gegenseite hatte keine Bedenken – öffentliche Beweisaufnahme hin oder her – und so fesselte der Zeuge Lott mit seinen mitgeführten preußischen Handschellen den Entfesselungskünstler Harry Houdini im Gerichtssaal des Appellhofs wie einen Strafgefangenen. Mein Mandant ging dann hinter die Richtertheke und bückte sich, so dass nur die drei Richter ihn beobachten konnten. Wir anderen im Saal hörten danach eine schnelle Abfolge harter metallischer Schläge.

Houdini tauchte wieder hinter der Richtertheke auf, legte mit einem feinen Lächeln die geöffneten, unbeschädigten Handfesseln dem Gericht zur Überprüfung vor und nahm neben mir Platz."

„Und damit war der Prozess gewonnen, nehme ich an?" – „Natürlich, ich hatte bei meinem Plädoyer leichtes Spiel. Ich brauchte ja nur auf das für jedermann offensichtliche Ergebnis zu verweisen. Das zu erwartende Urteil: Graf und der bei der *Rheinischen Zeitung* für den Artikel verantwortliche Redakteur Merfeld wurden wegen öffentlicher Beleidigung zu Geldstrafen verurteilt."

„Wissen Sie denn, wie …?" – Dr. Schreiber hatte die Frage erwartet und unterbrach den Fragesteller lachend. „Ja, doch, ich weiß es. Als wir nach der Verhandlung zur Nachbesprechung in meiner Kanzlei waren, zog Houdini ein Hosenbein hoch und ich sah eine Metallplatte, die mit einem Lederband unter seinem Knie befestigt war. <Man muss diese einfachen preußischen Polizeifesseln nur oft genug mit dem Schlüsselloch nach unten auf einen harten Untergrund schlagen. Dann gibt der ermüdete Federmechanismus nach und die Schelle springt auf.> Das war aber auch alles, was Houdini mir verraten hat." – „Aber der Prozess ging dann noch weiter, soviel ich weiß?"

„Ja, genau ein Stockwerk höher im Appellhof vor dem Landgericht. Die *Rheinische Zeitung* und der angeklagte Redakteur Merfeld stiegen allerdings aus dem Prozess aus. Sie erkannten, dass sie auf einen falschen Gewährsmann gesetzt hatten. Deshalb veröffentlichten sie einen Widerruf und entschuldigten sich in aller Form für die Houdini zugefügte Ehrverletzung. Das war schon einmal ein wichtiger juristischer Etappensieg.

Der verurteilte Schutzmann Graf legte jedoch Berufung ein. Diese Berufungsverhandlung vor der Strafkammer des Landgerichts am 26. Juli 1902 war ein Spiegelbild der erstinstanzlichen Schöffengerichtsverhandlung. Will sagen: Es gab an diesem Samstag eine scheinbar endlose Vernehmung von Zeugen. Die kamen auch aus London, Bremerhaven, Wilna und Essen. Und trotzdem gab es kein fassbares Ergebnis. Darauf war ich vorbereitet und beantragte als finalen Beweis, meinem Mandanten wie in der ersten Instanz Gelegenheit zu geben, sich hier in der mündlichen Verhandlung aus Polizeihandschellen zu befreien.

Darauf schien nur einer gewartet zu haben: Der Angeklagte Werner Graf! Der überreichte dem Gericht bereitwillig ein Paar Handschellen und stimmte meinem Beweisantrag mit seinem Verteidiger ohne weiteres zu.

Die tückische Falle des Angeklagten – ein „totes Schloss"

Houdini warf einen Blick auf die Fesseln, dann zischte er mir zu: „*Dead lock!*", also „*Totes Schloss!*" Schlagartig wurde mir klar, warum Graf mit der von mir beantragten Beweiserhebung einverstanden war, die ihm doch beim Schöffengericht eine Verurteilung eingebracht hatte. Jetzt sollte offensichtlich ein manipuliertes Schloss, so wie das bei der Vorstellung im *Circus Corty-Althoff* untergeschobene, Houdini als unfähigen Artisten und Betrüger bloßstellen. Als ich noch fieberhaft überlegte, welcher Antrag jetzt zu stellen sei, legte Houdini mir beruhigend seine Hand auf meinen Arm: „*Don´t worry!*" Er schaffe das, er brauche allerdings einen Raum, um ungestört arbeiten zu können. Wie bei der Schöffengerichtsverhandlung gebückt hinter der Richtertheke zu arbeiten, sei bei diesem Schloss keine Möglichkeit mehr.

Wie von mir entschlossen beantragt, so selbstsicher von der Gegenseite akzeptiert und so von der Strafkammer erwartungsvoll als Beweisbeschluss verkündet, ging Houdini, von Graf mit dessen Handschellen gefesselt, in das Beratungszimmer neben dem Sitzungssaal. Die folgenden wenigen Minuten dehnten sich für alle im Sitzungssaal ins Unendliche. Dort hätte man eine Nadel fallen hören können. Doch trotz angestrengten Lauschens hörte man aus dem Nebenraum – nichts!

Dann ging die Tür auf. Houdini übergab die geöffneten, unbeschädigten Handschellen mit einer kleinen Verbeugung dem Strafkammervorsitzenden und setzte sich ohne eine Miene zu verziehen wieder neben mich. Ein Mienenspiel gab es allerdings bei Graf. Ein Gerichtsreporter der Lokalpresse beschrieb das so: <*Der Angeklagte war am meisten erstaunt über diese Leistung.*>

Das danach zu erwartende Urteil war die erneute, bestätigende Verurteilung Grafs wegen Beleidigung zu einer Geldstrafe von 30 Mark. Mehr noch genoss Houdini allerdings die vom Gericht als Wiedergutmachung verfügte Veröffentlichung des Urteils in allen Kölner Zeitungen. Und das sogar *„Im Namen des Königs!"*, wie er nicht müde wurde zu betonen. Er ließ später sogar Triumph-Plakate mit dieser Überschrift und dem Bild einer Gerichts-Szene drucken! Graf ging dann noch unsinnigerweise in die Revision, die jedoch vom Oberlandesgericht Köln, also ebenfalls im Appellhof, im September 1902 verworfen wurde."

„Aber wie konnte Houdini denn ein so genanntes <Totes Schloss> - und das auch noch gefesselt! - in so kurzer Zeit im Beratungszimmer öffnen?" Zustimmendes, interessiertes Gemurmel der Geburtstagsrunde folgte der Frage.

„Der Mandant hat es mir nicht erklärt. Ich weiß nur, was zu seinen verblüffenden Entfesselungen als Erklärung vermutet und veröffentlicht worden ist, einmal auch von ihm selbst. Demnach hat Houdini stets engen Kontakt zu zwei führenden deutschen Schlossern und Feinmechanikern gehalten. Diese haben ihn nicht nur über die neuesten Schließtechniken informiert, sondern ihm gleichzeitig die Instrumente geliefert, mit denen die Schwachstellen aller aktuellen Schlösser zum Öffnen genutzt werden konnten. Solche Dietriche und Präzisionswerkzeuge in Miniatur verbarg Houdini auch unter seinen Haaren oder unter der Hornhaut seiner Füße. Die Füße waren besonders wichtig, denn er konnte seine Zehen nach jahrelangem Training wie seine Finger benutzen. Er konnte sogar mit den Zehen eine Nadel einfädeln! Weiterhin soll er Mund und Zähne für den Einsatz von Werkzeugen benutzt haben. Der „Abschiedskuss" seiner Ehefrau und Bühnenassistentin Bess bei manchen lebensgefährlichen Vorstellungen mag da eine Rolle gespielt haben."

„Herr Kollege, Sie haben ihm ja die Artistenehre und damit vielleicht sogar die Karriere als Weltstar gerettet. Hat Houdini sich jemals danach noch einmal dankend gemeldet?"

Das Geburtstagskind wurde etwas verlegen, räusperte sich und meinte dann: „Nun ja, indirekt! In seinem 1904 erschienenen Buch *Handcuff Secrets*, also *Handschellen-Geheimnisse*, hat er den Kölner Strafprozess erwähnt und erläutert, er habe dafür <*den besten Juristen von Köln, Herrn Rechtsanwalt Dr. Schreiber*>, engagiert."

„Sehr richtig! – Genau! – Da hatte er völlig Recht!" Dr. Schreiber hob lachend die Hände, als wollte er die anerkennenden Zurufe seiner Gäste abwehren. „Langsam, meine

Freunde! Bei Houdini war jede seiner öffentlichen Äußerungen ein Teil des Schaugeschäfts. Deshalb durfte er aus seiner Sicht hemmungslos übertreiben und flunkern. In Amerika hat er später doch glatt behauptet, er habe in einer der drei Appellhof-Verhandlungen den Tresor im Dienstzimmer eines Gerichtsvorsitzenden öffnen müssen, um den Prozess zu gewinnen. Das ist, wie ich als Beteiligter unzweifelhaft bezeugen kann, völlig aus der Luft gegriffen! Der einzige Tresor im Appellhof war und ist auch heute noch der Geldschrank der Gerichtsverwaltung im Justizkassenraum, wie Sie alle wissen. Aber da war Houdini nie dran."

„Er ist doch vor einigen Jahren verstorben, soviel wie ich weiß - oder?"

„Ja. Und es war diese Maßlosigkeit des eigenen beruflichen Anspruchs, dieses überzogene Geltungsbedürfnis, das 1926 zu seinem Tode führte. Um sich mit indischen Fakiren messen zu können, forderte er in einer Vorstellung wieder einmal Zuschauer auf, ihm mit der Faust in den Bauch zu schlagen. Ein Student schlug zu, noch bevor Houdini sich konzentrieren und die Bauchdecke anspannen konnte. Er erlitt einen Darmriss, den er ignorant nicht behandeln ließ. Einige Tag später starb er. Houdini wurde in einem Bronzesarg begraben, den er eigentlich für seinen nächsten Auftritt hatte anfertigen lassen."

Es gab eine kleine Pause in der Konversation. Der Rauch von Havanna-Zigarren stieg langsam zu den Lampen hoch und unterstrich das nachdenkliche Schweigen der Geburtstagsrunde.

„Nun, selbst zu diesem traurigen Ereignis gibt es noch eine sehr passende Anekdote", setzte der Gastgeber erneut an. „Zwei Freunde des Verstorbenen folgen in der Trauergemeinde dem verschraubten Metallsarg, als der erste meint: <Ich glaube ja

nicht, dass Harry da noch drin liegt!> Und der zweite Freund ergänzt trocken: <Und wenn doch, kommt er gleich aus dem Sarg raus!>"

Unter dem Gelächter seiner Gäste hob Dr. Schreiber sein Glas. „Wir trinken auf den erstaunlichsten Artisten der Appellhofgeschichte! Zum Wohle!"

Hier geht es um Pressefreiheit, Puffrandale und Polizeibakschisch.

Staatliche Zensur und Einschüchterung haben es im Appellhof schon immer schwer gehabt.

Der Umgang mit der Presse ist schon ein Kreuz! Das meinen jedenfalls im vorletzten Jahrhundert die gekrönten Häupter und die anderen Mächtigen im Staate, also die Kaiser und Könige, die Minister und Polizeipräsidenten. Mit Mördern und Revolutionären wird man ja schnell fertig. Aber wie diszipliniert man als Regent die Zeitgenossen, die für die Obrigkeit unangenehme Nachrichten und Meinungen in Zeitungen drucken und tausendfach verbreiten?

Die Schlüsselworte heißen Zensur, Zeitungsverbot sowie natürlich auch: Strafprozess! Und damit kommt der Appellhof ins Spiel. Das Gerichtsgebäude ist von Anfang an auch Arena des Kampfes um die gedruckte freie Meinung. Viele Episoden zu diesem Thema erscheinen uns aus heutiger Sicht so absurd, dass man sie am besten mit sehr viel Ironie aus der Sicht der Mächtigen erzählt.

Im Folgenden soll deshalb kräftig gespottet werden. Ironie an!

Schon die Franzosen lassen sich im 1794 „befreiten" Rheinland nicht von reaktionären „Feinden der Französischen Republik" auf der Nase herumtanzen, die unter dem Vorwand der Pressefreiheit sogar die Errungenschaften der Revolution einfordern wollen, also zum Beispiel die Pressefreiheit. Da wird auch in Köln die vielfältige Zeitungslandschaft durch Zensur und Verbote regelmäßig zum Nutzen und Frommen der

Französischen Republik umgepflügt. Man meint es als Besatzungsmacht ja nur gut mit diesen dummen, unmündigen Provinzlern am Rhein!

In dieser Tradition lassen es auch die ab 1815 für Ruhe und Ordnung in Köln zuständigen Preußen nicht an einer klaren Ansage zum Thema freie Meinungsäußerung fehlen. So ermahnt 1817 der für die Zensur zuständige Kölner Polizeipräsident die Journalisten, dass sie *„mit Vorsicht und Besonnenheit vorgehen müssten, damit nicht die Preß-Freiheit in Preß-Frechheit ausarte.“*

Pressefreiheit? – Diese Verhöhnung der Obrigkeit muss doch mal ein Ende haben!

Leider wird dieser wohlmeinende Ratschlag des preußischen Pressefreundes von den Journalisten und Verlegern nicht immer beherzigt. Darum müssen sehr oft die zur Genehmigung dem Zensor vorgelegten Zeitungsartikel zum Schutze der öffentlichen Ordnung zusammengestrichen oder ganz verboten werden. Aber anstatt für diese nützliche Unterweisung und Hilfestellung bei der Berufsausübung dankbar zu sein, geht die *Kölnische Zeitung* unverfroren dazu über, den vorgesehenen Platz für die verbotenen Artikel in der Zeitung einfach frei zu lassen, einmal die ganze erste Seite. Eine andere Zeitung erdreistet sich gar, solche weißen Flecken im Blatt dem Leser mit der Überschrift *„Censur-Lücke“* zu erläutern!

Diese Verhöhnungen der Obrigkeit werden natürlich durch den Herrn Polizeiminister Wittgenstein *„strengstens“* verboten; es muss für verbotene Beiträge ein Ersatz gedruckt werden. Dennoch gelingt staatsfeindlichen Redakteuren mitunter die weitere Verhöhnung mit einem verwerflichen Trick: Kritische Artikel werden dem Zensor erst in letzter Minute vor dem Andruck der Zeitung vorgelegt. Bei einem eventuellen Verbot kann selbstredend schon aus Zeitgründen kein Ersatzartikel eingefügt werden, aber die Schuld wird auf die verspätete Ablehnung der Zensurbehörde geschoben. Nicht minder empörend ist die Übung, manche der Obrigkeit missliebige Wahrheiten in einem Beitrag zu verstecken, der eigentlich ein anderes Thema hat.

Wer durch heimtückische Machenschaften solcher Art auffällt, darf natürlich nicht weiter Einfluss auf die öffentliche Meinung haben. Ohne schuldhaftes Zögern wird dann die Zeitung verboten. Wie beispielsweise die in Köln erscheinende *Rheinische Zeitung* im Jahre 1843. Das nimmt nicht wunder, ist doch zu diesem Zeitpunkt der Chefredakteur ein gerade einmal 24 Jahre alter politischer Wirrkopf aus Trier. Er hieß übrigens Karl Marx.

Außer der Zensur und dem unnachsichtigen Verbot der Zeitung gibt es schließlich noch die strafrechtliche Anklage der presserechtlich verantwortlichen Personen. Im Jahre 1857 heuchelt der Verleger Joseph DuMont, Herausgeber der *Kölnischen Zeitung*, sein Erstaunen darüber, dass er im Appellhof auf der Anklagebank des Schwurgerichts Platz nehmen muss. Dabei hat doch ein Mitarbeiter seines Blattes in einem Artikel Seine Majestät, den König, der außenpolitischen Schwäche geziehen und die königlichen Minister als *„Individuen"* diffamiert, die *„nur untergeordnete Werkzeuge eines fremden Willens"* seien! Unerhört! Was lag da näher als eine Anklage wegen Majestätsbeleidigung und Verleumdung des Staatsministeriums?

Und erneut kommt es dann am 10. Januar 1857 zu einem unfassbaren Justizskandal: Wie schon bei dem Hochverräter Gottfried Kinkel, sieben Jahre zuvor, erklären die Kölner Geschworenen unter dem Jubel der verblendeten Zuschauer im

Gerichtssaal des Appellhofs den Angeklagten Joseph DuMont einstimmig für „Nicht schuldig!"

Der Durst der Zensoren und die schlimmen Folgen

Wir können unsere bissige Ironie noch eine Stufe höher treiben! Also:

Wie boshaft und staatsfeindlich die gesamte Kölner Journaille bereits 1843 war, mag ein weiterer Prozess verdeutlichen, der in diesem Jahre im Appellhof stattfand. Angeklagt waren zwei preußische Beamte, nämlich der Zensor Wilhelm Saint-Paul sowie der Zensor Fritz Graf Eulenburg. Der Erste übergab am 30. Juni 1843 sein verantwortungsvolles Amt an den Zweiten als seinen Nachfolger – Grund genug für die beiden Hüter der journalistischen Wahrheit, diesen Amtswechsel gebührend mit einem Zug durch die Kölner Brauhäuser zu feiern.

Leider tranken die beiden Beamten dabei einige Biere über den Durst. So waren sie auch sicher nicht mehr Herr ihrer Sinne, als sie zu sehr später Stunde in einem Bordell am Neumarkt einkehrten. Dort muss es wohl zu Zwistigkeiten mit den Damen des Etablissements gekommen sein. Die beiden Zensoren verhielten sich jedenfalls so unangemessen, dass der Nachtwächter als der zu dieser Uhrzeit zuständige Ordnungshüter herbeigerufen wurde. Selbst dieser Autoritätsperson gegenüber traten die Herren aber alkoholbedingt beleidigend und aggressiv auf, ja es soll sogar zu Handgreiflichkeiten gekommen sein! Und so wurden sie zur Ausnüchterung in Haft genommen und am nächsten Morgen dem Untersuchungsrichter vorgeführt – das Schicksal nahm seinen Lauf.

Preußisch korrekt wurde das Fehlverhalten der beiden hohen Herren nicht vertuscht: Der Generalprokurator (Generalstaatsanwalt) Franz Xaver Berghaus - übrigens auch ein Vorfahre von Konrad Adenauers erster Ehefrau Emma Weyer - sorgte unnachsichtig für eine Anklage. Natürlich erregte der Vorfall in Köln größtes Aufsehen, nicht zuletzt aufgrund der süffisanten Berichterstattung der Presse hierüber. So war es nicht verwunderlich, dass der Zuschauerraum des Sitzungssaales im Appellhof am Prozesstag gut besetzt war. Ach, wie müssen die beiden Angeklagten gelitten haben! Nicht nur, dass ihr doch sicherlich verzeihlicher Fehltritt in die Öffentlichkeit gezerrt und sie sogar zu einer Haftstrafe verurteilt wurden. Nein, sie mussten auch noch die grinsenden Gesichter der schadenfroh feixenden Pressevertreter im Publikum ertragen! Diese weideten sich an dem Unglück ihrer beruflichen Widersacher. Einfach nur empörend!

Geld, Sekt, Zigarren, Fresskörbchen und Wildbraten für die Polizei – völlig normal! Oder?

Rund 70 Jahre später, im Jahre 1914, bietet die Anklagebank im Appellhof dagegen wieder ein vertrautes Bild. Denn da sitzt nicht der Zensor, sondern der Journalist als Angeklagter. Der hat es doch tatsächlich gewagt, die gesamte Kölner Polizei unter Korruptionsverdacht zu stellen!

Alles beginnt damals zunächst damit, dass der Kölner Kriminalkommissar Hannemann der Unterschlagung im Amt beschuldigt und angeklagt wird. Er hat es durch besonderen Fahndungseifer geschafft, einem Fabrikanten die gestohlene Brieftasche mit 2.700 Mark zurück zu beschaffen. Danach macht der Kommissar das jetzt wieder glückliche frühere Diebstahlsopfer darauf aufmerksam, dass in diesen Fällen „*so etwa 10 Prozent"* für den erfolgreichen Polizisten als Belohnung fällig seien. Er bekommt 300 Mark, die er aber nicht an die dafür vorgesehene (!) Polizeikasse abführt. Er steckt das Geld vielmehr in die eigene Tasche und wird deshalb angeklagt.

Zu seiner Verteidigung vor Gericht argumentieren die Anwälte des angeklagten Polizisten, *„dass es üblich sei in den höheren und ganz hohen Graden der Kölner Kriminalpolizei, so zu verfahren, wie der Angeklagte vorgegangen ist."* Und alle seine Polizeikollegen, die so die Hand schon einmal aufgehalten haben sollen, benennt der Angeklagte sogar als Zeugen. Ohne hierauf einzugehen, spricht das Gericht Hannemann aus formalen Gründen frei.

Die bürgerliche Kölner Presse berichtet über das Urteil und die skandalöse Behauptung des Polizisten eher gleichmütig, ohne Konsequenzen zu fordern, etwa mit dem Tenor: „Ja, so ist das hier in Köln – man kennt sich, man hilft sich. Es ist ja auch nur Gutes passiert: Die Beute eines Diebstahls wurde dem Bestohlenen zurückgebracht und ein diensteifriger Kriminalbeamter hat für die vortreffliche Erfüllung seiner Dienstpflicht eine wohlverdiente Belohnung erhalten. Und wenn das mit der persönlichen Belohnung für Polizeibeamte in Köln tatsächlich öfter passieren sollte, ist das sicher besser, als wenn Straftaten unaufgeklärt blieben. Weiter in der Tagesordnung!".

Nur einer gerät in Rage und kann diese journalistische Gleichgültigkeit der Kollegen nicht fassen: Der Redakteur Wilhelm Sollmann von der *Rheinischen Zeitung.* (Wir erinnern uns: Das ist das Nachfolgeblatt gleichen Namens genau der damals verbotenen Zeitung, bei der Karl Marx einmal Chefredakteur war).

Am 3. Oktober 1913 schreibt Sollmann einen gepfefferten Artikel unter der Überschrift *„Bakschisch".* Und darin nimmt er kein Blatt vor den Mund: Nicht nur für die erfolgreiche Fahndung nach Spitzbuben halten die Kölner Polizisten die Hand auf. Auch für die wohlwollende Beurteilung von Antragstellern für eine Gaststättenkonzession ist „Bakschisch" fällig, oft 500 Mark, auch schon einmal 1.000 Mark. Zudem gibt es öfters Freibier, Freisekt, Frühstückskörbchen für die „Frau Wachtmeister" sowie andere Wohltaten mehr.

Wer auf diese Weise regelmäßig dem schweren Los unterbezahlter Kölner Polizisten Anerkennung zollt, darf sicher sein, für kleine Ordnungswidrigkeiten des Gewerbebetriebs allenfalls mündlich verwarnt zu werden. Die scharf formulierten Vorwürfe des Artikels werden abgerundet mit bissigen Anspielungen („*Ludergeruch*") in Richtung Polizeipräsident sowie Staatsanwaltschaft, obwohl diese Autoritäten im Verfahren Hannemann nicht belastet worden waren.

Der Artikel schlägt wie eine Bombe ein! Es gibt Hausdurchsuchungen, Beschlagnahmungen und eine Anklage im Appellhof. Der Kenner der besonderen Kölner Eigenart ahnt vielleicht, dass jetzt eine Pointe kommt. Richtig!

Die Durchsuchungen und Beschlagnahmungen finden nicht bei den der Bestechlichkeit und Unterschlagung verdächtigen Polizeibeamten statt, sondern bei dem Überbringer der schlechten Nachricht, dem Redakteur Wilhelm Sollmann. Und der – nur der! – findet sich dann auf der Anklagebank des Appellhofs wieder, denn er hat sich der Beleidigung und üblen Nachrede schuldig gemacht. Da ist der Kölner Polizeipräsident Karl von Weegmann nach der Anhörung seiner Polizisten ganz sicher. Die haben ihm schließlich versichert, dass an den Vorwürfen nichts, aber auch gar nichts dran sei, also ehrlich!

Merkwürdig nur: Kaum sind die Ladungen der 3. Strafkammer den von Sollmann benannten Geldgebern und Geldnehmer zugestellt worden, werden diese von vielfältigen Krankheitserregern befallen. Reihenweise melden sich Polizisten krank und teilen dem Gericht mit, dass sie krankheitsbedingt nicht als Zeugen vor Gericht erscheinen können. Geladene Zivilpersonen werden dagegen vom Reisefieber heimgesucht. Kurz vor Prozessbeginn müssen sie dringend unaufschiebbare Geschäfte erledigen - und das ganz weit weg. Von dort wird an das Landgericht Köln telegrafiert: Man bitte doch um Entschuldigung, aber leider …

Der Vorsitzende der Strafkammer, Landgerichtsdirektor Dr. Kewer, entschuldigt so etwas überhaupt nicht. Er macht den Drückebergern in Zivil und Uniform Beine und es hagelt Ordnungsgelder, Nachladungen und unmissverständliche Ansprachen. Mit Erfolg: Entsetzt muss der bis dahin wohl gutgläubige Polizeipräsident von Weegmann in der Hauptverhandlung Anfang 1914 erleben, dass ein Teil seiner Beamten als Zeugen *„wegen eines möglicherweise zu erwartenden Strafverfahrens"* von dem Aussageverweigerungsrecht für diesen Fall Gebrauch macht. Die anderen drucksen erst ein wenig herum, um dann doch die Teilnahme an kostenlosen Saufgelagen und die Annahme von Geschenken (Frühstückskörbchen, Geld, Weinkisten, Wildbraten) irgendwie einzuräumen.

Interessante Dialoge muss es da gegeben haben.

Ein Wachtmeister als Zeuge: *„Der Geschenkkorb ist nicht mir, sondern meiner Ehefrau zugewendet worden. Auf der Karte dazu stand nämlich: Für die Frau Wachtmeister."* – Vorsitzender Dr. Kewer: *„Ist Ihre Gattin Raucherin?"* – Zeuge: *„Äh, … nein. Wieso?"* – Dr. Kewer: *„Der Korb enthielt unter anderem eine Kiste Zigarren."*

Nach 10 Tagen Hauptverhandlung, in der sich alle Vorwürfe Sollmanns jedenfalls im Wesentlichen bestätigen, wird im Plädoyer des Staatsanwalts Dahm der Gipfel der Peinlichkeit erreicht. Der sucht verbissen das zu entschuldigen, was offensichtlich unentschuldbar ist. Protokolltext:

„Ich gehe dann über zu den Sektgelagen. Wir befinden uns hier im alten, fröhlichen Köln, wo das halbe Jahr Karneval ist. Und wenn alle anderen fröhlich sind, dann sind auch die Kommissare und Inspektoren dann und wann fröhlich gewesen und haben Sekt getrunken. Da kann man doch nicht von Sodom und Gomorrha reden!"

Damit hat die Karnevalssession 1914 ihren Dauerwitz und der Schenkelklopfer der Büttenredner ist schon gefunden!

Ein Appellhof-Urteil räumt in der Kölner Polizei so richtig auf.

Das Urteil der 3. Strafkammer fegt diese absurden Entschuldigungen beiseite und lässt keinen Zweifel daran, dass der Vorwurf der üblen Nachrede haltlos ist: Der Wahrheitsbeweis für alle Tatsachenbehauptungen ist erbracht. Wermutstropfen für den Angeklagten: Wegen des behaupteten *„Ludergeruchs"* der tatsächlich unbeteiligten Staatsanwaltschaft und des Polizeipräsidenten selbst gibt es eine geringe Geldstrafe wegen Beleidigung. Aber das stört den triumphierenden Journalisten nur wenig.

Nachtrag der dann folgenden Ereignissen: Unter dem Eindruck zahlreicher Straf- und Disziplinarverfahren gegen belastete Kollegen sowie nach einigen Zwangsversetzungen wird die Kölner Polizei in der Folgezeit ungewöhnlich abweisend gegenüber gönnerhaften Geschenken. Der Polizeipräsident von Weegmann muss seinen Abschied nehmen.

Der Journalist Sollmann spottet daraufhin im Mai 1914 in der *Rheinischen Zeitung* in Anlehnung an die Sage von den vertriebenen Kölner Heinzelmännchen: „*Wie war zu Köln es doch vordem – mit Frühstückskörbchen so bequem.*"

Was wurde denn aus diesem hartnäckigen Journalisten Wilhelm Sollmann, der von der Anklagebank im Appellhof aus die Kölner Polizei „aufräumte"? Nun, der weitere Lebenslauf ähnelt dem früherer politischer „Appellhof-Angeklagter". Etwa dem von Karl Marx oder von Gottfried Kinkel.

Von Januar 1918 bis Dezember 1923 ist Sollmann Mitglied des Kölner Stadtrates und Vorsitzender der Kölner SPD-Fraktion. In der Weimarer Republik wird er 1923 Reichsminister des Innern im Kabinett von Reichskanzler Gustav Stresemann. Von den Nazis verfolgt und ausgebürgert, flieht er in die USA. 1949 kommt er noch einmal als Gastprofessor der Universität Köln in die Domstadt zurück. Und auf persönliche Einladung Konrad Adenauers nimmt Wilhelm Sollmann an der Eröffnung des ersten Deutschen Bundestages als Ehrengast teil.

Ehre, wem Ehre gebührt, meint auch die Stadt Köln: Am Kölner Rathausturm, Ostseite, im 3. Obergeschoss findet man seine Statue.

Katzen, Enten, Hund und Pferd, auch ausgestopft – nur keine Leiche

Bis heute ist der Mordfall der Witwe Graß nicht restlos geklärt.

Der Auftrag, den der Vorsteher des Kölner Polizeireviers für seine beiden Beamten hat, klingt erst einmal wenig aufregend: Der Verwalter eines kleinen Gutshofs in Köln-Riehl soll angeblich jede Nacht in den einschlägigen Kölner Bars hohe Geldbeträge verprassen. Das Geld sei aber nicht sein eigenes, sondern - so der Tipp aus einer anonymen Quelle - das Vermögen der sicher ahnungslosen Gutsherrin. Das ist eine Frau Graß, Witwe eines Kölner Juweliers. Bei der sollen die beiden Polizisten einmal nachhören, ob sie von den nächtlichen Ausschweifungen ihres Angestellten Josef Ludwigs weiß.

Also fahren die beiden Beamten Mitte November 1934 zu der angegebenen Adresse Am Botanischen Garten 1 und finden ein großes Anwesen vor, das rundum von hohen Mauern und Hecken umgeben ist. Nach hartnäckigem Klopfen auf das Eisentor öffnet ihnen ein bärtiger Mann, der sich als der Verwalter Ludwigs vorstellt und die Beamten in das Haus bittet.

Man geht dann zwischen Stallung, Schuppen, Taubenschlag vorbei an einem Teich mit quakenden Enten und an wild wuchernden Sträuchern in ein Haus, das man in besseren Zeiten eine Villa genannt hätte. Jetzt ist es vom Verfall gezeichnet, ungepflegt, die Fensterscheiben blind. Irgendwo hinter morschen Zäunen und Büschen kläfft ein Hund.

Beim Betreten des Hauses bemerken die Besucher einen unangenehmen Geruch. Es ist der Geruch von Unrat, Moder und – die aufgescheuchten Katzen liefern die Erklärung – auch doch „besonderen" Duftnoten. Das Wohnzimmer, in das die Polizisten geführt werden, riecht allerdings nach Farbe. Offensichtlich ist es erst vor kurzem frisch tapeziert worden und macht auch sonst einen guten Eindruck.

„Herr Ludwigs, wir möchten mit der Witwe Graß sprechen." – „Das geht leider nicht. Sie ist krank." – „Wirklich nur ganz kurz, es ist wichtig. Weiter wollen wir Sie dann auch nicht stören. Geht es hier in das Schlafzimmer von Frau Graß?" – „Halt! Nein! Sie dürfen da nicht einfach reingehen! Moment mal, da muss ich doch mitgehen!" Der zweite Polizist stellt sich Ludwigs in den Weg, so dass sein Kollege das Schlafzimmer ungestört betreten und durchsuchen kann.

Das Zimmer ist total verdreckt, die Gardinen in Fetzen, das zerwühlte, verschlissene Bettzeug besudelt, in den Ecken Spinnweben, Schimmel und Moder. Aber keine Spur von der früheren Bewohnerin. Auch der penetrante Gestank ist kein Leichengeruch.

Wo ist die Witwe Graß …

„Herr Ludwigs, wo ist die Witwe Graß?" – „Wie schon gesagt: Sie ist verreist!" – „Sie sagten doch, dass sie krank ist!" – „Ja, ich sagte, dass sie krank verreist ist!" – „Nein, aber egal. Seit wann und wohin ist sie verreist?" – „Das sage ich Ihnen nicht. Höchstens Ihrem Polizeivorgesetzten." Der bis dahin ruhige Verwalter mit seinem undurchsichtigen Gesichtsausdruck wirkt jetzt nervös. Offensichtlich will er die Beamten ganz schnell loswerden.

„Dann kommen Sie jetzt mit ins Polizeirevier!" – „Gut. Fahren Sie schon einmal vor und ich komme später nach!" – „Herr Ludwigs, Sie sind vorläufig festgenommen!"

Das war der Auftakt zu dem spektakulärsten Kriminalfall, der Mitte der 1930-er Jahre ganz Köln bewegte. Wo war Frau Graß, die 68 Jahre alte Witwe des schon 1922 verstorbenen, wohlhabenden Kölner Juweliers Josef Graß abgeblieben? Die Erklärungen des Verwalters Ludwigs, „die Frau" sei nach Borkum gereist, wo sie Verwandte habe, erweisen sich sehr schnell als falsch. Nein, ein Kurgast Frau Graß ist dort nicht angekommen. Verwandte der Familie Graß gibt es auf der Insel auch nicht. Das ergeben die Ermittlungen der Kriminalpolizei, die den Fall übernommen hat.

Dann wird bekannt, dass die spurlos verschwundene Witwe schon 1932 ihren Verwalter und Lebensgefährten Josef Ludwigs, 42 Jahre alt, testamentarisch zum Alleinerben ihres stattlichen Vermögens mit mehreren Immobilien und hohen Bankguthaben eingesetzt hatte. Das könnte ein Motiv für ein Verbrechen sein.

…oder wo ist zumindest ihre Leiche?

Kriminalkommissar Anstoß lässt nichts unversucht, die Leiche der mutmaßlich ermordeten Witwe zu finden. Der Ententeich und ein Tümpel werden trockengelegt und der Schlamm durchsucht, ebenso der Brunnen. Das Haus wird auf den Kopf gestellt, Bodenplatten aufgehoben, der Unrat von Jahrzehnten auf dem Dachboden untersucht. Dort findet man zwar viele ausgestopfte Tiere, aber keine Leiche. Das Grundstück ist beachtliche 5.000 qm groß. Trotzdem wird jede Stelle aufgegraben, wo eine Leiche hätte verscharrt sein können. Nichts.

Ungeklärte Leichenfunde, quer durch ganz Deutschland, werden mit den körperlichen Merkmalen der verschwundenen Kölnerin verglichen. Auch international wird nach der Vermissten gesucht. Wieder nichts.

Im Sommer 1936, Josef Ludwigs sitzt seit rund eineinhalb Jahren in Untersuchungshaft, erhebt die Staatsanwaltschaft Anklage wegen Mordes und Verleitung zum Meineid. Eine Leiche gibt es nicht, wohl aber viele Indizien, die gegen den Angeklagten sprechen. Der Appellhof erwartet einen Sensationsprozess.

Das Schwurgericht bemüht sich intensiv um Aufklärung der rätselhaften Vorgänge.

Über 100 Zeugen und etliche Sachverständige hat das Schwurgericht unter dem Vorsitz von Dr. Schäfer geladen. Die sollen an den acht Verhandlungstagen ab dem 23. Juni 1936 u.a. die Theorie der Staatsanwaltschaft von folgendem Tatablauf bestätigen können: Weil der Angeklagte Ludwigs um sein Erbe fürchten musste, lieh er sich bei einem Bekannten eine Pistole und erschoss damit die Witwe Graß und nicht das alte Pferd, wie er dem Bekannten weismachen wollte. Das erklärt auch den Blutfleck auf dem Schlafzimmerteppich. Die Leiche verbrannte Ludwigs in einem alten Ofen. Nachbarn hatten Anfang September einen ekelhaften Geruch von verbranntem Fleisch bemerkt. Den alten Ofen ließ Ludwigs dann von einem Schrotthändler entsorgen. So verschwand auch die Leiche der Witwe Graß spurlos.

Der Alteisenhändler sagt aber als Zeuge aus, er selbst sei auf die Idee gekommen, den alten Ofen mitzunehmen. An dem sei auch nichts Auffälliges gewesen. Der Pistolenverleiher kann sich nicht mehr erinnern, mit wie vielen Patronen er die Waffe dem Ludwigs gegeben hat. Deshalb wisse er auch nicht, ob überhaupt eine Patrone gefehlt habe, als er die Pistole zurückbekommen habe. Zurückerhalten habe er sie ganz sicher am 5. September, und zwar in der Mittagszeit.

Schlecht für den Ankläger, dass zeitlich danach, nämlich am Nachmittag dieses Tages, eine Mietinteressentin mit der Vermieterin Graß noch verhandelt hat. Am selben Nachmittag traf eine Bekannte die Witwe, unterhielt sich mit ihr und ein am Haus beschäftigter Handwerker sah seine Auftraggeberin ebenfalls noch vor Feierabend. So lauten jedenfalls deren Zeugenaussagen.

Noch schlechter für die Staatsanwaltschaft, dass drei weitere Zeugen angeben, der Geruch nach verbranntem Fleisch sei ganz sicher schon in der Nacht vom 3. auf den 4. September über das Viertel gezogen. Da passt nichts zu diesem Teil der Anklage. Die Verteidiger Dr. Achter und Dr. Grüttner können für ihren Mandanten Pluspunkte verbuchen.

Das war es aber auch mit den Pluspunkten für die Verteidigung. Ein Kleinkrimineller, der zeitweise mit Ludwigs in einer Zelle gesessen hatte, behauptet nicht nur, Ludwigs habe ihn mit Geld zu einem Meineid anstiften wollen. Er kann der Kripo nach seiner Haft auch den handschriftlichen Zettel vorlegen, auf dem der Angeklagte Ludwigs Punkt für Punkt aufgelistet hat, wie der Anstreicher nach seiner bevorstehenden Entlassung vorgehen soll. Kernpunkt: Er solle behaupten, die Witwe Graß noch nach dem 20. Oktober 1934 gesehen zu haben. Ludwigs Erklärung zu dieser unbestreitbaren Zeugenaussage: „Ich wollte eben raus aus der Untersuchungshaft!"

Nur noch mit Kopfschütteln quittiert Staatsanwalt Augustin manche patzigen Erklärungen des Angeklagten zu vorgehaltenen Widersprüchen: Warum hat sich die von Ludwigs bei den Vernehmungen beschriebene Reisekleidung der Graß tatsächlich Stück für Stück im Kleiderschrank befunden? – „Dann hat sie eben etwas anderes angezogen!" – Warum hat Ludwigs am 1.

November einer Verwandten der Frau Graß gesagt, die Witwe sei krank, wenn doch nach seinen eigenen Angaben die angebliche Abreise nach Borkum schon am 27. Oktober gewesen war? – „Ich muss nicht jedem die Wahrheit auf die Nase binden!" – Warum konnte die Dame trotz Vermisstensuche weder in Borkum noch sonst wo in Deutschland gefunden werden? – „Dann hat sie ihre Reisepläne eben geändert und ist ins Ausland gefahren!" Ohne Reisepass? Ohne Geld? Bald zwei Jahre lang? – „Vielleicht ist sie auch verunglückt!" – Wie lange wollte sie denn auf Borkum bleiben? – „Das hat sie mir niemals gesagt, wenn sie verreist ist!" – Die Zeugen sagen aber, Frau Graß sei noch nie verreist! – „Was diese Zeugen sagen, stimmt alles nicht!" – Frau Graß wollte Ihnen in 1934 Land kaufen, weil sie sich nach einem Streit von Ihnen trennen wollte, wie eine Zeugin sagt. Oder? – „Auch alles falsch!"

Die verdächtigen Ungereimtheiten und Widersprüche häufen sich!

„Sie wird auch ewig schweigen!"

Der Gerichtsberichterstatter der *Kölnischen Zeitung* für den Graß-Prozess hat verschlafen und kommt an diesem 2. Juli 1936 morgens etwas verspätet in den Schwurgerichtssaal zum nächsten Verhandlungstag. Kaum hat er sein Schreibzeug ausgepackt, da steht er auch schon im Mittelpunkt der mündlichen Verhandlung und ist der erste zu vernehmende Zeuge an diesem Tag! Verblüfft, eher noch verwirrt, hört er die Vorhaltungen des Gerichtvorsitzenden: Der Reporter hat in seinem Zeitungsbericht vom letzten Verhandlungstag eine Äußerung des Angeklagten Ludwigs wiedergegeben. Demnach soll der Angeklagte gesagt haben: „Frau Grass hat bisher geschwiegen und wird auch ewig schweigen!"

„Wie kommen Sie dazu?" fragt der Vorsitzende Dr. Schäfer mit Unmut in der Stimme. „Diese angebliche Bemerkung haben weder wir Richter, noch der Staatsanwalt, noch die Verteidiger gehört!" Der wegen seiner neuen Rolle als Zeuge irritierte Reporter bleibt aber entschieden dabei, diese Worte des Angeklagten gehört zu haben. Da meldet sich der Kollege vom *Westdeutschen Beobachter* zu Wort. Ja, auch nach seiner Erinnerung hat der Angeklagte diesen Satz gegen Ende der letzten Verhandlung gesagt.

Die Szene am letzten Sitzungstag wird rekonstruiert und gemeinsam findet man des Rätsels Lösung: Als Staatsanwalt und Verteidiger zu einer kurzen internen Abstimmung an der Richterbank standen, waren alle durch dieses Gespräch abgelenkt. Allein auf der Anklagebank, murmelte Ludwigs leise vor sich hin. Dabei kam er dem eingeschalteten Tischmikrofon seiner Anwälte wohl zu nahe. Der fatale Satz wurde in den Saal auf den Lautsprecher in der Nähe des Pressetisches übertragen, wo die zwei Zeitungsreporter ihn klar und deutlich hören konnten. Das nehmen die beiden als Zeugen auf ihren Eid.

Zu allen Widersprüchen kommt jetzt also auch noch unfreiwillig ein halbes Geständnis des Angeklagten. Es wird eng für den Verwalter und Alleinerben Ludwigs!

„Herr Wirt, alles geht auf meine Rechnung!"

Stina und Else sind alte Schulfreundinnen, die sich auch nach einem halben Jahrhundert nicht aus den Augen verloren haben. Zumal sie im selben Südstadt-Viertel wohnen. Die beiden Hausfrauen haben sich – die Kinder sind ja aus dem Haus – für heute vorgenommen, statt zu kochen einen Krimi zu genießen: Sie wollen sich den „Mörder der Witwe Graß" im Appellhof ansehen. Außer dem Hauptdarsteller ist auch die Besetzung der Nebenrollen sehr interessant: Für heute sind die Zeugenvernehmungen der Frau Inge I. und anderer Tischdamen sowie des Personals von Kölner Nachtlokalen angesetzt. Das verspricht pikante Unterhaltung.

Dabei haben die beiden justizinteressierten Damen aber richtig Glück gehabt! Obwohl sie sich so früh im Appellhof angestellt haben, bekommen sie gerade noch die letzten Einlasskarten in den Schwurgerichtssaal. Der Publikumsandrang ist gewaltig.

„Hast Du das auch gelesen?" fragt Else, als die beiden vor der Saaltür warten. „Das Dienstmädchen hat ausgesagt, dass die Frau Graß sich nie gewaschen und gekämmt hat. Sogar die Kleider hat sie nie gewechselt. Die wurden so lange getragen, bis sie ihr buchstäblich vom Leib gefallen sind! Putzen durften die Mädchen auch nicht. Es musste alles dreckig bleiben!" – „Ja, Stina, das habe ich auch gelesen. Widerlich! Ihr damaliger Rechtsanwalt hat ja als Zeuge gesagt, er musste wegen der Kundschaft die Frau Graß zur Rücksprache auf den Abend ins Büro bestellen. Sonst wären die anderen Mandanten im Wartezimmer wegen des Gestanks sofort laufen gegangen. So, jetzt rein in den Saal, es geht los!"

Los geht es mit der Zeugenvernehmung einiger Wirte und Kellner von Kölner Nachtlokalen, die in einem Punkt übereinstimmen: „Herr Ludwigs kam ab etwa dem 10. September fast jede Nacht und hat immer äußerst großzügig Gäste eingeladen. Nicht nur die Tischdamen, die Sekt trinken durften, sondern auch andere fremde Gäste." – „Dann war der

Angeklagte sicher ein gern gesehener Gast bei Ihnen?" – „O ja",
schmunzelt der Wirt einer Bar auf die Frage des Vorsitzenden.
„Die durchschnittliche Zeche war 50 bis 70 Mark pro Nacht."

Stina fasst sich an den Kopf. „So viel Haushaltsgeld hätte ich
gerne für den ganzen Monat!" flüstert sie und Else nickt mit
einem Seufzer. Zuvor hat eine Sparkassenangestellte schon
ausgesagt, dass der Kontobevollmächtige Ludwigs ab September
1934 in wenigen Wochen 5.000 Mark abgehoben habe.

In einer feudalen Villa wohnte er, der spendable Herr. Davon
wissen einige Musiker als Zeugen mehr zu berichten, denn sie
waren in dieser Villa eines Nachts zu Gast. „Das muss Anfang
Oktober 1934 gewesen sein. Wir wollten im Lokal aufhören zu
musizieren, da kam Herr Ludwigs und bat uns, in seiner Villa
weiter zu spielen. Also sind wir alle Mann dahingefahren und
haben in dem Wohnzimmer von einem alten Haus noch Musik
gemacht."

„Haben Sie in dieser Nacht die Frau Graß gesehen oder
gehört?" Die Frage des Schwurgerichtsvorsitzenden sorgt für
gespannte Aufmerksamkeit unter den Prozessbeteiligten. „Nein,
von der wusste man ja auch überhaupt nichts, denn Herr
Ludwigs sagte, er habe das Anwesen von seinen verstorbenen
Eltern geerbt. Von einer Frau Graß war nie die Rede, die haben
wir auch nicht gesehen. Die Inge war allerdings bei dieser Feier
dabei. In die war der Herr Ludwigs ja total verknallt."

Inge und das blauseidene Himmelbett im Brautgemach

Und dann kommt die Inge als Zeugin. Kaum betritt sie den
Sitzungssaal, da steht der Angeklagte Ludwigs respektvoll auf.
Als hätten die Richter des Schwurgerichts den Sitzungssaal
betreten. Dann steht ja auch jeder auf.

„Sieh Dir das an, Stina. Der Ludwigs macht sich sogar jetzt noch vor *der* zum Affen!" Else scheint der jungen Zeugin gegenüber doch ein paar Vorurteile zu pflegen.

„Selbständige Friseuse mit eigenem Geschäft, damals in Köln, jetzt in Hannover, im Nebenberuf Tischdame, verheiratet, Kinder." Nach den persönlichen Verhältnissen wollen die Richter dann wissen, wie das war, damals zwischen ihr und dem Angeklagten.

„Wir haben uns am 8. September 1934 im Lokal kennengelernt. Er hat sich sofort in mich verliebt und mir das Blaue vom Himmel versprochen. Er kam dann fast jeden Abend und wollte mich sogar heiraten. Weil ich damals Eheprobleme hatte, habe ich gesagt, ich könnte mich ja scheiden lassen. Angeblich war er Gutsbesitzer und hat mich dann auch zwei oder drei Mal im Oktober und November in dieses alte Gehöft eingeladen. Das hatte er angeblich von seinen verstorbenen Eltern geerbt."

„Haben Sie sich in der alten Villa einmal umgesehen?" – „Nein, das wollte er nicht. Wir waren nur im Wohnzimmer, das war frisch tapeziert. Als ich mir mal das Schlafzimmer anschauen wollte, hielt er mich zurück. Die Erklärung habe ich schon damals nicht geglaubt. Er sagte: <Das ist Dein Brautgemach, darin steht ein blauseidenes Himmelbett. Vor der Hochzeit schickt es sich nicht, das zu sehen!>" Else lacht, wie viele Zuschauer im Sitzungssaal.

„Haben Sie damals einmal die Frau Graß im Hause angetroffen?" Die Frage des Richters lässt jetzt die Zeugin Inge lachen. Das Lachen klingt bitter. – „Nein, für mich existierte auch bis November 1934 keine Frau Graß. Herr Ludwigs versicherte mir stets seine Liebe und Treue. Dazu sagte er auch:

<Du bist das erste und einzige weibliche Wesen, das nach dem Tod meiner lieben Mutter dieses Haus betreten hat.> Im November habe ich mich mit einem Handwerker auf dem Hof unterhalten. Der sprach dann plötzlich von einer Frau Graß und ich wollte wissen, wer das sei. Da hielt der Mann den Mund. Er merkte, dass er einen Fehler gemacht hatte. Ich auch!" Der Angeklagte Ludwigs und seine Verteidiger haben keine Fragen an die Zeugin.

Der rätselhafte Blutfleck auf dem Teppich

Die Verteidiger geben sich gelassen. „Ja, da ist ein Blutfleck auf dem Bettvorleger. Aber der Fleck hat nichts mit diesem Fall zu tun!" Dann kommt ein schauriges Geheimnis der Juwelierfamilie Graß zur Sprache. Der einzige Sohn der Eheleute, Josef Graß Junior, hatte sich unsterblich in eine Kunstreiterin namens Emilie Schreiber aus einem Zirkus verliebt. Das stieß auf schroffe Ablehnung der Mutter und führte zu heftigen Streitigkeiten mit dem Sohn. Der junge Mann, gerade einmal 23 Jahre alt, erschoss sich dann am Weihnachtsabend des Jahres 1925 in seinem Zimmer. „Und damit ist dieser Blutfleck erklärt und mein Mandant auch in diesem Punkt entlastet", meint der Rechtsanwalt Dr. Achter im Brustton der Überzeugung.

Das sieht der vom Gericht beauftragte Gutachter anders. „Die Untersuchungen haben ergeben, dass es sich um Menschenblut handelt. Aber der Blutfleck ist höchstens zwei Jahre alt. Dass er aus dem Jahr 1925 stammen könnte, kann man definitiv ausschließen!"

Das letzte Wort des Angeklagten, nachdem Staatsanwalt (Antrag: „Todesstrafe!") und Verteidiger (Antrag: „Freispruch!") ihre Plädoyers gehalten haben: „Ich bin in dieser Sache herzensrein! Sonst nichts."

Das etwas überraschende Urteil

Am Samstagabend, den 4. Juli 1936 gegen 19.30 Uhr, müssen Justizwachtmeister den Presseleuten einen Weg durch die vor dem Schwurgerichtssaal wartende Menschenmenge bahnen. Es steht nach stundenlanger Beratung der Richter endlich die Urteilsverkündung an.

„Der Angeklagte wird wegen Totschlags und Verleitung zum Meineid zu 15 Jahren Zuchthaus verurteilt."

Ohne sichtbare Regung hört Josef Ludwigs die kurze Begründung des Vorsitzenden. Mit an Sicherheit grenzender Wahrscheinlichkeit sei die Witwe Graß tot. Dass sie nach fast zwei Jahre nach ihrem Verschwinden trotz internationaler Vermisstensuche nicht wieder aufgetaucht sei, lasse keinen anderen Schluss zu. Sie sei auch gewaltsam durch den Angeklagten getötet worden. Das sei durch eine Vielzahl von Indizien wie den Blutfleck auf dem Teppich, vor allem aber durch das verräterische Verhalten des als Erbe eingesetzten Verwalters erwiesen. Durch das Geldverprassen aus dem fremden Vermögen in Nachtlokalen und dem Auftreten als „Schlossherr" habe Ludwigs erkennen lassen, dass er eine Rückkehr der Frau Graß aufgrund seiner Täterschaft ausgeschlossen habe. Hinzu komme noch seine verräterische Äußerung, dass die Witwe „auch ewig schweigen" werde.

Nur das gesetzliche Mordmerkmal des Tötens *„mit Überlegung"* habe man dem Angeklagten nicht nachweisen könne. Wegen des ungeklärten Tathergangs sei ebenso eine Tat im Affekt möglich. Darum habe das Gericht auf Totschlag erkannt.

Ist das jetzt das Ende des sensationellen Falles der Witwe Graß? Keineswegs! Weder für die Kölner Justiz noch für die Kölner Seele, wie das folgende Kapitel zeigen soll.

Der Appellhof - ein Gericht für die Kölner Seele

Auch an der Kriminalität in ihrer Stadt nehmen Kölner Bürger regen Anteil.

Die Kölner und ihr Dom. Das ist die eine Geschichte. Die Kölner und ihr Appellhof. Das ist die andere Geschichte.

Es gab früher und gibt heute selbstverständlich kein anderes Gebäude als den Kölner Dom, das so in der Geschichte, in der Tradition und im Bewusstsein der Kölner Bevölkerung verwurzelt ist. Was kommt danach auf dem zweiten Platz? Jedenfalls bis in die Nachkriegszeit wäre diese Frage eindeutig zu beantworten gewesen: Der Appellhof!

Generationen von Kölnern hatten schon im vorigen Jahrhundert das heutige Gerichtsgebäude und den Vorgängerbau als wichtigen Teil ihrer städtischen Infrastruktur schätzen gelernt. Sehr oft hatte mancher Kölner den Appellhof auch als Teil seines persönlichen Lebens erfahren - sei es als Angeklagter, Zeuge, Rechtsanwalt, Richter, Laienrichter, Staatsanwalt, Sachverständiger, Zuschauer, Pressevertreter, Referendar, Student, Beamter oder Justizangestellter. Schließlich hatte das Gericht noch die Funktion einer Bühne, die den Kölner Bürgern entweder als Zuschauern im Gerichtssaal oder als Zeitungslesern hochinteressante Aufführungen bot. Hier gab es Krimi, Drama und Komödie. Die boten allemal genug Gesprächsstoff für das Kölner Gemüt in Zeiten, als es noch kein Fernsehen gab.

Machen wir mal diese gefühlte tiefe Verbundenheit mit dem Appellhof an dem im vorigen Kapitel geschilderten Kriminalfall der Witwe Graß fest. An acht Sitzungstagen haben damals insgesamt weit über 1.000 Zuschauer den Krimi um die verschwundene, schrullige und ungepflegte Juwelierswitwe „live" im großen Schwurgerichtssaal erlebt. Zehntausende haben den Strafprozess in der Lokalpresse verfolgt. Man hat die unglaublichen Einzelheiten über die hygienischen Verhältnisse in der Villa Graß mit der Familie, im Bekanntenkreis und am Arbeitsplatz durchgehechelt, man hat sich empört über die dreisten Lügen des Angeklagten, zeitweise vielleicht auch etwas an dem Mord gezweifelt, über das Versteck der Leiche spekuliert und schließlich auf eine hoffentlich doch unbarmherzige, irdische Gerechtigkeit aus dem Appellhof gehofft.

Wenn dann von der Richterbank das Urteil gesprochen worden ist, kann man als Kölner trotzdem nicht einfach wieder zur Tagesordnung übergehen. Man ist aufgewühlt und das Erlebte will verarbeitet werden! Dazu bietet sich in der rheinischen Metropole natürlich der Karneval an. Der ersetzt jede Therapie. Das war so, ist so, bleibt so und das weiß jeder.

Und so zieht im Kölner Rosenmontagszug der Session 1936/37 ein Prunkwagen durch die Stadt, auf dem kunstvoll in Pappmaché eine alte Dame mit Schirm und Reisetasche dargestellt ist. Motto des Wagens: *„De Witwe Graß kütt zoröck!"* (Die Witwe Graß kommt zurück!).

Hatte man bis dahin in Köln eine unsaubere Wohnung in der rheinischen Mundart einfach nur als „knüsselich" oder „dreckelich" bezeichnet, so war ab 1936 die sehr viel anschaulichere Beschreibung gebräuchlich, dass es z. B. bei den Nachbarn aussehe „wie bei der Witwe Graß".

Der Kölner vergisst solche die rheinische Seele berührenden Erlebnisse auch nicht. Selbst nach Jahr und Tag nicht! Hier kommt der Beweis.

Da sitzen im Sommer 1949 im Stadtgarten-Restaurant ein Journalist und ein Zirkusartist bei einem Interview zusammen. Der Artist ist mit seiner Elefanten-Nummer die Sensation im Zirkus *Apollo*, der seinerzeit in Köln gastiert. Dabei schleudert der indische Elefant „Manjulla" den jungen Mann mit dem Rüssel zu einem atemberaubenden Salto Mortale in die Luft. Dann landet der Akrobat mit unglaublicher Sicherheit auf dem Rücken des anderen Elefanten „Leilabardi". Kein Wunder, dass jetzt ein Gastspiel sogar in den USA bevorsteht! Das ist schon eine Zeitungsreportage wert.

Der zweite Graß-Prozess und so etwas wie ein „Happy End"

Der Journalist ist, wie es der Zufall will, der Gerichtsreporter der *Kölnischen Zeitung*, der seinerzeit den Witwe Grass-Prozess begleitet hat. Der Zirkus-Artist heißt Baptist Schreiber und auf einmal fällt dem früheren Gerichtsreporter etwas ein:

„Sagen Sie mal, hieß Ihre Mutter vielleicht Emilie Schreiber? Und war die mal liiert gewesen mit einem jungen Mann namens Josef Graß aus Riehl?"

Treffer! Und jetzt kommt die Justizgeschichte Graß, 2. Teil. Der unglückliche, in die Kunstreiterin Emilie verliebte Josef Graß Junior macht, kurz bevor er sich am Heiligen Abend 1925 das Leben nimmt, sein Testament. Alleinerbin soll danach seine Liebste, eben diese Emilie Schreiber, sein. Das Testament verschwindet allerdings zunächst. Nachdem der Verwalter Ludwigs es gefunden hat, versteckt er es in einer Zigarrenkiste. Dann wird es aber 1934 von der Kölner Kripo entdeckt, die zur Klärung des Vermisstenfalls Graß jeden Winkel der Villa durchsucht. Die Kripo gibt das Testament an das Nachlassgericht weiter.

Die im Testament begünstigte Frau Emilie Schreiber fordert daraufhin von dem Treuhänder des Graß-Vermögens ihr testamentarisches Erbe. Das soll aus dem Nachlass des Vaters ihres Geliebten, des früh verstorbenen Juweliers Graß Senior, bezahlt werden. Weil der Treuhänder das nicht akzeptiert, kommt es erneut zu einem - diesmal zivilrechtlichen - Graß-Prozess. Mit Erfolg für die „Fast-Schwiegertochter" der Witwe Graß: 50.000 Mark spricht das Landgericht Köln der Emilie Schreiber als Erbanteil zu. Wieder sind die Zeitungen voll: Die Gerechtigkeit siegt auf allen Ebenen!

„Und jetzt raten Sie mal", fragt der junge Artist seinen Interviewpartner, „was meine Mutter mit dem Geld gemacht hat? Sie hat mir damit nach dem Krieg die beiden Elefanten gekauft! Ist das nicht toll?"

Zum 25jährigen Verschwinden der Witwe Grass bringt der *Kölner Stadt-Anzeiger* im Herbst 1959 eine neunteilige Artikelserie über den immer noch mysteriösen Kriminalfall ohne Leiche. Dabei wird die Elefantengeschichte als Nachtrag geliefert. Es ist ein versöhnlicher Schluss, eine Art „Happy End", das natürlich der Kölner Seele gut tut.

Am Abgrund

Kölns Juristen werden nationalsozialistische Werkzeuge – aber nicht alle!

Für die junge Rechtsreferendarin ist Anfang 1933 eigentlich alles in Ordnung. Allerdings, die sogenannte Machtergreifung Hitlers und die Ende Januar mit Fackeln durch Köln marschierenden, das „Horst Wessel-Lied" grölenden Nationalsozialisten verunsichern sie. Man weiß nicht, was Hitler vorhat. Bestimmt nichts Gutes. Aber die anderen, positiven Ausblicke ihres jungen Lebens lassen sie optimistisch in die Zukunft sehen.

Elsbeth Pollitz ist 27 Jahre alt. Als einziges Kind ihrer Eltern, in Köln geboren, ist sie sehr behütet in einem aufgeklärt-bürgerlichen, christlich geprägten Elternhaus aufgewachsen. Nach dem Abitur hat sie sich für das Jura-Studium entschieden. Diese Entscheidung kommt bei den ohnehin nicht vielen Studentinnen eher selten vor. Aber sie folgt ihrer beruflichen Neigung. In der Referendarzeit nach dem Studium war sie zur Ausbildung im Gerichtgebäude Appellhofplatz auch bei der Staatsanwaltschaft gewesen. Die hat den Ausschlag für ihren Berufswunsch gegeben: Das Strafrecht hat es ihr angetan. „Vielleicht Richterin in einer Jugendstrafkammer", so träumt sie von ihrem beruflichen Ziel. Ja, das wäre es! Der Doktortitel, den sie im Februar 1933 erwirbt, kann da nur hilfreich sein.

Im privaten Bereich hat Elsbeth ebenfalls Grund zu Optimismus. Sie ist nicht nur verliebt bis über beide Ohren, sondern auch schon verlobt mit einem Referendarkollegen. Hermann von Ameln heißt der Verlobte, der zudem noch die wohlwollende Anerkennung ihrer Eltern genießt. Beide stehen nun vor dem 2. juristischen Staatsexamen. Ist das geschafft und hat man im Beruf Fuß gefasst, dann wollen die beiden heiraten.

Wer bin ich – etwa eine „Halbjüdin"?

Dann kommt dieser 7. April 1933. Elsbeth lässt sich seit einiger Zeit zur Vorbereitung auf das Assessor-Examen von einem Repetitor vorbereiten, also einem spezialisierten „Pauker", wie das bei den Juristen üblich ist. Dr. Löwenwarter heißt er, ein jüdischer Rechtsanwalt, einer der besten in Köln. An diesem Nachmittag, nach einer Fallbesprechung, lächelt er die junge Frau an und sagt: „Ich vermute einmal, Sie wissen nicht, dass wir tatsächlich miteinander verwandt sind, oder?"

Es gibt Augenblicke, die verändern das Leben von jetzt auf gleich. Wie hier, nachdem Elsbeths Vater abends unter Tränen bestätigt, was seit fast drei Jahrzehnten Familiengeheimnis war. Ja, er ist Jude. Er ist vor der Heirat mit Elsbeths Mutter zum christlichen Glauben übergetreten. „Ich wollte mir, aber letztlich auch Dir als mein Kind diese ewige Diskriminierung ersparen!"

Elsbeth Pollitzs Gedanken rasen. Sie ist also nach der Rassenideologie der Nazis eine „Halbjüdin" und ihr ist klar, was das für ihren weiteren Lebensweg bedeutet. Am 7. März 1933 ist das „Gesetz zur Wiederherstellung des Berufsbeamtentums" in Kraft gesetzt worden. Damit haben die Nationalsozialisten die Handhabe, jüdische Beamte, Richter, Assessoren und Referendare aus dem aktiven Dienst zu entlassen. Das geschieht auch unverzüglich, wie die Presse meldet. Deshalb würde eine „Halbjüdin" wie sie nach einem bestandenen 2. Staatsexamen ganz bestimmt nicht Richterin werden dürfen: Sie kann den „Arier-Nachweis" einer nichtjüdischen Abstammung nicht erbringen. Der berufliche Lebenstraum der Elsbeth Pollitz liegt schon jetzt in Trümmern.

Und was ist mit ihrer persönlichen Beziehung zu ihrem Verlobten? Der ist ja nun - im Gegensatz zu ihr - ein „Arier". Unverzüglich wird Hermann von ihr aufgeklärt. Sie weist alle seine Liebesbeteuerungen zurück und besteht auf einer Bedenkzeit für ihn - für den Fall, dass Hermann von Ameln die Verlobung doch lieber lösen möchte. Am folgenden Tag kommt er mit einem Strauß roter Rosen und gibt ein Versprechen, das er bis zuletzt halten wird: „Ganz gleich, was Hitler tun wird, wir beide gehören zusammen – auf immer und ewig!"

Einige Monate später wird dieses Versprechen auf eine erste Probe gestellt: Nachdem schon Ehen zwischen Ariern und Juden verboten sind, sollen laut Presseberichten bald auch die Verbindungen zwischen Ariern und „Halbjuden" verboten werden. Da muss hastig, ohne Hochzeitsfeier und ohne Gäste geheiratet werden. Der Trauspruch der Eheleute spricht für sich:

„Allen Gewalten zum Trotz sich erhalten, nimmer sich beugen, mutig sich zeigen. "

Wie geht es beruflich mit der Referendarin weiter? Schockiert hat Elsbeth von Ameln zuvor miterleben müssen, wie am 31. März 1933 ein fanatisierter Mob von SA- und SS-Männern im Gerichtsgebäude Reichensperger Platz auftauchte. Da stand sie gerade vor dem Abschluss ihrer Ausbildungsstation beim Oberlandesgericht Köln in diesem Gebäude. Der Schläger-Trupp ging von Gerichtssaal zu Gerichtssaal, unterbrach die Sitzungen und trieb alle jüdischen Richter, Laienrichter und Anwälte (oder wer auch nur „jüdisch" aussah) vor das Gerichtsgebäude. Die verängstigten Opfer wurden dann auf einen Müllwagen mit offener Ladefläche genötigt, verhöhnt und durch die Stadt gefahren. Weder die hohen Gerichtsherren noch die Justizwachtmeister, einfach niemand, hatte sich der Nazi-

Bande entgegengestellt. Wer kann vor einer solchen Justiz noch Respekt haben?

Mit Geschick durch das Assessor-Examen – ohne den „Deutschen Gruß"

Trotzdem will Elsbeth noch ihr Assessor-Examen ablegen. Erstaunlicherweise erreicht sie eine Zulassung zu dieser Prüfung, zu der sie im Frühjahr 1934 antritt. Ihr Problem ist dabei nicht die Abfrage ihres juristischen Wissens. Nein, nur zu Beginn der Prüfung hat jeder Kandidat natürlich den „Deutschen Gruß" zu entbieten. Aber ein „Heil Hitler!" mit erhobenem rechtem Arm würde der Kandidatin Dr. Elsbeth von Ameln nicht über die Lippen kommen. Also tritt sie vor die Prüfungskommission und verbeugt sich zur Begrüßung einfach freundlich lächelnd. Die etwas erstaunten Prüfer, Herren der alten Schule, sind angetan von dem charmanten Auftritt der jungen Frau und lächeln freundlich zurück. Der Rest der letztlich bestandenen mündlichen Prüfung ist für Elsbeth eine fast schon entspannte Routine.

Und jetzt? Den Zugang zu allen juristischen Berufen, auch die Zulassung zur Anwaltschaft, haben die Nationalsozialisten inzwischen für „Nichtarier" verschlossen. Der Assessorin bleibt nur, für die Rechtsanwaltspraxis ihres Mannes unauffällig im Hintergrund zu arbeiten. Hermann von Ameln wird bald wegen des jüdischen Schwiegervaters mit einem Ehrengerichtsverfahren überzogen. Die immer bösartigere Hetze der gleichgeschalteten Presse gegen Juden und deren Ausgrenzung aus dem öffentlichen Leben lassen Elsbeth für ihren Vater, aber auch für sich selbst das Schlimmste befürchten.

Da weiß sie noch nicht, dass der spätere Kriegsbeginn den fanatischen Antisemitismus der Nazis noch einmal steigern wird und sie den Vater bei Verwandten in Remscheid verstecken muss, um ihn vor der Deportation in ein KZ zu schützen. Und dass auch sie selbst im Sommer 1944 zwei SA-Männern nur durch eine Flucht durch die verbundenen Luftschutzkeller knapp entkommen kann, das ahnt sie in 1934 ebenfalls noch nicht.

Aber sie ahnt seinerzeit schon: Sie steht an einem Abgrund. Hätte man ihr damals prophezeit, dass sie nach 1945 die erste Frau unter den bedeutenden deutschen Strafverteidigern sein und dass sie u.a. im Gerichtsgebäude am Appellhofplatz berufliche Höhepunkte erleben werde - sie hätte das wohl als bittere Ironie aufgefasst.

In einen Abgrund ist zu diesem Zeitpunkt in 1934 die ehemals demokratische, politisch neutrale und objektive Justiz der Weimarer Republik schon hineingestürzt. Überall in Deutschland - und Köln macht da keine Ausnahme - haben die Nationalsozialisten die Gerichte, Staatsanwaltschaften und Anwaltsvereinigungen fest in den Griff der „Bewegung" genommen. Dabei war die Kölner Justiz ursprünglich keine Hochburg der Nationalsozialisten. Das hatte zwei Gründe: Zum einen hatte Preußen für seine Beamten und Richter im Deutschen Reich bis Mitte 1932 die Mitgliedschaft in der NSDAP verboten. Zum anderen neigten im überwiegend katholischen Köln die Richter und Beamten ohnehin eher zur christlichen Zentrum-Partei.

Ein Triumph der NSDAP – ausgerechnet im Schwurgerichtssaal des Appellhofs!

Das ändert sich Ende April 1933 innerhalb weniger Stunden im Schwurgerichtssaal des Appellhofs. Hierhin hat der Rechtsanwalt Josef Krämer, später Gau-Juristenführer, zu einer Versammlung aller Kölner Richter und Staatsanwälte eingeladen. Krämer hält eine flammende Rede für die „Bewegung" und für den Eintritt in die NSDAP. Tenor: „Wer nicht für uns ist, der ist gegen uns oder allenfalls gleichgültig. In beiden Fällen ist er für den Justizdienst in der nationalsozialistischen Gesellschaft ungeeignet!" Nur zwei Richter halten dagegen und raten den Kollegen dringend ab. Vergebens. Als am Ende der Versammlung Beitrittsformulare ausgegeben werden, treten zwei Drittel der anwesenden Juristen spontan in die NSDAP ein.

Warum wohl? Politische Überzeugung? Karrieredenken? Anpassungszwang durch Gruppendruck? Existenzsorgen? Die Motive sind sicher vielfältig. Der Absturz in den Unrechtsstaat, auch in Köln, legt jedenfalls mit dieser personellen Unterstützung aus dem Appellhof an Tempo zu. Das geht schon in den nächsten Monaten u.a. so:

Der Hitler-Gruß zu Beginn und zum Ende der mündlichen Verhandlungen wird für alle Richter Pflicht. Die Beteiligung von ehrenamtlichen Richtern an der Rechtsprechung wird abgeschafft. In den Sitzungssälen hängt das Bild des „Führers". Auch das Hakenkreuz auf den Richterroben zeigt deutlich, in wessen Namen ab sofort „Recht" gesprochen wird. Sondergerichte werden – u.a. am Landgericht Köln im Appellhof – eingerichtet, um in Hochverrats- und „Heimtücke"-Prozessen politische Gegner der Nazis durch drakonische Strafen einzuschüchtern oder auszuschalten. Bei diesen Sondergerichtsverfahren gibt es zum Nachteil der Angeklagten keine Fristen, keine Beweisregeln, keine Rechtsmittel.

Doch das ist erst der Anfang eines Niedergangs der Rechtspflege, den man sich noch kurz zuvor kaum hätte vorstellen können!

Terror in Trümmern

Im Appellhof wird statt Recht immer mehr Unrecht gesprochen - bis die Bomber kommen.

Haben Sie schon einmal einen Geist kotzen sehen? Ganz sicher nicht. Ohne Körper ist das auch unmöglich. Mit einem Magen hätte ich mich damals aber jeden Tag übergeben! Ach ja: Vorgestellt hatte ich mich Ihnen ja bereits. Sie wissen also, mein Name ist Franz. In den 1930-er Jahren war ich schon seit über 100 Jahren der gute Geist des Appellhofs. Nie zuvor in all dieser Zeit hätte ich mir vorstellen können, dass mein Gericht ab 1933 so tief sinken und ich mich dafür unendlich schämen würde.

Anfangs, nach der „Machtergreifung" Hitlers, war ich über die Vorsitzenden der neu eingerichteten politischen Sondergerichte, wie Dr. Loevenich und von Vacano, noch ehrlich empört. Die urteilten doch tatsächlich nach den neuen, schändlichen Nazi-Gesetzen! Da wusste ich es noch nicht zu schätzen, dass diese gestandenen älteren Richter im Rahmen ihrer Möglichkeiten noch milde urteilten, hin und wieder sogar sogenannte „Volksfeinde" freisprachen.

Das änderte sich bald. Von Vacano ging an das Landgericht Bochum, nachdem viele seiner Urteile vom Reichsjustizministerium als *„unvertretbar milde"* beanstandet worden waren. Dr. Loevenich ließ sich nach einem heftigen Kompetenzstreit mit der Gestapo an eine Zivilkammer des Landgerichts versetzen. Die Nachfolger waren schlimmer und die Rechtsprechung wurde spätestens ab dem Ausbruch des Krieges in 1939 teilweise einfach unmenschlich.

Jetzt mussten die Strafrichter nach neuen Gesetzen *„Volksschädlinge"* drakonisch bestrafen, die im Krieg knappe

Waren unter der Hand verschoben, Lebensmittelkarten fälschten oder nach Bombenangriffen der Aliierten die Trümmerhäuser plünderten. Und es gab nun auch „*Rundfunkverbrecher*". So wurden die skeptischen Volksgenossen bezeichnet, die ihr Radio, den sogenannten Volksempfänger (oft auch als „Goebbels-Schnauze" bezeichnet), dazu nutzten, um sich bei „*Feindsendern*" zu informieren. Da erfuhr man dann, dass die vom *Völkischen Beobachter* beiläufig erwähnte „Frontbegradigung" im Osten tatsächlich ein Frontzusammenbruch mit erneutem Rückzug der deutschen Truppen war. Aber wehe, wenn ein SA-Trupp in die Wohnung eindrang, das Radio einschaltete und als Sender war Radio London (im Kölner Sprachgebrauch: „Radio Nippes") eingestellt. Dann drohten nach den neuen Gesetzen härteste Strafen, zumindest Zuchthaus, wenn nicht sogar die Todesstrafe.

Fanatische Richter, …

Viele Richter des Sondergerichts im Appellhof verhängten diese Terrorstrafen in voller Überzeugung von der nationalsozialistischen Ideologie. So zum Beispiel der Nachfolger von Dr. Loevenich als Vorsitzender des Kölner Sondergerichts I, der Landgerichtsdirektor Eich.

Eich hatte das Selbstverständnis, dass die Sondergerichte die „*Standgerichte der Heimat*" seien. Man konnte tatsächlich den Eindruck gewinnen, er exekutiere die Angeklagten auch standrechtlich quasi per Urteil: Ein jüdischer Barmixer hatte seine Rasse verschwiegen und u.a. mit „arischen" Prostituierten geschlafen: Das war fortgesetzte „*Rassenschande*" – Todesurteil! Ein Schlosser hatte nach einem Bombenangriff aus einem brennenden Geschäft ein Paar Schuhe zum eigenen Nutzen vor der Vernichtung gerettet: Das war Plünderung – Todesurteil! Bis zum Ende des Krieges fällten die Richter der Kölner

Sondergerichte über 120 Todesurteile, teilweise völlig willkürlich, aus nichtigem Anlass.

Verstehen Sie jetzt, warum mich mein Appellhof, auf den ich früher so stolz gewesen war, in dieser Zeit geradezu anwiderte?

Mein „ganz spezieller Freund", ironisch formuliert, war jedoch der Hausherr des Appellhofs: der Präsident des Landgerichts Walter Müller. 1933 noch Richter am Amtsgericht Köln, wurde er trotz mangelnder Qualifikation in das hohe Amt des Landgerichtspräsidenten berufen. Aufgrund seiner fanatischen nationalsozialistischen Grundeinstellung schien er der NSDAP der richtige Mann für die Führung des Gerichts zu sein. Geradezu entlarvend war die Beurteilung, die er 1943 von seinem Vorgesetzten, dem Präsidenten des Oberlandesgerichts Köln, erhielt. Auszug:

> *„Müller, der in richterlicher Tätigkeit nur als eine Durchschnittskraft bewertet wurde, nimmt sich der Verwaltungssachen, und zwar besonders der Personalpolitik, die er in enger Zusammenarbeit mit den Parteistellen führt, mit vorbildlichem Eifer an. Sein Temperament und sein starres Festhalten an einer einmal gefaßten Meinung lassen ihn dabei nicht immer Mißgriffe vermeiden. ... Er ist der Partei rückhaltlos ergeben und zu jedem Einsatz für die Ziele der Bewegung bereit."*

Diese Ziele der Nazi-Bewegung wurden, besonders in der späteren Kriegszeit, mit immer radikaleren, immer unmenschlicheren Gesetzen und Verordnungen verfolgt. Entsprechend hart sollten die Strafen bei Verstößen sein. Für den Präsidenten Müller war es deshalb schwer erträglich, wenn ein Angeklagter vom Sondergericht mit Augenmaß zu einer - selbst nach der Nazigesetzgebung - angemessenen Haftstrafe verurteilt oder sogar freigesprochen wurde. Denn in diesen

Fällen rügte das Justizministerium die *„unvertretbare Milde"* des Kölner Gerichts.

Um solche Rügen zu vermeiden, suchte Müller in Vier-Augen-Gesprächen mit den betreffenden Kollegen oder auch in Richter-Dienstbesprechungen die Abweichler von den Nazi-Vorgaben auf den „rechten Weg" zurückzuführen. Die richterliche Unabhängigkeit spielte dabei keine Rolle mehr. Es gehe ihm, erläuterte er dann, um die *„Aufrechterhaltung der inneren Front".* Oft gab er auch praktische Hinweise zum Strafmaß. So in einem Fall, in dem ein weiblicher *„Volksschädling"* angeklagt war. Der strafrechtliche Vorwurf: Die Frau hatte einem Kriegsgefangenen ein Butterbrot gegeben! Müllers Urteilsempfehlung für solche Fälle lautete: *„Ein Butterbrot – ein Jahr Gefängnis, ein Kuss – zwei Jahre Gefängnis, Geschlechtsverkehr – Kopf ab!"*

… aber auch bedrängte Richter mit Rückgrat

Ich erinnere mich noch gut an eine besonders hässliche Szene, als das Sondergericht im Schwurgerichtssaal gegen 12 Angeklagte wegen Kriegswirtschaftsverbrechen verhandelte. Diese hatten größere Posten Textilien, u.a. Strümpfe, verschoben. Müller nahm an der mündlichen Verhandlung als Zuhörer teil. In einer Verhandlungspause trat er dann völlig hemmungslos an den Richtertisch und forderte von seinen Kollegen pauschal, mindestens drei Todesurteile zu fällen: *„Ich hoffe doch, dass bei dieser Sache mindestens ¼ Dutzend Rüben herunter gehen!"* Einer der drei Richter belehrte daraufhin seinen Präsidenten, dass das Gericht nach Recht und Gesetz entscheide, was bei Müller aber nur den Fanatismus steigerte: *„Die Rübe muss runter, die Rübe muss runter, der Gauleiter erwartet es!"* Es ehrt einen anderen der beteiligten Richter, dass der kühl erwiderte: „*Herr Präsident, es handelt sich hier nicht um Rüben, sondern um Menschen.*"

Der Vorfall hatte zwei Konsequenzen: Der Präsident, bis dahin im Gericht als der „Hurra-Müller" verspottet, wurde jetzt makaber „Rüben-Müller" genannt. U.a. wegen dieses Auftritts als Einpeitscher wurde er nach dem Krieg wegen Anstiftung zur Rechtsbeugung angeklagt. Nach mehreren Prozessen durch die Instanzen wurde er jedoch 1953 vom Landgericht Bonn letztlich freigesprochen – wegen „*notorisch geringer fachlicher Qualifikation und politischer Verblendung*". Man mag das heute kaum glauben.

Traurig, aber der Bombenkrieg gegen die Zivilbevölkerung bringt die Wende.

Ab 1942 kamen die Bomberverbände der Aliierten, die Köln heimsuchten. Erst nur selten, dann in immer kürzeren Abständen jeweils nachts, schließlich auch tagsüber. Mit ihrer tödlichen Fracht löschten sie tausende von Menschenleben aus. Sie legten ganze Stadtviertel in Schutt und Asche. Sie entvölkerten nach und nach bis zum Kriegsende die Stadt Köln. Aber sie stoppten den Terror der Nazi-Justiz. So grauenhaft es auch war: Der furchtbare Bombenkrieg gegen die Zivilbevölkerung setzte den Schlussstrich unter das schlimmste Kapitel in der Geschichte des Appellhofs.

Hitler schien frühzeitig vorgesorgt zu haben: Geht man heute im Appellhof vom Erdgeschoss den Treppenabgang des Westflügels zum Keller hinunter, so liest man über einer Zwischentür: „*Erbaut im März 1936*". Gemeint sind damit die immer noch zu sehenden Luftschutz-Einrichtungen des Gerichtsgebäudes: Mit Stahlträgern verstärkte Kellerdecken, eiserne Vorsatztüren und gelochte Stahlplatten als Kellerfenster, sogar eine Luftfilter-Pumpe findet man in einem heutigen

Archivkeller hinter hohen Regalen mit Alt-Akten des Verwaltungsgerichts.

All das half letztlich nichts. Wenn die englischen Bomber ihre Sprengbomben, Luftminen und Phosphorkanister über der Kölner Innenstadt abwarfen, bekam der Appellhof schon aufgrund seiner Nähe zum Hauptbahnhof und der Hohenzollernbrücke fast automatisch seinen vernichtenden Teil ab. Anfangs reichte der Arbeitseinsatz von Kriegsgefangenen und KZ-Häftlingen (Außenstelle Buchenwald in Köln), um die Schäden notdürftig zu reparieren und so den Gerichtsbetrieb aufrecht zu erhalten.

Aber nach dem sogenannten „Peter und Paul-Angriff" auf Köln (am Namenstag dieser Heiligen, also am 29. Juni 1943) mit 4.000 Toten und 230.000 Obdachlosen musste auch der stark zerstörte Appellhof erstmals vorläufig geräumt werden. Mehrfach wechselten, von Angriff zu Angriff, Gerichtseinrichtungen zwischen dem Appellhof und dem Gerichtsgebäude Reichenspergerplatz hin und her. Gerichtspräsident Walter Müller versuchte sich noch in Durchhalteparolen: *„Häuser vergehen, das Reich bleibt bestehen!"* Jedoch am 1. Dezember 1944 berichtete der Kölner Oberlandesgerichtspräsident dem Reichsminister der Justiz, dass das Gerichtsgebäude Appellhofplatz total zerstört sei.

Doch es wurden ja nicht nur die Gerichtsgebäude zerstört. Es verbrannten auch Gerichtsakten, Ermittlungsakten der Staatsanwaltschaft, Verhörprotokolle der Polizei. Richter und anderes Justizpersonal wurde zum Wehrdienst eingezogen. Die für den Gerichtsbetrieb notwendige Infrastruktur der Stadt verfiel: Ohne Postzustellung, ohne Telefonnetz war die Ladung von Angeklagten, Prozessbevollmächtigten und Zeugen nicht mehr möglich. Wenn es denn überhaupt in der Kölner Trümmerlandschaft noch Wohnanschriften gab. Und selbst bei geglückter Ladung: Wie sollte man zum Gericht kommen, wenn der Nahverkehr zusammengebrochen war? Ab Herbst 1944 fuhren weder Straßenbahnen noch gab es eine Zugverbindung ins Rechtsrheinische. Zudem wurden Teile der Kölner Gerichte ausgelagert, zum Beispiel nach Königswinter, Eitorf, Siegburg – irgendwohin, wo es noch ein halbwegs unbeschädigtes Amtsgerichtsgebäude gab und wo nicht so viele Bomben fielen. Von Westen rückte die Front auf Köln zu.

Je aussichtsloser die Kriegssituation für die Nationalsozialisten wurde, desto intensiver wütete deren Mordmaschinerie. Für eine Hinrichtung brauchte man am Schluss in Köln nicht mehr das Feigenblatt eines zweifelhaften Gerichtsurteils. Gleich neben dem Appellhof, in der Gestapo-Zentrale ELDE-Haus, wurden vermeintliche Straftäter, Kriegsgefangene, KZ-Häftlinge oder auch nur des Widerstands verdächtige Personen ohne Urteil gehenkt oder erschossen.

Die „Stunde Null" der Kölner Justiz

Der verbrecherische Wahnsinn dauerte noch bis zum 6. März 1945. Dann hingen weiße Bettlaken aus fensterlosen Ruinen und signalisierten den in die Innenstadt vorstoßenden amerikanischen Panzern, dass der braune Mob die Herrschaft über Köln verloren hatte.

Ich sah völlig erschöpfte, mutlose Überlebende des Infernos aus Bunkern und Kellern kriechen. Die ehemals stolze Rheinmetropole lag in jeder Beziehung total am Boden. Justiz? Wer braucht Justiz, wenn man nichts zu essen hat?

Dennoch. Drei Ereignisse ließen mich bald auf eine neue, wieder gerechte Justiz in meinem alten Appellhof hoffen:

Am 1. April 1945 erhielt eine „Halbjüdin", die den Naziterror im Untergrund überlebt hatte, in ihrer Küche Besuch von einem amerikanischen Offizier. Frau Dr. jur. Elsbeth von Ameln und ihr Ehemann Hermann, beide überlebende und vor allem politisch unbelastete Juristen, wurden als Rechtsanwälte beim Amerikanischen Militärgericht zugelassen.

Am 25. April 1945 wurde der erwähnte Walter Müller, der einmal Kölner Landgerichtspräsident gewesen war, verhaftet und in das britische Internierungslager Recklinghausen überstellt.

Und schließlich: Im Mai 1946 nahm eine erste Abteilung des Amtsgerichts in einigen provisorisch reparierten Räumen des Appellhofs wieder ihre Arbeit auf.

Ich begann erneut, wenn auch zögerlich, stolz auf mein Gericht zu sein.

Und täglich grüßt die Mörderin.

Ein Mord, englisches Recht und die späte Sühne im Nachkriegsdeutschland.

Ja, sie wünschen sich seinen Tod, etwa als tapferer Soldat auf dem Feld der Ehre. Dass der Ehemann vielleicht in seinem Kampfflugzeug der deutschen Luftwaffe abgeschossen oder einfach als Vermisster, wie so viele andere, nicht mehr heimkehren würde.

Solche unchristlichen Gedanken haben vor Kriegsende in Grefrath bei Köln die Metzgersfrau Änne H. und ihr Geliebter, der polnische Zwangsarbeiter Walter S. Der war der Metzgerei der Eheleute H. in 1942 als Geselle zugewiesen worden, als der Betriebsinhaber und Meister Josef H. zur Verteidigung des Deutschen Reiches als Soldat der Luftwaffe eingezogen wurde. Walter S. erweist sich nicht nur als vollwertiger Ersatz des Meisters in der Wurstküche, sondern ersetzt der 30-jährigen Meisterin den Ehemann auch im privaten Bereich. Da deren Ehe schon früher gekriselt hat, wünscht sich Änne H. nun in ihren Träumen einen Neuanfang an der Seite des deutlich jüngeren und attraktiven Walter S.

Die Heimkehr des ungeliebten Ehegatten endet mit einem Mord.

Es kommt anders. Im Frühsommer 1945 steht er draußen vor der Tür. Josef H. hat sich nach Kriegsende von Jugoslawien bis ins Rheinland durchgeschlagen. Die Begrüßung durch die Gattin fällt irritierend kühl aus, von Wiedersehensfreude keine Spur. Der Liebhaber Walter hat noch rechtzeitig das Schlafzimmer geräumt, wohnt aber jetzt in der Nähe und trifft sich mit Änne H. an verschwiegenen Orten. Der gehörnte Ehemann wird von seinen Geschwistern auf das ehebrecherische Verhältnis aufmerksam gemacht. Naiv oder gutmütig – Josef will es nicht wahrhaben: „Ach was, das kommt jetzt alles wieder in Ordnung!"

So scheint es auch, als der frühere Metzgergeselle Walter S. bald darauf an einem Sonntagabend mit mehreren Flaschen Schnaps bei Josef H. erscheint: „Meister, wir trinken jetzt auf meinen Abschied!" Er wolle auswandern, sagt er. Änne sorgt dafür, dass das Schnapsglas ihres Mannes stets gefüllt ist. Zu vorgerückter Stunde ist Josef H. so sturzbetrunken, dass er nur noch in sein Bett will. Der Nebenbuhler geleitet ihn ins Schlafzimmer. Dort erdrosselt Walter S. den Ehemann mit einem Kälberstrick, verschnürt das Opfer zu einem Bündel und entsorgt die Leiche in der Jauchegrube unter der Latrine im Hof.

Ehefrau Änne, in den Tatplan eingeweiht, sieht gefühlskalt zu. In den folgenden Tagen gibt sie phantasiereiche Antworten auf die Fragen von Angestellten und Verwandten, wo ihr Ehemann Josef denn sei. Die richtige Antwort findet ein Mieter aus dem Haus: Als er das „Plumpsklo" eine knappe Woche später nutzen will, ragt der Kopf der aufgetriebenen Leiche aus der Jauche heraus – eine Szene wie aus einem Horrorfilm!

Der Strafprozess nach englischem Recht

Die nächste filmreife Szene wird es Ende August 1945 vor dem Militärgericht der britischen Besatzungszone in Köln geben. Der Mörder von Josef H. muss ein Motiv haben, kräftig genug für die brutale Tat sowie für den Leichentransport und mit dem Opfer in seiner letzten bekannten Stunde zusammen gewesen sein. Alles das trifft auf Walter S. zu. Dagegen ist die Rolle von Änne H. in dem Mordfall zwar verdächtig, aber doch weniger klar. Also wird nur Walter S. des Mordes nach englischer

Strafgesetzgebung angeklagt. Ihm, wie auch etwaigen weiteren Mordbeteiligten, droht die Todesstrafe. Walter S. leugnet die Tat und die Beweislage ist sehr dünn.

Es gibt kein funktionstüchtiges Kölner Gerichtsgebäude mehr. Darum findet das Verfahren im Gebäude der Allianz-Versicherung am Kaiser-Karl-Ring statt. Da geschieht das im improvisierten Gerichtssaal, was Zeitzeugen wie eine Filmszene schildern: *„Die Saaltür öffnet sich und die beiden dort postierten Rotmützen schieben eine blasse, blonde Frau mit zwei Grübchen auf den Wangen in den Saal: Änne H. Mit leiser Stimme hält sie ihrem hartnäckig leugnenden Geliebten alle Einzelheiten der Mordtat vor, soweit sie sie beobachtet hat."*

Änne H. ist die Kronzeugin der Anklage geworden. Und das bedeutet nach englischem Recht, dem „Evidence Act" von 1898, dass sie als Belohnung für ihre Mitwirkung bei der Aufklärung des Verbrechens selbst dann nicht bestraft werden kann, wenn sie an diesem Verbrechen als Mittäterin beteiligt ist. Sie verlässt den Gerichtssaal unter „Pfui!"-Rufen von Zuschauern, aber in dem sicheren Bewusstsein, für ihre Tat nicht zur Verantwortung gezogen werden zu können. Dagegen wird der durch ihre Aussage überführte Geliebte Walter S. kurz darauf für den Mord zum Tode verurteilt.

Keiner der beiden Täter büßt für den Mord – die Familie des Opfers verzweifelt an der Justiz.

Dann kommen noch zwei weitere Ereignisse hinzu, die die Öffentlichkeit weit über Grefrath hinaus empören. Der verurteilte Mörder Walter S., er ist ein in England geborener Sohn polnischer Auswanderer, jobbt nach dem Ende der Tätigkeit als Metzgergeselle mit seinen guten englischen Sprachkenntnissen bei den britischen Besatzern als Dolmetscher.

Die ihm dafür überlassene „Dolmetscher-Uniform" der Briten ist ihm irgendwie in die Todeszelle des „Klingelpütz"-Gefängnisses geschmuggelt worden. Jedenfalls marschiert der uniformierte Walter S., vermutlich mit einem freundlichen „Bye, bye!", einen Tag vor Vollstreckung des Todesurteils aus der Zelle an den englischen Wachen vorbei. Er wird nie wieder gesehen.

Die Kronzeugin Änne H. dagegen tritt selbstbewusst das Erbe ihres ermordeten Gatten Josef an. Denn der hat vor der Einberufung zum Wehrdienst ein Testament zugunsten seiner geliebten Änne errichtet. Sie übernimmt die Metzgerei, pikanterweise wieder mit einem osteuropäischen Gesellen. Dort verkauft sie – die Kundschaft freundlich grüßend – ihre Würste und andere Fleischwaren, als wäre nichts geschehen: „Darf es von der Leberwurst etwas mehr sein?"

Josefs Geschwister versuchen das Testament mit einer sogenannten „Erbunwürdigkeitsklage" anzufechten: Eine „Verbrecherin" dürfe doch nicht ihr Opfer beerben! Vergebens. Änne ist für die Justiz der britischen Zone eine Zeugin, keine Verbrecherin.

Die Wende kommt 1953. Bis dahin haben die Geschwister des Mordopfers Josef nicht nur die Öffentlichkeit auf den skandalösen Zustand aufmerksam gemacht. So berichtet *Der Spiegel* ausführlich über den Fall. Bruder Heinrich H. bombardiert zudem regelmäßig die englische Justizverwaltung mit Eingaben und Anträgen, wohlwollend unterstützt durch die deutsche Staatsanwaltschaft. Dann endlich geben die Briten ihre bis dahin geltend gemachten Rechtsvorbehalte als Besatzungsmacht für diesen Fall – und nur für diesen Fall! - auf.

Änne kommt in Untersuchungshaft, im Oktober 1954 wird gegen sie vor dem Kölner Schwurgericht im Appellhof die Verhandlung wegen Mordes in Mittäterschaft eröffnet.

Das Kölner Schwurgericht soll endlich für Gerechtigkeit sorgen.

Das Publikumsinteresse an dem Prozess ist enorm: Der Gerichtsreporter des *Kölner Stadt-Anzeiger* zählt am ersten Sitzungstag im Zuschauerraum des Schwurgerichtssaals schon rund 120 Personen. Am Tag der Urteilsverkündung müssen Justizwachtmeister Trauben von Menschen abwehren, die noch in den bereits voll besetzten Saal drängen wollen.

Obwohl seit der Tat über neun Jahre vergangen sind, kann die 10. Große Strafkammer mit ihrem Vorsitzenden Quirini noch klare und für die Angeklagte sehr belastende Zeugenaussagen gewinnen. Familienangehörige, Nachbarn und (inzwischen pensionierte) Polizeibeamte beschreiben ein Verhalten der Ehefrau vor und nach dem Mord, das nur den Rückschluss auf eine gemeinsame Tat mit Walter S. zulässt. Warum hat sie ihren Mann nicht gewarnt, wenn sie von den Mordabsichten ihres Geliebten wusste? Warum hat sie das Besäufnis als Vorbereitung der Tat nicht unterbunden, sondern dem Mörder als Gast die Tür geöffnet? Warum hat sie durch falsche Angaben zum Verschwinden des Ehemannes die Tat zu vertuschen versucht? Der Verteidigung fällt es zusehends schwer, Änne H. als unbeteiligte, hilflose Zuschauerin der Mordtat darzustellen.

Die Angeklagte selbst schweigt. Der Gerichtsvorsitzende Quirini spricht sie direkt an: „*Frau H., ich vermisse von Ihnen ein Wort. Sie wissen, was ich meine. Ich vermisse auch nur ein einziges Wort des Bedauerns zu dem, was geschehen ist!*" Änne H. schweigt weiter.

Sie hofft vielleicht auf die weitere Prozessstrategie ihrer Verteidigerin Dr. Elsbeth von Ameln. Die argumentiert, dass der Prozess gegen Änne H. aus formellen Gründen gar nicht stattfinden dürfe. Denn die britische Besatzungsjustiz habe ja 1945 die Anklage gegen ihre Mandantin fallengelassen. Eine erneute Anklage sei verfassungsrechtlich unzulässig. Das Schwurgericht lässt zunächst nicht erkennen, ob es durch diese Argumentation beeindruckt ist.

Nach neun Jahren: „Schuldig!"

Dann das Urteil: Lebenslänglich Zuchthaus wegen Mordes! Die Strafkammer hat keine Zweifel daran, dass Änne H. zusammen mit ihrem mörderischen Geliebten eine Mittäterin ist. Quirini: *„In der Tatnacht wirkten im Haus zwei Täter zusammen, die mit einem einheitlichen Willen zu diesem Mord handelten!"* Das zeigten die Zeugenaussagen. Auch sei das verhandelte Strafverfahren prozessrechtlich und verfassungsrechtlich korrekt durchgeführt worden. Denn die britische Strafjustiz habe Änne H. damals zu keinem Zeitpunkt formal unter Anklage gestellt, also auch keine Anklage „fallengelassen", wie die Verteidigung meine. Deshalb sei hier eine erstmalige Anklage verhandelt worden.

Der Vorsitzende schließt nach der Urteilsverkündung die mündliche Verhandlung, da findet die Angeklagte plötzlich ihre Sprache wieder. Energisch ruft sie ihren Richtern zu, diese hätten gerade ihr Gewissen belastet, denn: „Ich bin unschuldig!" Das Gericht muss nichts erwidern. Gelächter und Zwischenrufe aus dem Zuschauerraum geben ihr auch eine Antwort.

Noch jemand hadert mit dem Urteil: Die Rechtsanwältin Dr. Elsbeth von Ameln, die den Fall auch nach Jahrzehnten nicht vergessen kann. In ihren Lebenserinnerungen von 1985 greift sie die Argumentation des Gerichts mit einer vertieften Überlegung an: Wenn die britische Justizbehörde ihre Vorbehalte als Besatzungsmacht hätte aufheben wollen, dann hätte sie das generell und nicht nur für den Einzelfall Änne H. tun müssen. Sonst sei dies ein Verstoß gegen den Gleichheitsgrundsatz und das Urteil rechtswidrig.

Ja, Recht und Gerechtigkeit zur Deckung zu bringen, das kann schon schwierig sein. Besonders in Nachkriegszeiten mit verschiedenen Rechtsordnungen.

Der Gerichtspräsident fringst die „schwarzen Tanten".

Im eiskalten Winter 1947/48 droht die Rechtsprechung im Appellhof zu erfrieren. Da hat der Chef des Gerichts eine nicht ganz rechtmäßige Idee ...

Hunger und Durst sind schlimm. Aber Kälte auch. Die ersten Winter nach dem Kriegsende sind nicht nur in Köln bitterkalt. Und Heizmaterial gibt es nicht. Oder doch? Jedenfalls in den Kohle-Waggons der Güterzüge, die durch Köln rattern, wird das „schwarze Gold" aus den Kohleabbau-Gebieten täglich in riesigen Mengen abtransportiert.

Josef Kardinal Frings, volksnaher katholischer Oberhirte in Köln, kennt seine Schäfchen. Auch die vom Kohlenstaub schwarzen Schäfchen. Die warten am Bahndamm. Dort, wo marode Schienen oder Haltesignale die Güterzüge abbremsen. Dann klettern auch „gut katholische" Kölner auf die offenen Waggons und werfen in wilder Hast so viele „Klütten" (Briketts) neben dem Bahndamm hinunter, wie die kurze Zeit es erlaubt. Unten stehen Familienangehörige und Freunde. Die raffen das Brennmaterial zusammen und verladen es in Schubkarren, Boller- und Kinderwagen. Geschafft! Die geklauten Briketts reichen für die nächsten Tage zum Kochen, damit auch zum Beheizen der Küche.

Grund genug für Kardinal Frings, um am Silvester-Abend 1946 in St. Engelbert über das 7. Gebot zu predigen. Natürlich, daran lässt der Gottesmann auch in diesen Notzeiten keinen Zweifel: *„Du sollst nicht stehlen!"* Aber, ganz große Ausnahme: Wenn es wirklich, also tatsächlich gar nicht anders geht, dann

„wird auch der einzelne das wird nehmen dürfen, was er zur Erhaltung seines Lebens und seiner Gesundheit notwendig hat, …".

„Endlich, Gott sei Dank", freuen sich da nicht wenige Kölner Bürger. „Endlich haben wir einen kirchlichen Freibrief zum Klütten-Klau für den Eigenbedarf!" Klauen heißt dann auch nicht mehr so, sondern es heißt ab sofort „fringsen" – mit stimmhaftem „s".

Im Appellhof ist es eisigkalt.

Hat er darüber nachgedacht? Hat der Präsident des Kölner Landgerichts den vermeintlichen Freibrief des Kardinals für sein Gericht in Anspruch genommen? Man weiß es nicht. Soviel ist dennoch sicher: Er macht sich im Winter 1947/48 Gedanken über sein Gericht und sein Personal, das jeden Tag weniger zum Dienst erscheint.

Selbst die Zähesten, die bisher noch jeden Tag ein paar Stunden im Mantel gearbeitet haben, melden sich irgendwann krank: Erkältung, Bronchitis, Lungenentzündung. Wen wundert das, bei Temperaturen knapp über Null in den ungeheizten Diensträumen? Die Heizung in dem gerade provisorisch instand gesetzten Appellhof steht still. Es gibt für Köln keine Kohle mehr, auch nicht für das Gerichtsgebäude am Appellhofplatz. „Sorry!" Die britische Besatzung, die über die Zuteilung in Kontingenten wacht, ist da sehr hartleibig.

„Wo kriege ich jetzt noch Brennmaterial her?" Der Präsident denkt intensiv nach. Dann hat er eine vielversprechende Idee.

Dr. Josef Schmitz ist ein politisch unbelasteter Jurist, Russlandheimkehrer und seit Dezember 1946 der Direktor des Amtsgerichts Bergheim. Gerade hat er im Dezember 1947 einen

Feldfernsprecher angeschlossen bekommen, da klingelt das Telefon auch schon. Am anderen Ende der Leitung meldet sich der Präsident des Landgerichts Köln. Der kündigt seinen Besuch für den kommenden Tag in einer „wichtigen Angelegenheit" an. Mehr will er noch nicht verraten.

Die jetzt folgende Schilderung ist den Lebenserinnerungen von Dr. Josef Schmitz nachempfunden. Der wollte den Namen seines hilfesuchenden Justizkollegen aus Köln schon damals nicht nennen. Das wollen wir dann auch heute noch respektieren und nur anonym von dem „Präsidenten des Landgerichts Köln" reden. Es geht immerhin – Kardinal Frings hin oder her – doch um jedenfalls damals strafbare Handlungen.

Am nächsten Morgen ist der ungewöhnliche Besucher aus Köln pünktlich im Dienstzimmer des Amtsgerichtsdirektors und kommt gleich zur Sache. „Schön mollig warm haben Sie es hier. Aber deshalb komme ich ja auch. Herr Kollege, können Sie mir für den Appellhof Briketts besorgen? Sie sitzen doch hier an der Quelle, mitten im Braunkohlegebiet!" –„Ich bedauere, Herr Präsident, aber leider … " – „Ach bitte, Herr Dr. Schmitz! Versetzen Sie sich mal in meine Lage. Wenn die personellen Ausfälle bei mir im Landgericht so weitergehen, werde ich sogar Strafkammern schließen müssen. Das ist verheerend! Gerade jetzt, beim Wiederaufbau der Kölner Justiz!"

Dr. Schmitz denkt kurz nach. Er hat die Briketts für sein Gericht ja auch, sagen wir mal, kostenlos „unter der Hand" bekommen. Er müsste für den Appellhof noch einmal auf die Betteltour bei den „Brikett-Zaren" gehen, bei den Direktoren und Geschäftsführern der diversen Braunkohle-Gruben in Horrem und Umgebung.

„Also gut, Herr Präsident, ich werde das versuchen. Aber wir wissen ja beide, dass diese ganze Aktion alles andere als legal ist, nicht wahr?" – „Sicher, aber es liegt ja ein Notfall vor. Dafür wird doch jeder Verständnis haben!" – „Unsere britische Besatzung bestimmt nicht!"

Die erneute Betteltour wird ein voller Erfolg. Der Neuaufbau einer demokratischen Strafjustiz und damit die Verurteilung von Verbrechern im Appellhof - das darf doch nicht an ein paar Tonnen Briketts scheitern, meinen die „Gruben-Fürsten". In einem Telefonat mit dem Kölner Gerichtspräsidenten gibt Dr. Schmitz verschwörerisch den Code für den gelungenen Coup durch: „Herr Präsident, die <schwarzen Tanten> stehen bereit! Wir sollten uns morgen bei mir treffen, um das Weitere zu besprechen!"

Wie sollen denn die „schwarzen Tanten" in den Appellhof kommen?

Am Anfang der Besprechung ist die Euphorie des Besuchers riesig: „So viele Tonnen Briketts haben Sie bekommen? Danke! Wie kann ich Ihnen nur danken?" Der Landgerichtspräsident ist überglücklich. Dann kommt die Ernüchterung. Eher ist es eine Depression.

„Den Transport zum Appellhof müssen Sie schon selbst organisieren", klärt der Amtsgerichtdirektor seinen Kölner Kollegen auf. „Und ich sage Ihnen gleich: Ohne ein legalisierendes Dokument, den sogenannten Landabsatzschein, wird schon ihr erster Lastwagen mit der Kohle an der Militärring-Straße in Köln gestoppt werden. Das ist auch nur der Anfang der Schwierigkeiten, die dann auf uns beide zukommen. Also, lassen Sie sich etwas einfallen!" – „Ach, wie soll das denn gehen? Traurig! So kurz vor dem Ziel gescheitert!" Der Kölner Landgerichtspräsident ist am Boden zerstört.

Wer den Russlandfeldzug überlebt hat und im Winter 1947 in einem warmen Gerichtsgebäude sitzt, der muss wohl organisatorische Fähigkeiten der besonderen Art haben. Dr. Schmitz hat vielleicht deshalb einen ungewöhnlichen Einfall. „Herr Präsident, Sie haben doch sicher ein paar <Grüne Minnas> zur Verfügung?" - „Ja, ich glaube fünf. Warum fragen Sie?"

Der Gedanke ist bestechend. Die „Grünen Minnas" – so nennt man im Kölner Raum die Gefangenentransporter der Justiz – haben in ihrem hinteren Kastenaufbau mit Zellencharakter ein großes Transportvolumen. Von ihrem äußeren Erscheinungsbild sehen sie keinesfalls nach einem Brikett-Lastwagen aus. Schon gar nicht, wenn man als Fahrer und Beifahrer zwei uniformierte Justizbeamte in das Führerhaus setzt. Dann winkt doch jeder britische Militärpolizist das Fahrzeug am Kontrollpunkt lässig durch!

„Aber wird es denn nicht auffallen, wenn plötzlich so viele <Minnas> in kurzer Zeit von Westen in die Stadt fahren?" - „Herr Präsident, vielleicht nicht alle, aber sehr viele Wege führen nach Köln. Lassen Sie die <Minnas> doch einfach nach ein paar Umwegen aus verschiedenen Himmelsrichtungen zum Appellhof fahren!"

So steuern dann in einer tagelangen Staffel grüne Gefangenentransporter in den Innenhof des Appellhofs. Vor neugierigen Blicken Außenstehender abgeschirmt, setzen sie rückwärts bis an die Kellerwand. Dann steigen aber keine Gefangenen aus, sondern es rumpeln insgesamt tonnenweise

Briketts über eine Rampe in den Kohlenkeller des Gerichts. Danach wird es im Appellhof erstaunlich warm.

Ob Kardinal Frings das noch als sündenfreies „fringsen" hätte durchgehen lassen? Aber ja doch! Und wenn nicht, dann wird der Herr Gerichtspräsident als guter Katholik seine Verfehlung sicher gebeichtet haben und danach war alles wieder gut. So ist das auch heute noch im „hillije Kölle".

Das liebe Irmchen - der Todesengel, der dem Tod entkam

Das Grundgesetz schafft die Todesstrafe ab - im Appellhof hat die letzte Todeskandidatin unverdientes Glück.

Eine Kerze brennt an diesem grauen Oktobermorgen des Jahres 1988 auf dem Frühstückstisch vor einem leeren Sitzplatz im Speisesaal. Die Leiterin des Seniorenheims bei Aachen erklärt ihren Heimbewohnern die Szene eher routiniert als emotional bewegt: „Ich bin unendlich traurig, denn unsere liebe Irmgard Moser ist in der letzten Nacht von uns gegangen. Gott wird ihre Seele mit Wohlgefallen aufnehmen."

Jetzt wollen wir nicht von frommen Lügen sprechen. Aber in den letzten zwei Sätzen stecken doch ein paar Unwahrheiten. Die kurz zuvor mit 76 Jahren an Herzversagen gestorbene Dame hieß nicht Irmgard Moser, sondern Irmgard Swinka. Das wusste allerdings nur die Heimleiterin. Und die war vielleicht nicht besonders traurig. Ganz bestimmt jedoch war das „Irmchen", wie sie von vielen Mitbewohnern genannt wurde, keine „liebe" Irmgard. Sie war vielmehr eine völlig gefühlskalte Serienmörderin, die mehr als die Hälfte ihres Lebens in Gefängnissen verbracht hatte. Und ob ihre Seele im Himmel mit Wohlgefallen aufgenommen werden würde? Na ja. Fakt ist aber ohne Zweifel, dass die Giftmörderin Swinka im Appellhof unfreiwillig ein kurzes Kapitel Rechtsgeschichte geschrieben hat.

Der Vater ein prügelnder Alkoholiker. Die Tochter Irmgard eine schlechte Schülerin. Nach der Schule keinerlei Berufsausbildung. Zwei gescheiterte Ehen. Den Kontakt zu den Geschwistern abgebrochen. Mehrere auch längere Gefängnisstrafen wegen Diebstählen, Betrügereien,

Unterschlagungen. Der dritte Ehemann bei der Hochzeit noch anderweitig verheiratet und jetzt wegen Bigamie gesucht. Das Paar taucht unter. Keine Arbeit. Leere Geschäfte, in denen es für die fast wertlose Reichsmark nichts zu kaufen gibt. Das ist im Jahr 1947 die Lebenssituation der 1912 in Berlin geborenen Irmgard Swinka im bitterarmen Nachkriegs-Deutschland.

Und dennoch lebt die junge Frau mit ihrem Partner und einem weiteren Komplizen ihrer Taten für die damaligen Verhältnisse sehr gut. Denn auf dem Schwarzmarkt kann das Trio alles eintauschen, was man für den Lebensbedarf braucht. Sogar „echten Bohnenkaffee" und „*Chesterfield*"-Zigaretten. Für die damalige Zeit sind das fast schon Luxusgüter. Die einzutauschenden Waren (Lebensmittelkarten, Textilien und Glühbirnen, manchmal auch Schmuck oder Uhren) besorgt die Swinka nach dem immer gleichen, folgenden Muster.

Giftmorde in Serie an alten Damen für ein gutes Leben ohne Arbeit

Sie fährt mit dem Zug in eine größere Stadt und spricht alte, einsam erscheinende Damen an, manchmal auf einer Parkbank oder in einer Gaststätte. Vielleicht so:

„Liebe Frau, darf ich Ihnen etwas Gesellschaft leisten? Ich bin fremd in dieser Stadt und könnte Ihre Ratschläge gebrauchen." – „Gerne. Ich bin ohnehin sehr einsam. Hubert, mein Mann, ist letztes Jahr verstorben. Unser Sohn ist im Krieg gefallen. Kein Wunder, dass ich diese Schwächeanfälle erleide!"

„Schwächeanfälle? Die hatte ich auch. Dann hat mir mein Vater, er ist Apotheker, ein sehr gutes Stärkungsmittel gegeben. Seitdem geht es mir wieder besser. Die Medizin habe ich immer dabei. Vielleicht hilft die Ihnen auch!" – „Ach, Sie sind ja ein

Engel! Gehen Sie doch mit zu mir nach Hause. Bei einer Tasse Kaffee setzen wir dann unser nettes Gespräch fort und ich probiere die Medizin aus."

Die dann eingenommene „Medizin" besteht aber aus einer Mixtur von aufgelösten Noctal-Schlaftabletten und Morphium-Tropfen. Die Medikamente hat der „Engel" Swinka von einem früheren SS-Sanitäter erworben. Wenn das Opfer kurz darauf das Bewusstsein verloren hat, rafft die Täterin in der Wohnung alles zusammen, was sich auf dem Schwarzmarkt eintauschen lässt und verlässt das Haus, vor dem ein Komplize „Schmiere gestanden" hat.

Geschätzt etwa 40 Raubzüge dieser Art haben stattgefunden, bevor die Serie in Köln endet. Wenn die Opfer den Gift-Cocktail überleben, dann oft nur mit gesundheitlichen Schäden. Fünf Frauen aber sterben nach den heimtückischen Anschlägen. Zuletzt trifft es im Juni 1948 die Kölner Strickerin Helene Schmitz (63) aus der Kalk-Mülheimer-Straße, die nach Einnahme des „Stärkungsmittels" nicht mehr aufwacht. Die erbärmliche Beute der Swinka: eine Strickweste, ein paar Wollknäuel und Lebensmittelkarten.

Fast wäre der Mord sogar unentdeckt geblieben: Der zu der Toten gerufene Arzt diagnostiziert einen Schlaganfall und füllt den Totenschein entsprechend einer natürlichen Todesursache aus. Doch dann werden zwei Kommissare der Giftmörderin zum Verhängnis, Kommissar Zufall und Kommissar Erwin Kühn.

Rein zufällig erfährt der zuständige Kölner Kripo-Beamte durch Nachbarn des Opfers, dass die so plötzlich Verstorbene noch kurz vor ihrem Tod Besuch von einer elegant gekleideten fremden Dame hatte. Kommissar Kühn wird misstrauisch, sieht sich die Leiche an und entdeckt an den Füßen, was der Arzt übersehen hat: Kleine Bläschen – für den erfahrenen Ermittler ein deutlicher Hinweis auf eine Schlafmittelvergiftung! Der Rest ist kriminalistische Routine. Die Personenbeschreibung der Fremden durch die Nachbarn deckt sich mit der einer Besucherin bei Todesfällen dieser Art in anderen Städten. Nachdem die Zeitungen ein Bild der verdächtigen jungen Frau veröffentlichen, wird Irmgard Swinka in Hamm erkannt und im Juli 1948 festgenommen. Der Strafprozess gegen sie soll vor dem Schwurgericht in Köln stattfinden, weil dort der letzte Tatort war.

Der Gerichtsvorsitzende drängelt – die Verteidigung hat Zeit, sehr viel Zeit.

Der Angeklagten droht die Todesstrafe, die immer noch gesetzliche Höchststrafe ist. Fünf Fälle von vollendetem und zehn Fälle von versuchtem Mord wird die Staatsanwaltschaft anklagen. Eine solche Vielzahl von Taten an den verschiedensten Orten will sauber ermittelt werden. Und das dauert im zerbombten Deutschland mit vier Besatzungszonen. Das dauert aber auch deshalb, weil die Verteidigung der Angeklagten von der Rechtsanwältin Dr. Elsbeth von Ameln übernommen worden ist. Für die zählen nur eindeutige Beweise, das halbherzige Geständnis der Angeklagten scheint da nicht entscheidend.

So vergehen die Monate bis zu einer mündlichen Verhandlung, während in Bonn Politiker der zukünftigen Bundesrepublik Deutschland an einem Entwurf für ein Grundgesetz feilen. Nach dieser neuen Verfassung soll es demnächst keine Todesstrafe mehr geben. Sicher sehr interessant für die von der Todesstrafe bedrohte Angeklagte und ihre Anwältin.

Im April 1949 ist es dann endlich soweit. Unter dem Vorsitz von Dr. van Look wird die Hauptverhandlung des Schwurgerichts im Appellhof eröffnet. Zwei Umstände machen das Verfahren zu einem in der Nachkriegszeit außergewöhnlichen Prozess: Das fast schon übersteigerte Interesse der Öffentlichkeit und das gegensätzliche Taktieren von einerseits Gericht und andererseits Verteidigung um den Urteilszeitpunkt.

Eine von Habgier getriebene Giftmischerin als Angeklagte! Hilflose, vertrauensvolle alte Damen als Mordopfer von heimtückischen Anschlägen! Kann man sich als Journalist eine bessere Gerichtsstory wünschen? Natürlich nicht! Und so kommt die Swinka in allen Gazetten reißerisch als „Gift-Vamp" oder als „Mordsweib" in die Schlagzeilen. Nicht nur bei Illustrierten wie *Quick* und *Revue*, sondern auch bei Nachrichtenmagazinen wie *Der Spiegel* und *Stern*. Die Tagespresse überschlägt sich sowieso bei der Berichterstattung über den Sensationsfall.

Und erst das Sitzungspublikum! Der Schwurgerichtssaal im ersten Stock des Appellhofs fasst die interessierten Zuschauer bei weitem nicht. Schon vor dem Gerichtsgebäude werden deshalb Polizisten zur Regulierung des Andrangs eingesetzt. In den Sitzungspausen sollen Zuschauer in den hinteren Reihen auf die Stühle gestiegen sein, um mit Operngläsern die vermeintlich dämonischen Gesichtszüge eines Monsters studieren zu können.

Sehr viel unauffälliger geht dagegen der stille Kleinkrieg zwischen dem Gerichtsvorsitzenden und der Verteidigerin vonstatten. Dr. van Look ist bekannt für seine äußerst zügige und mehr als straffe Verhandlungsführung. Da bleibt nicht viel Zeit für eine Wahrheitsfindung außerhalb des vom Gericht vorgegebenen und unbedingt einzuhaltenden „Prozess-Fahrplans". Diese Ambitionen des Gerichtsvorsitzenden finden ihren Höhepunkt, als er einen Sachverständigen samstags bittet, ein zusätzlich erforderliches Gutachten am folgenden Sonntag zu erstellen, damit am Montag unverzüglich weiterverhandelt werden könne.

Das geht natürlich mit der Verteidigerin Dr. Elsbeth von Ameln gar nicht. Die beansprucht alle Zeit dieser Welt, um zum Beispiel viele der mehr als 200 Zeugen ausgiebig zu befragen, mag der Gerichtsvorsitzende darüber auch Bluthochdruck bekommen. In ihrem Plädoyer weist sie darauf hin, dass es ihrer Mandantin nicht um den Tod der Opfer gegangen sei, sondern nur um das ungestörte Stehlen aus den Wohnungen. Das ist allerdings kein überzeugendes Argument gegen den Mordvorwurf und die drohende Todesstrafe. Denn wenn die Angeklagte für die Diebstähle den Tod der alten Damen billigend in Kauf genommen hat, ist das auch ein vorsätzlicher Mord.

Die wirkliche Prozess-Strategie scheint in den Lebenserinnerungen der Anwältin von 1985 auf. Danach hat sie am Morgen vor der Urteilsverkündung, also am 7. Mai 1949, ihre Mandantin in der Vorführzelle im Keller des Appellhofs aufgesucht. Sinngemäß hat sie der Angeklagten dann gesagt: „Wenn Sie gleich zum Tode verurteilt werden, muss Sie das nicht erschrecken. Gestern hat der Parlamentarische Rat in Bonn die Abschaffung der Todesstrafe beschlossen. Hier, ich habe Ihnen die Zeitung von heute mit dem Artikel dazu mitgebracht. Auch wenn das Gesetz noch nicht in Kraft ist: Sie werden ganz sicher nicht hingerichtet werden."

Das Bonner Grundgesetz stoppt das Fallbeil.

So kommt es dann auch. Die vom Gericht wegen mehrfachen Mordes verhängte Todesstrafe wird nach Inkrafttreten des Grundgesetzes einige Tage später in eine lebenslängliche Zuchthausstrafe umgewandelt. Der Serienmörderin Irmgard Swinka wird damit der zweifelhafte Titel zuteil, die letzte Todeskandidatin der Bundesrepublik Deutschland geworden zu sein. Zum Tode verurteilt im Appellhof und dennoch dem Fallbeil entkommen.

Unangetastet bleibt dagegen der Urteilsspruch, wonach gegen die Angeklagte zusätzlich Sicherheitsverwahrung angeordnet wird. 1973, immerhin fast ein Vierteljahrhundert nach der Verurteilung, bittet Irmgard Swinka den damaligen nordrhein-westfälischen Ministerpräsidenten Heinz Kühn um ihre Begnadigung. Der lehnt ab. So bleibt sie bis 1986 in ihrer Zelle D 14 der Justizvollzugsanstalt Anrath. Zwei Wellensittiche („Bubi" und „Mekki") sind ihre Zellengenossen, bis sie dann doch noch unter falschem Namen in die Freiheit entlassen wird. Der neue NRW-Ministerpräsident Johannes Rau hat sich gnädig gezeigt. Da bleiben der Irmgard Swinka von ihrem verpfuschten Leben noch mal gerade zwei Jahre.

Kein König, nur ein „Parasit" - Manchmal braucht Köln fremde Polizisten.

„Immis" (nach Köln Zugezogene) schützen Kölner Bürger vor dem „Fetzer" ebenso wie vor dem „Dummse Tünn".

Auch damals schon kamen sie in der Nacht. Auch damals schon schienen die braven Bürger ihnen hilflos ausgeliefert zu sein. Und auch damals schon, so wie 170 Jahre später, mussten fremde Polizisten die Stadt Köln und ihr Umland aus der Gewalt krimineller Banden befreien.

Damals, das ist zu Beginn der Franzosenzeit in Köln, also 1794 und in den dann folgenden Jahren. Die Tatausführung ist bei den Überfällen der Banden regelmäßig gleich. 20, 30 und mehr völlig skrupellose Desperados rammen mit einem Baumstamm das Eingangstor eines einsam gelegenen Bauerngehöfts ein. Wenn es durch das Eingangstor nicht geht, durchbricht die Bande eben ein Lehmgefach des Fachwerkhauses. Sind sie einmal im Haus, muss der Gutsherr sehr schnell das Versteck seiner Geldtruhe zu verraten. Sonst schneidet die Bande seinen Kinder erst die Ohren und dann die Nase ab. Was den weiblichen Hausbewohnern angetan wird, mag man sich nicht vorstellen.

Danach macht sich die Bande mit ihrer Beute aus dem Staub. Nicht weit, das ist in diesen Zeiten der Kleinstaaterei gar nicht nötig. Einfach nur über den Rhein, das reicht oft schon. Ganz sicher sind die Verbrecher bei einer Flucht rheinaufwärts auf der anderen Flussseite, in ein Mini-Herzogtum, Fürstentum oder in einen sonstigen Zwergstaat, den mögliche Verfolger nicht betreten dürfen.

Ist dann Gras über den Raubüberfall gewachsen, trauen sich die Mitglieder der rheinischen Banden wieder zurück. Sogar nach Köln hinein, wo sie in Bordellen diskret aufgenommen werden und ihre Beute verprassen können. Beim *„Düvels Drück"* in der Schwalbengasse zum Beispiel. Bevorzugt in diesem Etablissement der Frau Gertrud Teufel steigt einer der Bandenführer, Mathias Weber, genannt „der Fetzer", regelmäßig zur Erholung ab.

Ernstliche Sorge vor einer Strafverfolgung muss Weber sich nicht machen. Wohl zehn Mal wird er irgendwo im Rheinland erkannt und verhaftet. Doch immer wieder gelingt ihm der Ausbruch aus den maroden Gefängnistürmen. Die örtlichen Gendarmen erscheinen den Bürgern mehr und mehr machtlos. 1799 überfällt Weber mit seinen Räubern den Köln-Elberfelder Postwagen und erbeutet sagenhafte 13.000 Reichstaler.

Jetzt hat die französische Zentralregierung aber genug von dem *„liederlichen Raubgesindel"*. Paris entsendet den Kriminal-Dezernenten Anton Keil an den Rhein, der mit seinen Sonderkommandos und Spitzelnetzen den Banden nachspürt. Erfolg hat der ortsfremde Ober-Polizist jedoch erst, als er mit den umliegenden Kleinstaaten diplomatische Vereinbarungen zur gemeinsamen Verfolgung der Verbrecher abschließt. So kann endlich einer nach dem anderen der inzwischen fast schon sagenumwobenen Gewaltverbrecher festgesetzt und - es gibt kein Pardon! – hingerichtet werden.

Den „Fetzer" verfolgt Anton Keil verbissen bis nach Frankfurt und bringt ihn nach Köln zurück, wo Mathias Weber 1802 wegen Mordes und 180 anderer Delikte angeklagt wird. Den Appellhof gibt es natürlich noch nicht und statt von einem Schwurgericht wird der „Fetzer" von einem französischen

Militärgericht zum Tode durch die Guillotine verurteilt. Seine Hinrichtung im Februar 1803 auf dem Alter Markt ist dort die letzte öffentliche Exekution. Die Banden sind ausgelöscht, der Sonderbeauftragte Keil hat seinen Auftrag erfüllt.

Und erneut schlagen in Köln kriminelle Banden zu.

Aber in den 1960-er Jahren scheint sich Kriminalgeschichte zu wiederholen: In Köln werden wieder Bürger von Banden auf offener Straße beraubt, Frauen vergewaltigt, Barbesucher grundlos zusammengeschlagen und Gastwirte erpresst. Nächtliche Glücksspieler sind in den illegalen Hinterzimmern-Kasinos der Strip-Lokale und Bordelle gerne gesehen, wo die Zocker mit gezinkten Würfeln und an manipulierten Roulette-Tischen „wie die Weihnachtsgänse" ausgenommen werden.

Und wieder, wie damals in der Zeit der französischen Besatzung, scheint die örtliche Polizei dem kriminellen Treiben nur hilflos zuschauen zu können. Dabei sind viele der mutmaßlichen Täter der Polizei gut bekannt, vielleicht auch zu gut bekannt. Sie kommen aus dem Rotlicht-Milieu. Es sind die Zuhälter, die Türsteher der Nachtclubs oder deren „schlagkräftige" Helfer. Sie heißen mit ihren Spitznamen „Schäfers Nas", „Dummse Tünn", „Beckers Schmal" und „Frischse Pitter", um nur einige zu nennen. Die Zahl der schweren Straftaten steigt in Köln immer weiter, die Aufklärungsquote sinkt.

Ein Polizist darf mit dem Jaguar des vorbestraften Zuhälters Anton Dumm spazieren fahren, fährt die PS-starke Edelkarosse aber leider gegen eine Mauer, worauf der „Tünn" den Polizisten großzügig von Schadenersatzansprüchen freistellt. Man kennt sich, man hilft sich. Der Kölner *Express* proklamiert Köln per

Schlagzeile zu einer Hauptstadt des Verbrechens, nämlich zum *„Chicago am Rhein"*.

Damals geschah es in der fernen Hauptstadt Paris, jetzt passiert es in der nahen Landeshauptstadt Düsseldorf: Die Politik reagiert endlich auf die skandalösen Zustände in der Domstadt. Vielleicht hat der NRW-Landesinnenminister Willi Weyer an die Problemlösung durch den französischen Raub-Dezernenten Keil gedacht. Jedenfalls schickt er im Mai 1965 den Düsseldorfer Kriminalrat Werner Haas als Sonderbeauftragten zusammen mit 36 Düsseldorfer Polizisten nach Köln, um den dortigen Kriminalitätssumpf trockenzulegen.

Jetzt wird in Köln aufgeräumt! Verstärkt durch zum Streifendienst versetzte Innendienstbeamte startet die Kölner Polizei unter der Leitung von Haas allein in den ersten zwölf Monaten 171 Nacht-Razzien. Nach 1.173 (!) mit Haftbefehl gesuchten Kölner Einwohnern wird jetzt endlich intensiv gefahndet. Die Kriminalitätsrate sinkt, die Aufklärungsquote steigt bereits.

Scheinbar nicht zu fassen: Anton Dumm – der „König" der Kölner Unterwelt

Nur einer verfängt sich nicht im Schleppnetz des Düsseldorfer Ganoven-Jägers: „Dummse Tünn", alias Anton Dumm, Gewaltherrscher über die Kölner Vergnügungsviertel. Gegen ihn gibt es viele strafrechtliche Vorwürfe, aber kaum verwertbare Strafanzeigen und erst recht keine Zeugen. Die Angst vor seiner Rache schreckt noch jedes seiner Kriminalitätsopfer ab. Nicht umsonst hat die Boulevardpresse den bärenstarken 29-jährigen zum *„König der Kölner Unterwelt"* ausgerufen. Kriminalrat Haas trifft sich mit Dumm persönlich im Milieu und kündigt vor dessen Schlägertruppe an, ihn demnächst hinter Gitter zu bringen. Die Herausforderung gilt. Das Milieu ist schon leicht verunsichert.

Am 1. Dezember 1965 wird Anton Dumm unter dem dringenden Tatverdacht verhaftet, zusammen mit 13 Männern seines Clans ein Kölner Barmädchen vergewaltigt zu haben. Er kommt in Untersuchungshaft. Und er bleibt zur großen Verblüffung der Rotlicht-Szene auch in Untersuchungshaft. Ja, er wird vorsorglich sogar vom Kölner „Klingelpütz" in ein Düsseldorfer Gefängnis verlegt. Kaum ist der „Unterweltkönig" aus dem Verkehr gezogen, trauen sich die ersten Zeugen, gegen ihn bei Polizei und Staatsanwaltschaft auszusagen. Weitere Straftaten kommen ans Licht. Der Fall findet überregionales Interesse. Selbst *Der Spiegel* und *Die Zeit* berichten über die Mafia-Strukturen am Rhein. Die entscheidende Frage ist aber: Werden die Zeugen auch standhaft bei ihrer Aussage bleiben, wenn im Appellhof dem Angeklagten Dumm der Prozess gemacht wird?

Als im Herbst 1966 vor der 2. Großen Strafkammer des Landgerichts Köln das Strafverfahren gegen Anton Dumm eröffnet wird, erscheint der aus der Untersuchungshaft vorgeführte Angeklagte gepflegt und „wie aus dem Ei gepellt" im dunklen Anzug, mit Einstecktuch, weißem Hemd und Krawatte. Das Erscheinungsbild des Saubermanns steht im Gegensatz zu dem abstoßenden Bild, das die Anklage von ihm malt: Nicht weniger als 15 Anklagepunkte haben Kriminalrat Haas und Staatsanwalt Dr. Födisch ermittelt und aufgelistet. Demnach ist der Angeklagte Dumm u. a. ein brutaler Zuhälter, ein Vergewaltiger und Schläger.

Ist er das wirklich? Auf der Suche nach der Wahrheit stößt die Strafkammer unter dem Vorsitz von Landgerichtsdirektor

Dr. Helmut Chrysant immer wieder an die Grenzen der Sachverhaltsaufklärung.

„Nein, nicht schon wieder!", denkt der Vorsitzende schon nach ein paar Tagen der insgesamt knapp dreiwöchigen Beweisaufnahme. Dr. Chrysant leidet unter den ganz offensichtlichen Falschaussagen eines Teils der vernommenen Zeugen. „Drei Gruppen gibt es bei den Zeugen", erklärt er seinen beiden ehrenamtlichen Richtern. „Die erste Gruppe ist die Gefolgschaft des Angeklagten. Die bezeugt alles, was dem Herrn Dumm irgendwie von Nutzen sein könnte, ob es nun wahr oder gelogen ist. Die zweite Gruppe ist ebenfalls aus dem Rotlicht-Milieu, aber wesentlich vorsichtiger. Die verweigert – strafprozessrechtlich völlig korrekt! - die Aussage, wenn es für sie selbst strafrechtlich bedrohlich werden könnte. Ansonsten werden Erinnerungslücken vorgeschützt. Einige haben sich auch ins Ausland abgesetzt. Unsere Hoffnung ist die dritte Gruppe: Die Opfer der Straftaten, wenn die sich nicht bestechen oder erpressen lassen!"

Aber diese dritte Gruppe hat es schon früher schwer gehabt. „Geld oder Prügel!" heißt die Devise. Mit dem Dreh hat Anton Dumm bisher noch immer seinen Kopf aus der Schlinge ziehen können, wenn Zeugen gegen ihn aussagen wollten.

So war es auch vor ein paar Jahren, als Anton Dumm eine junge Frau nach Hause fahren sollte, sie aber stattdessen an einem Kölner See zu vergewaltigen versuchte. So jedenfalls lautete die erste Aussage der Frau, die entkam, sich von einem Arzt ihre Verletzungen attestieren ließ und bei der Polizei Strafanzeige stellte. Die Staatsanwaltschaft sah endlich die Möglichkeit, die Nr. 1 der Kölner Unterwelt einzubuchten.

Zu früh gefreut! Als es darauf ankam, schwieg die junge Frau vor dem Richter beharrlich, nahm eine Ordnungsstrafe in Kauf und sorgte so für eine Einstellung des Strafverfahrens. Die Zahlung der Ordnungsstrafe übernahm dann der Beschuldigte Dumm, der sich auch darüber hinaus finanziell sehr großzügig gegenüber der Zeugin gezeigt haben soll.

Mutige Zeugen helfen im Prozess.

„Geld oder Prügel!" Davon wissen auch die wenigen, aber entscheidenden Zeugen zu berichten, die im Appellhof den Mut zu einer wahrheitsgemäßen Aussage haben. Der Vorsitzende Dr. Chrysant tut sein Möglichstes, um diesen Zeugen die Angst vor Repressalien zu nehmen.

So hat ein Belastungszeuge am Morgen seiner Vernehmung vor Gericht einen Zettel unter dem Scheibenwischer seines Autos gefunden. „Überleg dir gut, was du heute sagst, sonst …!" stand da drauf. Nach seiner Vernehmung bittet der Zeuge um Polizeischutz für seine Rückfahrt nach Hause. Da ist das Gericht gerne behilflich.

Ein Barbesucher, der grundlos krankenhausreif geschlagen worden ist, sagt als Zeuge offen und ehrlich aus: Man habe ihm Geld dafür angeboten, wenn er sich nicht mehr erinnere, wer ihn denn zusammengeschlagen habe. Oh doch, sagt der Zeuge dann mutig und entschlossen, er erinnere sich noch sehr gut. Das sei der Angeklagte Dumm gewesen!

Und immer ist Dumms „Gefolge" im Appellhof dabei. Selbst wenn die Öffentlichkeit an einzelnen Sitzungstagen von der Verhandlung ausgeschlossen ist, sind sie zumindest auf dem Gang: Die Herren mit den Muskelpaketen, mit den Goldketten um den Hals und mit der Rolex am Handgelenk warten morgens pünktlich zu Sitzungsbeginn im Gericht. „Morje Tünn, wie es et? Joot?"

So freundlich werden die möglichen Belastungszeugen vor dem Sitzungssaal nicht begrüßt. Dr. Chrysant verfügt deshalb, dass das Publikum auf der anderen Seite der Zwischentür im Gang vor dem Sitzungssaal zu warten hat, um die Zeugen zu schützen. Aber selbst dann sind finstere Blicke und drohende Gesten durch den Glasausschnitt der Tür zu sehen.

Man muss schon Mut haben, um die Wahrheit zu sagen. Wie die Prostituierte, die als Zeugin der Anklage den Vorwurf der „ausbeuterischen Zuhälterei" bestätigen soll. „Was ist Ihnen denn von dem Geld der Freier geblieben?" fragt Dr. Chrysant. Die Frau zögert, kämpft mit ihrer Angst. Dann gibt sie sich einen Ruck. Wut bricht aus ihr heraus und sie zeigt auf den Angeklagten. „Nichts! Alles hat der mir abgenommen. Ich hatte nicht einmal mehr Geld für den Friseur!"

Am 28. Oktober 1966, nach der Vernehmung von mehr als 80 Zeugen, fällt die Strafkammer dann ihr Urteil: Drei Jahre Zuchthaus! Die Anklage hat sich in fast allen wichtigen Punkten beweisen lassen. Dr. Chrysant nimmt bei der Urteilsbegründung kein Blatt vor den Mund: Nein, der Angeklagte sei kein „König der Unterwelt", sondern ein *„Parasit, dem nur die eigene Begierde Richtschnur des Handelns war"*.

Das Ende der frühen Kölner Zuhälterbanden

Als Anton Dumm den Gerichtssaal verlässt und auf dem Gang von dem Blitzlichtgewitter der wartenden Presse empfangen wird, lässt er wütend die Maske des Biedermanns fallen: *„Wenn die nicht mit dem Fotografieren aufhören, schlage ich mir noch ein paar Jahre Zuchthaus mehr zusammen!"* Ein hilfloser Ausbruch.

Genauso nutzlos wie die Morddrohungen von Unbekannten, die der Vorsitzende Dr. Chrysant in den nächsten Tagen bekommt. Konsequent bis zum Schluss werden die Mafia-Strukturen zerschlagen und der Richter erhält die Sicherheit eines Polizeischutzes rund um die Uhr.

Wie dem entthronten „König", so ergeht es in den folgenden Jahren nach und nach der gesamten alten Stammbesetzung der Rotlicht-Szene in Köln: gezielte Polizeifahndung – hartes Appellhofurteil – langer Knastaufenthalt. „Schäfers Nas" rückt als Letzter für acht lange Jahre ein. Am Ende bemerkt ein Zuhälter mit dem bemerkenswerten Spitznamen „die Axt" zu einem Journalisten ebenso resignierend wie zutreffend: *„Uns hann se all jeputz!"* Auf Hochdeutsch und sinngemäß: „Sie haben uns alle erledigt!"

Wer jetzt meint, Köln sei daraufhin eine kriminalitätsfreie Stadt geworden, muss nur das nächste Kapitel lesen.

Tatort Kölner Dom

Eine clevere Staatsanwältin und ein Jahrhundert-Diebstahl

Da ist man sich in der Kölner Unterwelt aufgrund leidvoller Erfahrung einig: Tatverdächtige, die bei ihr eine Ermittlungsakte im Schrank haben, behält sie im Visier. Die kommen so schnell nicht aus ihrer Schusslinie. Die Frau sei eben sehr hartnäckig und zudem geschickt, meinen die Nachtschichtarbeiter mit den Brecheisen und starken Schraubenziehern durchaus anerkennend. Und es gibt viele Ermittlungsakten, die über ihren Schreibtisch im ersten Stock des Appellhofs gehen. Dort, im Lichthof des Gerichtsgebäudes, hat die Kölner Staatsanwaltschaft in den 1970-er Jahren ihren Sitz.

Die Rede ist von Maria Therese Mösch, damals Erste Staatsanwältin und zuständig für Einbruchsdelikte, Schwerpunkt Bandenkriminalität. Weil sie bei ihren Anklagen regelmäßig und oft sehr erfolgreich ein hohes Strafmaß für die Täter beantragt, hat sie bald ihren Spitznamen weg: *„Bloody Mary"* wird sie nicht nur von ihrer verurteilten „Kundschaft" in der Justizvollzugsanstalt Ossendorf genannt.

Zu dieser „Kundschaft" sollen auch bald drei Herren gehören, die im Herbst 1975 sehr interessiert die Kostbarkeiten in der Schatzkammer des Kölner Doms besichtigen. Ljubomir E. (45), Porträtmaler, Bildhauer und Übersetzer, erklärt bei dieser Besichtigung seinen beiden Begleitern Vilijam D. (25) und Borislaw T. (23) sehr sachkundig, welches die wertvollsten Stücke in den Vitrinen sind. Dabei zählt vor allem der Materialwert von Gold und Edelsteinen in den Monstranzen, Kreuzen und anderen Sakralkostbarkeiten. Denn der Besuch in der Domschatzkammer ist die Vorbereitung zu dem sogenannten „Domschatzraub", dem größten Kirchendiebstahl in der neueren Geschichte.

In der Nacht vom 1. auf den 2. November 1975 beobachtet Ljubomir die Domumgebung, während Vilijam und Borislaw über ein Baugerüst an der Nordseite des Doms bis zur Höhe eines Ventilator-Schachtes hochklettern. Hier steht Vilijam „Schmiere", während der schmächtige Borislaw sich durch den Schacht zwängt. Er entfernt eine Lochplatte, biegt Messingstäbe mit einer veralteten Alarmanlage hoch und seilt sich mit einer Bergsteiger-Ausrüstung sechs Meter tief in die Schatzkammer ab. Dort knackt er eine ungesicherte Vitrine nach der anderen und bricht – wie von Ljubomir im Ausstellungskatalog der Domschatzkammer angekreuzt - Edelsteine aus Monstranzen, wenn er diese und andere goldene Kultgeräte nicht komplett in seinen Beutesack legt. Als ihm eine Monstranz mit Getöse scheppernd auf den Boden fällt und die Nachtwächter im Dom aufmerksam werden, tritt er den Rückzug an.

Der Diebstahl gelingt durch eine Kette von Zufällen und Fahndungspannen, obwohl schon am nächsten Tag der wegen Hehlerei vorbestrafte Ljubomir E. von der Polizei überprüft wird. Aber ihm ist zunächst nichts nachzuweisen und die Beute ist weg.

Köln ist geschockt. Die Täter haben nicht nur einen materiellen Schaden in Millionenhöhe angerichtet. Die Stadt und der Dom haben auch einen kaum messbaren Verlust von kulturgeschichtlich wertvollen Gegenständen erlitten. Wie konnte das nur geschehen? Eine Sonderkommission der Kriminalpolizei, 55 Beamte stark, soll für Aufklärung sorgen. Wirkungsvoller als die Kommission ist aber eine Belohnung von 50.000 DM, die das Domkapitel und die Versicherung für die

Wiederbeschaffung der Beute aussetzen. Dafür gibt die Kölner Unterwelt schon einmal gerne einen Tipp.

Die Fahndung nach den Tätern beginnt.

Die Tippgeber sind sich einig: Der Kopf der Bande ist der Deutschjugoslawe Ljubomir E. und der ist mit dem Domschatz in Jugoslawien – wenn es denn einen Domschatz in der ursprünglichen Form überhaupt noch gibt! Interpol wird eingeschaltet, gegen das Trio ergehen internationale Haftbefehle. Die Versicherung des Domschatzes setzt den sagenumwobenen Agenten Werner Maus auf Ljubomir an. Er wird später als angeblich reicher Schweizer namens „Jaques" erfolgreich einen Teil der Kostbarkeiten zurückkaufen können. Von Köln aus koordinieren die Erste Staatsanwältin Mösch sowie die Kölner Kripo-Chefs Dr. Gundlach und Pöhler die Fahndungsaktionen.

Mit Erfolg: Als erste erwischt es Borislaw und Vilijam. Sie werden im Juni 1976 in der Schweiz nach einem Verkehrsunfall festgesetzt. Im Kofferraum ihres gestohlenen Mercedes findet man „Antiquitäten", die sich bei einer genaueren Überprüfung als einige wenige Teile des Domschatzes erweisen. Da hilft kein Leugnen mehr. Die beiden entscheiden sich nach Auslieferung und Anklage vor dem Kölner Landgericht klugerweise für ein rückhaltloses, detailliertes Geständnis. Dabei machen sie keinen Hehl daraus, wer ihr Boss bei diesem Jahrhundertdiebstahl war: Ljubomir. Die Quittung, einschließlich mildernder Umstände durch das Geständnis, erfolgt per Urteil im Appellhof am 16. Dezember 1976: Jeweils 5 Jahre Freiheitsstrafe.

Jetzt erwischt es auch den „Boss".

Ljubomir ist auf der Suche nach Hehlern mit seiner restlichen heißen Ware inzwischen in Italien untergetaucht. Vergebens: Er wird in Mailand erkannt und inhaftiert. Noch während das Ersuchen auf Auslieferung nach Deutschland läuft, fliegt Staatsanwältin Mösch mit den Kölner Kripobeamten nach Italien. Die Hoffnung der Fahnder aus der Domstadt: Umfassendes Geständnis und Rückgabe der noch vorhandenen Domkostbarkeiten durch den Beschuldigten gegen Zusicherung von Strafnachlass.

Da hat sich die Frau Erste Staatsanwältin aber geschnitten! Ljubomir macht ihr selbstbewusst schnell klar: Erstens gibt es nichts zu gestehen, weil er mit dem sogenannten Domschatzraub natürlich nichts zu tun hat. Zweitens: Wenn es denn Verdachtsmomente gegen ihn gibt, dann doch nur, weil er sich bemüht hat, den Domschatz uneigennützig den wahren Tätern abzukaufen und dem Dom zurückzugeben! Gegen seine Auslieferung wehrt er sich mit allen juristischen Mitteln. Doch die Kölner Justiz lässt nicht locker – erfolgreich!

Am 1. März 1978 beginnt schließlich im Saal 27 des Appellhofs unter internationalem Medieninteresse der zweite Prozess zur Ahndung des Jahrhundertdiebstahls aus Deutschlands bekanntester Kathedrale. Gleich zu Beginn macht der Angeklagte Ljubomir deutlich, dass die lange Auslieferungs- und Untersuchungshaft seiner Dreistigkeit keinen Abbruch getan hat. Denn kaum hat die Staatsanwältin Mösch die 15-seitige Anklageschrift verlesen, da meldet sich der Angeklagte zu Wort.

Seinen Pflichtverteidiger lehnt er ab, denn er kann sich selbst am besten verteidigen. Außerdem lehnt er die 12. Große Strafkammer unter Vorsitz von Landgerichtsdirektor Dr. Heinz Faßbender wegen der Besorgnis der Befangenheit ab. Den Antrag hat er ausformuliert, während er morgens in der Vorführzelle im Keller des Appellhofs saß. Unter anderem sei das Gericht gegen ihn voreingenommen, weil er die letzten Monate in der JVA Ossendorf in Einzelhaft (Ljubomir: „Isolationsfolter!") verbringen musste. Sogar der Hofgang sei ihm auf Weisung des Gerichts verweigert worden – völlig grundlos!

Ach, ja? War es denn nicht so, dass der Angeklagte erst im Mailänder Gefängnis versucht hat, sich einen Tunnel in die Freiheit zu graben? Und hat er nicht bei seiner Überführung von Mailand nach Köln in der Schweiz zwei Fluchtversuche unternommen? Und es war doch auch so, stellt die Kammer in ihrem Ablehnungsbeschluss zu dem Antrag fest, dass in den Schuhabsätzen des Angeklagten bei seiner Überstellung nach Köln Eisensägen gefunden wurden. Also - alles korrekt, es wird verhandelt.

Gleich die ersten beiden vernommenen Zeugen, die die Staatsanwaltschaft benannt hat, sind für den Angeklagten extrem unangenehm. Es sind seine beiden Komplizen Vilijam und Borislaw. Die haben inzwischen keine gute Meinung mehr über ihren früheren Boss, weil der sie um ihren Beuteanteil zu prellen versucht hat: Der größte Teil des Schatzes sei, in einem Koffer versteckt, aus Versehen im Müll gelandet. Das hatte Ljubomir den beiden kurz nach der Tat weismachen wollen. Dann hatten die beiden aber erfahren, dass ein Teil der Beute von ihrem Boss für 60.000 Schweizer Franken an einen geheimnisvollen „Herrn Jaques" verkauft worden war. Nun sind die beiden schon strafverbüßenden Zeugen naturgemäß sauer. Deren klare Aussage lautet: „Er war es, er war der Chef!" – „Gelogen, ein Racheakt wegen einer anderen Geschichte!" erwidert der Angeklagte Ljubomir hierzu.

Anekdote am Rande: Auf die Frage des Kammervorsitzenden Dr. Faßbender an den Zeugen Borislaw: „Und Sie haben bei der ganzen Aktion wirklich nichts abbekommen?", antwortet der geprellte Mittäter seufzend: „Doch, Herr Vorsitzender, fünf Jahre!"

Es wird am nächsten Prozesstag nicht besser für den Angeklagten. Ein Kripobeamter aus Belgrad, der im Zuge der internationalen Amtshilfe für die Kölner Justiz tätig geworden war, bekundet als Zeuge: Bei der Durchsuchung im Hause der Mutter des Angeklagten habe er in der Garage in einem Schrottauto ein „James Bond-Köfferchen" gefunden. Dessen Inhalt: mehrere geschmolzene Goldklumpen, Edelsteine, ein Blanko-Pass und ein größerer Geldbetrag – etwa so viel, wie „Jaques" für die Teillieferung des Domschatzes bezahlt hat. Die Ermittlungen hätten ergeben, dass ein Zahntechniker gegen Bezahlung mit Rubinen die Goldklumpen aus Kirchengerätschaften geschmolzen hat. Das lässt den Angeklagten kalt: „Da hat jemand versucht, mir ein Ei ins Nest zu legen! Ich würde doch keinen Koffer mit Gold in ein Schrottauto legen! Vernehmen Sie doch mal diesen Jaques, der auf mich angesetzt wurde!"

Dann sagt noch der Düsseldorfer Kaufmann W. aus, den der Angeklagte kurz nach dem Tag des Diebstahls auf die Absatzmöglichkeiten „heißer" Steine angesprochen hat. „Ich habe Ljubomir damals gefragt: <Bist Du an der Domgeschichte beteiligt?> Und er hat geantwortet: <Das wissen nur wir zwei!>" Auch dafür hat der Angeklagte eine Erklärung parat: „Der schiebt mir das nur in die Schuhe, weil er die ausgesetzte Belohnung von 50.000 DM kassieren will!"

Am dritten Verhandlungstag steht auf dem Richtertisch eine Monstranz. Die ist allerdings aus Gips. Das Original ist zu einem eingeschmolzenen Goldklumpen geworden. Anhand des Gipsmodells versucht ein Goldschmied die Rekonstruktion der Prunkmonstranz aus dem 14. Jahrhundert. Zuvor herausgebrochene, beschädigte Brillanten stecken jetzt auf dem Gipsmodell. Der Goldschmied als Zeuge erläutert den unermesslichen kulturhistorischen Schaden durch die barbarische Ausschlachtung der Kostbarkeiten. Entsetzen auf der Richterbank!

Entsetzen auch auf der Anklagebank: Ljubomir äußert seine Empörung, dass ihm ein solcher Kunstfrevel zugetraut wird. Ausgerechnet ihm, der vier Jahre lang in Belgrad Kunst studiert und zudem viele Jahre als Künstler gearbeitet hat!

Eigentlich könnte sich die Vertreterin der Anklage schon jetzt entspannt zurücklehnen. Aber die Erste Staatsanwältin Mösch, von dem Angeklagten stets respektvoll mit „gnädige Frau" angesprochen, hat noch einen Trumpf im Ärmel. Bei einer erneuten Durchsuchung der Kölner Wohnung des Angeklagten hat die Polizei einen handschriftlichen Entwurf eines Briefes an das Kölner Domkapitel gefunden. Der Inhalt ist eine Erpressung: 1 Million DM für die Rückgabe des Domschatzes! Die Erklärung des Angeklagten: „Ach, das habe ich mal halb betrunken einfach so aus Quatsch geschrieben." Diese Erklärung ist so absurd, dass man sie nicht ernst nehmen kann.

In ihrem Schlussplädoyer schlägt Mösch genau in diese Kerbe. Sie habe schon in der ersten Vernehmung den Angeklagten auf die erdrückende Beweislage aufmerksam gemacht und dringend zu einem Geständnis geraten. Das fehle aber bis heute und folglich könne sie auch keine

Milderungsgründe erkennen. Deshalb beantrage sie die gesetzliche Höchststrafe für einen besonders schweren Diebstahl, nämlich zehn Jahre Freiheitsstrafe. Der Angeklagte in seinem Schlusswort: „Ich möchte alle Sensationslustigen enttäuschen, die jetzt eine Aussage erwarten." Er sagt – nichts.

Ein hartes Urteil – aber die Verluste bleiben.

Die Strafkammer hat keine Zweifel an der Schuld des Angeklagten. Das Urteil, siebeneinhalb Jahre Freiheitsstrafe, sei bei einem Schaden von 10 Millionen Mark und dem Verlust unersetzlicher Kulturgüter noch sehr milde, meint der Vorsitzende Dr. Faßbender. Ljubomir hört mit verschränkten Armen der Urteilsbegründung zu und lutscht ein Bonbon.

Danach beschäftigt er die Justiz noch einige Jahre mit Revisionsanträgen und Anträgen zur Wiederaufnahme des Strafverfahrens. Wesentlich länger braucht der vom Domkapitel beauftragte Goldschmied für die Restaurationen oder Neuanfertigungen der gestohlenen Kirchenschätze. Unter Verwendung der zurückerhaltenen Trümmer ist er damit rund zehn Jahre beschäftigt.

Aber auch diese lange Zeit heilt nicht alle kulturgeschichtlichen Wunden: Etwa zehn Prozent der Beute sind bis heute verschollen. Immerhin soll die Domschatzkammer inzwischen ähnlich gesichert sein wie das Fort Knox in den USA.

Herstatts Raumschiff-Trümmer landen im Schwurgerichtssaal!

Im „Herstatt-Prozess" gibt es einige Angeklagte, wenige nachsichtig zu milden Bewährungsstrafen Verurteilte und wirklich in den Knast kommt schließlich fast keiner.

Wer hätte gedacht, dass einmal Trümmer der *Raumstation Orion* im Schwurgerichtssaal des Appellhofs einschlagen würden? Am wenigsten wohl Willi Winterberg!

Der ist im Sommer 1974 rundum zufrieden. Er hat eine liebe Frau, die Monika. Er ist als ältester kaufmännischer Angestellter in der Einkaufsabteilung der *Ford-Werke* sehr anerkannt. Er liebt den Kölner Karneval und ganz besonders sein Ehrenamt als Schatzmeister des Köln-Kalker Karnevalsvereins *Echte Fründe von 1925 e.V.* Jetzt macht er sich berechtigte Hoffnungen, nach acht Jahren als Schatzmeister im Vorstand bald als würdevoller „Senator" in die Oberklasse des rheinischen Traditionsvereins aufzusteigen.

Es ist der 26. Juni 1974. Der Tag läuft für Willi zunächst sehr angenehm ab. Nach der Arbeit kommt er rechtzeitig nach Hause, um die zweite Halbzeit des WM-Fußballspiels Deutschland gegen Jugoslawien im Fernsehen sehen zu können. Das erfreuliche Ergebnis: 2:0 für Deutschland. Danach hat seine Frau Monika schon ein saftiges Gulasch mit Nudeln für das Abendessen fertig. Und dann kommt die *Tagesschau*. Mit der letzten Nachricht endet das zufriedene Leben der Eheleute Winterberg, so wie sie es bisher genossen haben.

„Heute Nachmittag hat das Bundesaufsichtsamt für das Kreditwesen der Kölner Privatbank I. D. Herstatt

Kommanditgesellschaft auf Aktien bis auf weiteres die Erlaubnis zum Betreiben von Bankgeschäften entzogen. Das Aufsichtsamt ordnete an, die Schalter zu schließen und alle Zahlungen einzustellen. Grund sollen finanzielle Schwierigkeiten der Bank nach Devisen-Spekulationen sein. Und nun die *Wetterkarte*.“

Willi fixiert mit starrem Blick die *Wetterkarte* und hätte diesen hypnotischen Blick sicher noch lange beibehalten, wäre da nicht das schrille Klingeln des Telefons gewesen. Am Apparat: Walter Neubauer, Vorsitzender und auch Senatspräsident des Karnevalsvereins *Echte Fründe von 1925 e.V.* Ob der Willi das von der Herstatt-Bank schon gehört habe?

„Ja, Walter, habe ich gerade in der *Tagesschau* gehört.“ – „Willi, beim Herstatt hast Du doch auch Geld von uns angelegt, oder?“ – „Moment mal, Walter! Da haben *wir beide* für unseren Verein Festgeld angelegt. Die Konto-Unterlagen hast Du mit unterschrieben!“ – „Ja, aber nur auf Deine Empfehlung hin. Ich kann mich als Vorsitzender schließlich nicht um alles kümmern! Du bist der Schatzmeister! Also sieh mal zu, wie Du da ohne Schaden für den Verein rauskommst!“

Nichts geht mehr – die Bank ist pleite!

Als Willi Winterberg am nächsten Morgen nach einer schlaflosen Nacht in die Straße *Unter Sachsenhausen* einbiegt, hat sich vor dem Gebäude der Herstatt-Bank bereits eine aufgebrachte Menge eingefunden. Die Menschen hatten - genau wie er - noch Hoffnung, Geld abheben zu können. Doch hinter dem Glas der Eingangstür hängt unmissverständlich ein Schild „Geschlossen!“ und Polizisten schützen das Bankgebäude davor gestürmt zu werden. Ein wirklich mutiger Bankdirektor – nicht der Herr Herstatt - tritt mit einem Megafon vor die Menge und löscht den letzten Hoffnungsfunken der Wartenden aus: Nein, leider keine Auszahlungen mehr möglich, die Bank werde heute Vergleichsinsolvenz anmelden. Flüche, Beleidigungen, wütende Beschimpfungen sind die Antwort: „Betrüger, Halsabschneider, Ganoven, Euch sollte man doch alle …!"

Die größte Bankenpleite der deutschen Nachkriegsgeschichte mit allein ca. 32.000 betroffenen „kleinen Privatkunden" nimmt ihren katastrophalen Lauf. Häuslebauer können ihre Handwerker nicht mehr bezahlen. Mieter können ihre Wohnungsmiete nicht mehr überweisen. Der Kölner Groß-Gastronom Blatzheim - und nicht nur er - muss einige Tage später als Folge der Bankenpleite Konkurs anmelden. Die Kölner Erzdiözese beklagt den Verlust von 50 Millionen Mark. Alles „Peanuts", verglichen mit der Stadt Köln, die über 190 Millionen Mark Bankguthaben vermisst. Gekniffen sind natürlich zudem zahllose in- und ausländische Banken sowie professionelle Anleger.

Aber nicht zuletzt geht da noch ein Schmerzensschrei durch die Kölner Vereine, insbesondere die Kölner Karnevalsvereine! Kein Wunder: Der persönlich haftende Gesellschafter der Bank, der Ehrensenator der Prinzengarde und Namensgeber des Kreditinstituts, das Kölner Urgestein Iwan David Herstatt hat später einmal sehr offen seine Rolle als „Verkäufer" der Bank so beschrieben:

„Na ja, wenn die Lawine mal läuft, dann läuft sie ja erfreulicherweise. Ich bin ja in 52 Vereinen gewesen, davon in zwölf Vereinen Schatzmeister. Ich habe also nun auf allen Gebieten Beziehungen gesammelt und das war natürlich immer mit der Akquisition eines Kontos verbunden."

Eine Woche später, bei der gemeinsamen außerordentlichen Sitzung von Vorstand und Beirat der *Echte Fründe*, versucht ein am Boden zerstörter Schatzmeister Winterberg den Ursprung der schlimmen finanziellen Vereinsprobleme zu erklären. Er war im Dezember 1973 Gast beim 60. Geburtstag von Herrn Privatbankier Iwan Herstatt gewesen. Der erkrankte Vorsitzende Walter hatte ihm seine Einladungskarte abgetreten. Ein rauschendes Fest mit knapp 1.000 Gästen in dem dafür gemieteten Kölner Opernhaus! Der Jubilar ließ eine Privat-Cuveé ausschenken, auf deren Flaschenhals das Konterfei des Gastgebers selbst abgebildet war. In Jubellaune meinte der dann aufgekratzt, wenn er mal sterben sollte, würde er den ganzen Südfriedhof anmieten. Da kam in der Oper Karnevalsstimmung auf!

Den Schatzmeister locken die Zinsen.

Vorgestellt von einem befreundeten Karnevalisten, hatte Iwan Herstatt den Willi – so unter Schatzmeister-Kollegen - gefragt, ob die *Echte Fründe* denn schon ein Konto bei seiner Bank hätten. „Nicht? Dann wird es aber doch Zeit, schließlich hat meine Bank sehr günstige Zinskonditionen für Kölner Traditionsvereine!" Das war tatsächlich so.

Anfang Januar 1974 eröffnete Willi daraufhin ein Festgeldkonto bei der Herstatt-Bank. Anlagesumme: 30.000 Mark. Davon kamen 25.000 Mark von der Kreissparkasse aus dem testamentarischen Vermächtnis des verstorbenen *Echte Fründe*-Mäzens Heribert Wisskirchen. Frage aus dem Beirat: „Und die weiteren 5.000 Mark?" Mit brüchiger Stimme antwortet der Schatzmeister: „Die habe ich dann, also wegen des besseren Zinssatzes für diese Gesamtsumme, ja, habe ich vom Sparkonto unserer <Freud- und Leidkasse> genommen." Die echten Freunde stöhnen auf. „Wann kriegen wir unser Geld denn wieder?" Es dauert, bis Willi antwortet. Er stottert. „Das weiß keiner, wenn, also wenn, … wenn denn überhaupt. Ich glaube nicht, jedenfalls nicht nächstes Jahr, wenn wir unser 50. Gründungsjubiläum feiern." Die echten Freunde schweigen erschüttert.

Dass der Schatzmeister damals auch seinen eigenen Spargroschen hoffnungsvoll auf ein privates Herstatt-Konto überwiesen hat, würde wohl nicht als Entschuldigung akzeptiert werden. Deshalb erklärt Willi Winterberg jetzt nichts mehr und schaut ins Leere.

Walter flüstert. „Willi, du wolltest ja noch etwas sagen. Wie besprochen!" Ach ja. Willis Stimme klingt jetzt heiser. „Liebe Vereinskameraden, ich muss leider aus gesundheitlichen Gründen mein Amt als Schatzmeister mit sofortiger Wirkung niederlegen. Auch jetzt im Moment geht es mir gar nicht gut." Walter legt seine Hand demonstrativ freundschaftlich auf Willis Schulter und ringt sich ein kühles Lächeln ab. „Kein Problem, lieber Willi. Der Manni fährt dich jetzt nach Hause." Für einen Abschieds- oder Dankesapplaus nach jahrelanger ehrenamtlicher Arbeit rührt sich im Vereinslokal keine Hand.

Am nächsten Morgen schreibt Willi einen Brief an seinen Vereinsvorsitzenden Neubauer und erklärt seinen Austritt aus dem Verein. Dann geht er zu seinem Hausarzt, der ihn wegen einer schweren Depression für zunächst einmal sechs Wochen krankschreibt. Zwei Jahre später, nach diversen Therapien und Kuren, geht Willi Winterberg mit 63 Jahren in den vorzeitigen Ruhestand.

In der *Raumstation Orion* wird gezockt.

Inzwischen kommen immer mehr kriminelle Einzelheiten zu der Bankenpleite ans Licht der Öffentlichkeit. Demnach hat die

Devisenhandelsabteilung der Bank unter ihrem Leiter Dany Dattel bereits seit 1973 mit Milliardensummen auf den Dollarkurs spekuliert. Ausgerechnet die Herstatt-Bank, die nach ihrer Gründung in 1955 mit dem Slogan warb *„Geldanlage darf kein Glücksspiel sein!"*, entpuppt sich als größtes Kölner Spielcasino. Schon für 1973 hätte in der Bilanz des Kreditinstituts als Ergebnis der Zockerei statt eines Gewinns ein bedrohlicher Verlust ausgewiesen werden müssen. Um das zu vertuschen, fälschen die Verantwortlichen das Jahresergebnis mit erfundenen Aktivposten.

Im Devisen-Handelsraum der Bank, der wegen seiner damals noch futuristisch erscheinenden Computerausstattung und der blinkenden Monitore bankintern (nach einer Fernsehserie) *Raumstation Orion* genannt wird, versuchen die Glücksspieler in 1974 die Verluste des Vorjahres auszugleichen. Dazu wird mit den Einlagen der Sparer ein noch größeres Rad gedreht, die risikoreichen Wetten auf einen hoffentlich steigenden Dollar werden noch einmal erhöht, alle vorgegebenen Limits werden überschritten. Doch der Dollarkurs fällt.

Im Juni geht nichts mehr. Den 77 Millionen Mark haftendes Herstatt-Kapital stehen nach einem ersten Kassensturz der Aufsichtsbehörde ca. 480 Millionen Mark Verluste aus Spekulationsgeschäften gegenüber. Bei einer späteren Gesamtberechnung ist von 1,2 Milliarden Mark die Rede. Fassungslos erlebt Köln den Absturz des Banken-Raumschiffs aus galaktischen Höhen. Noch fassungsloser hören die mittellos gewordenen Sparer den „Raumschiff-Commander" Iwan Herstatt behaupten, dass er von dem kriminellen Treiben in seiner Bank nichts gewusst habe!

1.192 Seiten Anklageschrift wollen sorgfältig begründet geschrieben werden. Deshalb vergehen volle fünf Jahre nach dem Fiasko der Herstatt-Bank, bevor im März 1979 endlich das Strafverfahren gegen „die Angeklagten Iwan D. Herstatt und andere wegen Konkursvergehen, Untreue und Bilanzbetrugs" eröffnet wird.

Sein Therapeut hat ihm zwar davon dringend abgeraten. Aber Willi Winterberg hat sich entschlossen, den Strafprozess im Appellhof als Zuschauer zu beobachten. Er will sie angeklagt und verurteilt sehen, diese gewissenlosen Wirtschaftskriminellen mit den weißen Kragen, die ihm die Gesundheit und die Lebensfreude der letzten fünf Jahre gestohlen haben.

Drei Personen macht er dafür besonders verantwortlich: Natürlich den Namensgeber der Bank, also deren Aushängeschild Iwan D. Herstatt. Dann dessen von ihm so bezeichneten „Oberbetrüger" Dany Dattel. Aber schließlich auch den Herrn Dr. Hans Gerling. Denn der ist nicht nur zu mehr als 80 v.H. an dem Kapital der Bank beteiligt. Er ist zudem noch Vorsitzender des Aufsichtsrats sowie des Verwaltungsrats und müsste in diesen Funktionen doch alle Tricksereien des Bankpersonals kontrolliert, gewusst und gebilligt haben! Irritiert entnimmt der frühere Herstatt-Kunde Winterberg aber der Kölner Presse, dass der Hauptaufseher der Bank und Kölner Versicherungskonzernchef Dr. Gerling gar nicht erst angeklagt werden wird. Warum nur, fragte sich Willi.

Rache? Nein, Willi will keine Rache. Inzwischen hat er persönlich ja auch, wie alle Kleinsparer bis zu 20.000 Mark Kontenguthaben, eine vollständige Entschädigung aus dem „Feuerwehr-Fonds" der deutschen Banken erhalten. Sein früherer Karnevalsverein hat zumindest weit mehr als die Hälfte aus einem gerichtlichen Vergleich erstattet bekommen. Keine Rache, sondern Gerechtigkeit, die erwartet er von dem beginnenden Strafverfahren im Appellhof! So, wie der „kleine Mann" auf der Straße Gerechtigkeit versteht.

26 Verteidiger und 8 Angeklagte, nein 7, nein 6!

„Zum Herstatt-Prozess: 1. OG, Schwurgerichtssaal." Für dieses Strafverfahren von internationalem Interesse muss es natürlich der größte Gerichtssaal im Gebäude sein.

„Gut so", denkt Willi zufrieden, als er den Wegweiser am Eingang des Appellhofs sieht. „Da, wo die Mörder und Räuber verknackt werden. Das passt!"

Im Sitzungssaal, an den Beteiligtentischen vor der Richterbank, sieht Willi erst einmal fast nur schwarze Roben. Nicht weniger als 26 Rechtsanwälte haben die acht Angeklagten zu ihrer Verteidigung engagiert. Und natürlich sind es die in der Presse so bezeichneten „Star-Anwälte" der Republik. Acht Angeklagte? Willi zählt nur sieben.

Nach der Eröffnung der mündlichen Verhandlung glaubt man sich beim Training auf einem Tennisplatz, wo eine Ballwurfmaschine unermüdlich Tennisbälle über das Netz schleudert, die dann zurückgeschmettert werden. Die Bälle kommen als Anträge von den Anwälten und werden vom Gericht, der 16. Großen Strafkammer, mit Wucht retourniert: Antrag auf Einstellung des Verfahrens - Abgelehnt! – Antrag auf Unterbrechung oder Vertagung - Abgelehnt! – Antrag wegen Besorgnis der Befangenheit - Abgelehnt! - Antrag auf Protokollierung - Abgelehnt! Der Prozess tritt auf der Stelle. Sein Sitznachbar, auch ein Herstatt-Geschädigter aus der Gruppe der „kleinen Leute", bringt es in einer Verhandlungspause mit der

Frage an Willi Winterberg auf den Punkt: „Das hier ist doch nichts als Anwaltsklamauk – oder?"

Schnell wird den Zuschauern klar, dass der achte, im Gerichtssaal fehlende Angeklagte der Chef-Devisenhändler Dany Dattel ist. Nicht weniger als drei Rechtsanwälte werden nicht müde, dem Gericht die absolute Verhandlungsunfähigkeit dieses deshalb auch nicht erschienenen Angeklagten darzulegen. Denn der als Kleinkind mit seinen jüdischen Eltern 1944 für einige Monate in das KZ Auschwitz deportierte Abteilungsleiter des Bankhauses leidet jetzt, hervorgerufen durch das Strafverfahren gegen ihn, an psychischen Krankheiten. Diese Leiden heißen „erlebnisreaktive Depression" und „Angstneurosen" oder „KZ-Syndrom als Folge eines frühkindlichen Verfolgungsschicksals" und werden von hochkarätigen Medizinern attestiert. Bei einem erzwungenen Erscheinen vor Gericht droht unzweifelhaft Selbstmord! Sagen die Ärzte.

Nach zwölf Verhandlungstagen stellt die Strafkammer das Verfahren gegen Daniel Dattel ein. Er hat nicht eine Minute auf der Anklagebank gesessen. Wohl ist er öfters mit auf Familienangehörige zugelassenen Porsche- und Mercedes-Karossen durch Köln gefahren. Bis ihm - krankheitsbegründet - der Führerschein entzogen wurde. Dagegen ist er anwaltlich vorgegangen.

Schon bald zeigt auch der Hauptangeklagte Iwan D. Herstatt Krankheitssymptome. Und das, obwohl er sich regelmäßig in den Mittagspausen des Verfahrens mit seinen Verteidigern im Restaurant des *Hotel Excelsior* stärkt. Dafür überzieht er auch schon einmal die Mittagspause und lässt die anderen Prozessteilnehmer warten.

Bei ihm ist es jedenfalls das Herz, das besorgniserregende Schwächen zeigt. In den ersten Wochen kann der ehemalige Privatbankier das Verfahren ja noch körperlich durchstehen. Allerdings darf aufgrund ärztlicher Vorgaben nur noch vormittags und das auch nur mit Pausen verhandelt werden. Zwischendurch muss dem 1,96 m großen und 130 kg schweren Patienten regelmäßig der Blutdruck gemessen werden. Dann geht es leider nicht mehr weiter: Ein Bonner Universitätsprofessor erläutert der Strafkammer mit vielen medizinischen Fachbegriffen, der Patient Herr Herstatt sei *„nahe an einem tödlichen Herzinfarkt"*, ein Weiterverhandeln sei für ihn deshalb *„lebensbedrohlich"*. Das Gericht stellt daraufhin am 11. Oktober 1979 das Strafverfahren gegen den Angeklagten Iwan Herstatt vorläufig ein.

Das reicht einem von der Justiz völlig enttäuschten Willi Winterberg, der seiner Ehefrau Monika an diesem Tag erklärt, er werde nicht mehr als Zuschauer in den Appellhof gehen. Denn: „Die Kleinen hängt man, die Großen lässt man laufen!" So sehen das auch hunderte von Kölner Bürgern, die ihrer Empörung über diese „Klassenjustiz" u.a. in wütenden Leserbriefen an die Lokalpresse Luft machen.

Noch schlimmer als den Hauptangeklagten Herstatt hat es wohl den Mehrheitsaktionär und Aufsichtsratsvorsitzenden der Pleitebank gesundheitlich erwischt, nämlich den Versicherungskonzernchef Dr. Hans Gerling mit Wohnsitz in der Schweiz. Niemals angeklagt, lösen bei ihm schon Ladungen als Zeuge akute Krankheitsschübe aus. Kaum ist an ihn eine der vielen Ladungen im Herstatt-Prozess zugestellt, erhält das Kölner Gericht ärztliche Atteste und Gutachten aus einem Schweizer Sanatorium am Bodensee: Aufgrund einer schwerwiegenden Herz-Kreislauf-Erkrankung sei Herr Dr.

Gerling dort stationär aufgenommen worden und nicht verhandlungsfähig.

Nur merkwürdig: Die Wirtschaftszeitungen melden, dass der Versicherungsmagnat an Aufsichtsratssitzungen zum Beispiel in Kanada teilgenommen habe. „Völlig normal", klärt der Rechtsanwalt von Dr. Gerling die Strafkammer per Schriftsatz auf: Die Kreislaufbelastung sei bei einer Zeugenaussage vor Gericht ja auch viel höher als bei einem Managertreffen in den Top-Wirtschaftskreisen!

So richtig schuld ist niemand.

Der Ex-Bankier Iwan Herstatt fällt in den Folgejahren nicht nur als quietschvergnügter Capri-Urlauber, sondern auch durch eine Berufstätigkeit als Werbeträger für eine Sekt-Kellerei auf. Ein daraufhin gerichtlich angeordneter Gesundheits-Check ergibt verblüffender Weise die Verhandlungsfähigkeit des doch früher todkranken Ex-Bankiers. Der lässt sich zwar dann noch hastig einen Herzschrittmacher implantieren, was aber einen erneuten Strafprozess gegen ihn nicht verhindern kann.

Das erste Urteil gegen Iwan Herstatt in diesem zweiten strafrechtlichen Anlauf fällt 1984 zunächst mit einer Freiheitsstrafe von viereinhalb Jahren immerhin deutlich aus. Da ist das Landgericht auch schon vom Appellhof in das neue Gerichtsgebäude an der Luxemburger Straße umgezogen und es verhandelt eine andere Strafkammer. Doch auf die Revision urteilt der Bundesgerichtshof 1987 erstaunlich milde - nur noch zwei Jahre für den Angeklagten Iwan D. Herstatt, und das mit Bewährung! Genauso, wie auch andere Herstatt-Angeklagte in der Revisionsinstanz abgeurteilt werden: Wenn schon nicht Freispruch, dann allenfalls eine Freiheitsstrafe mit Bewährung.

Fast keiner der Bankverantwortlichen muss wirklich eine Freiheitsstrafe verbüßen.

Willi Winterberg korrigiert deshalb seine frühere Aussage: „Die Kleinen hängt man, die Großen lässt man laufen!" Für ihn heißt es jetzt, wie für so viele Kölner Bürger: „Ob Kleine oder Große - wer einen weißen Kragen hat, den lässt man laufen!"

Die Eheleute Winterberg haben sich an einem Rosenmontag Ende der 1990-er Jahre am Römerbrunnen aufgestellt, um dort an der Burgmauer den Kölner Karnevalszug zu sehen. Da fällt Willis Blick auf das gegenüber liegende Gebäude und er sagt zu seiner Monika: „Schatz, wir stellen uns besser auf die andere Straßenseite, mit dem Rücken zum Appellhof. Wenn ich das Gerichtsgebäude da hinten vor Augen habe, komme ich nicht mehr in Karnevalsstimmung!"

„Lieber Gott, lass meine armen Eltern zurückkehren!"

Der Kölner Lischka-Prozess wegen der Gräueltaten von SS-Schergen in Frankreich kommt 35 Jahre zu spät.

Um die Kinder von ihren Müttern trennen zu können, muss die Miliz Schlagstöcke einsetzen. Durch diese Knüppelattacken auf die Frauen können die schreienden zwei- bis zwölfjährigen Kinder aus den schützenden Armen ihrer Mütter herausgerissen werden. Bei Widerstand der älteren Kinder wird auch auf sie eingeprügelt.

Es ist eines der unmenschlichsten Kapitel in der Geschichte der von den Nationalsozialisten angestrebten „Endlösung der Judenfrage" in Frankreich. Im Frühsommer 1942 hat man auf Befehl der deutschen Besatzer tausende von nichtfranzösischen Juden – zumeist nach Frankreich immigrierte oder vor den Nazis geflüchtete jüdische Bürger aus den umliegenden europäischen Staaten – in Lagern interniert, um sie nach Auschwitz zu deportieren. Ihre kleinen Kinder haben jedoch, soweit sie in Frankreich geboren worden sind, dadurch die französische Staatsangehörigkeit. Aber für die Ermordung von französischen Juden in den Vernichtungslagern im Osten liegt zu dieser Zeit noch keine „Freigabe" aus Berlin vor. „Dann müssen die nichtfranzösischen jüdischen Eltern eben ohne ihre französischen Kinder deportiert werden", so die entmenschlichte Logik der Gestapo-Kommandanten in Paris. Wenig später wird aus dem Juden-Referat die erwartete formale Zustimmung zur Deportation auch der Kinder erteilt.

Also kommen in der zweiten Augusthälfte 1942 in mehreren Schüben etwa 4.000 Kinder ohne ihre bereits deportierten Eltern im Lager Drancy bei Paris an, von wo die Züge u.a. nach Auschwitz und Majdanek fahren. Die Transportbusse mit den Kindern halten hinter Stacheldraht-Barrikaden. Ältere Kinder nehmen die jüngeren an die Hand. Weinende Kleinkinder suchen ihre älteren Geschwister oder schreien nach ihren Müttern, bevor sie erschöpft auf die schmutzstarrenden Matratzen in den Lagerbauten fallen. Jeweils etwa zwei Tage nach Ankunft einer Gruppe gehen morgens früh die tagelangen Eisenbahn-Transporte über etwa 3.000 km nach Polen ab. Deportiert werden jeweils 500 Kinder und 500 ihnen fremde erwachsene Juden.

Um 5 Uhr müssen die Kinder angezogen bereitstehen. Wer nicht fertig ist oder sich sträubt, wird leicht bekleidet in die Viehwaggons getrieben oder getragen. Penibel achten die Nazi-Schergen darauf, dass man den kleinen Mädchen ihre Ohrringe und Halsketten abgenommen hat. Die könnten ja noch einen Wert haben.

Auszüge aus den Zeugenaussagen im Gerichtsgebäude Appellhof, 37 Jahre später:

> *„Eine unerträgliche Veränderung für uns alle bedeutete, dass 4.000 Kinder ohne Eltern ankamen, und zwar Kinder im Alter von zwei Jahren. ... Ich habe vieles erlebt. Das Tragischste aber war die Sache mit den Kindern in Drancy. Nie habe ich so etwas Abscheuliches erlebt. ... Nach unserer Ansicht wäre es ein Wunder gewesen, wenn auch nur eine kleine Gruppe von Kindern angesichts ihres Zustandes lebend am Ziel angekommen wäre."*

(Aussage des französischen Zeugen Georges Wellers, jüdischer Historiker und Chemiker, beim Prozess im Appellhof, seinerzeit interniert in Drancy und Überlebender des KZ Buchenwald)

„Wir sagten den Kindern, dass sie an der Grenze ihre Eltern wieder
träfen. Wir wussten, dass wir die Kinder belogen."

(Aussage der jüdischen Zeugin Marie Husson, die 1942 in
Drancy interniert war, aber wegen ihres nichtjüdischen
Ehemannes nicht deportiert wurde, beim Prozess im
Appellhof.)

Die Verschleppung und Ermordung der Kinder ist eines der
grausamsten Kapitel der Judenverfolgung durch die Nazis in
Frankreich. Aber auch über 70.000 erwachsene Juden werden in
der Zeit von 1942 bis 1944 aus Frankreich in die
Vernichtungslager Auschwitz und Majdanek transportiert. Als
einmal ein Transport die Sollzahl von 1.000 nicht erreicht, wird
der Zug mit bettlägerig kranken Juden aus einem Hospital
„aufgefüllt". Mindestens 40.000 Menschen werden sofort in die
Gaskammern getrieben. Nur knapp 3.000 der Deportierten
überleben den Holocaust.

Für diese Unmenschlichkeiten sind im Räderwerk der
deutschen Besatzer in Frankreich unter vielen anderen die
folgenden Personen mitverantwortlich: SS-
Obersturmbannführer Kurt Lischka, persönlicher Referent des
Höheren SS- und Polizeiführers in Paris (zuvor Gestapo-Chef im
Kölner ELDE-Haus), SS-Sturmbannführer Herbert Martin
Hagen sowie SS-Unterscharführer Ernst Heinrichsohn,
Sachbearbeiter im Judenreferat des Befehlshabers der
Sicherheitspolizei und des Sicherheitsdienstes. Alle drei werden
nach dem Krieg in Frankreich für ihre Beteiligung an der
Judenverfolgung in Abwesenheit zu hohen Strafen verurteilt.

Absurder Rechtsschutz für die Täter

Aber genau diese Verurteilungen schützen die jetzt in Deutschland lebenden Täter vor Strafverbüßung: Eine erneute Verurteilung hier ist durch das verfassungsrechtliche Verbot der Doppelbestrafung ausgeschlossen, eine Auslieferung nach Frankreich untersagt ein Artikel des Grundgesetzes. Und so leben die SS-Verbrecher bis Anfang der 1970-er Jahre noch völlig unbehelligt als die unauffälligen, netten Nachbarn von nebenan: Lischka und Hagen arbeiten als Prokurist bzw. Geschäftsführer in Köln und bei Soest, Heinrichsohn ist Rechtsanwalt und sogar CSU-Bürgermeister im bayerischen Bürgstadt.

1971 wird zwar ein Abkommen zwischen Frankreich und Deutschland geschlossen, das die wechselseitige Blockade aufhebt und eine erneute Strafverfolgung in Deutschland zulässt. Aber ein – man muss es so nennen - „Strafvereitelungskartell" interessierter Bundestagsabgeordneter sorgt zunächst für eine jahrelange Verschleppung des betreffenden Gesetzes bis zum formalen Inkrafttreten in 1975.

Es ist das Verdienst des französischen Historikers und Rechtsanwalts Serge Klarsfeld und seiner deutschen Ehefrau Beate Klarsfeld, die an weiteren Nazi-Strafprozessen völlig desinteressierte Politik und Justiz, vor allem aber die Öffentlichkeit wachgerüttelt zu haben. Die Eheleute tragen nicht nur aus Archiven in Paris, New York und Jerusalem aussagekräftige Dokumente zum Nachweis der Täterschaft von u.a. Lischka, Hagen und Heinrichsohn zusammen.

Mit Unterstützung von französischen Nazi-Opfern und deren Nachkommen werden zudem ab 1970, z.B. vor dem Bundestag, vor dem Kölner Dom, im Gerichtsgebäude Appellhof und an den Wohnorten der betreffenden drei Nazi-Schergen,

Demonstrationen organisiert. Provokante Straftaten der Demonstranten, wie aufgesprühte Hakenkreuze und verwüstete Arbeitsräume, ja sogar ein fehlgeschlagener Entführungsversuch an Lischka sorgen für bundesweites Aufsehen. Die Folge sind auch spektakuläre Strafverfahren gegen die Demonstranten sowie breite, kontroverse Diskussionen in den Medien.

Der Strafverfolgungsdruck auf das Nazi-Trio nimmt zu. Schließlich erhebt die Kölner Staatsanwaltschaft 1979 gegen Lischka (70), Hagen (66) und Heinrichsohn (59) vor der 15. Großen Strafkammer des Landgerichts Köln Anklage wegen Beihilfe zum Mord aus Rassenhass an mindestens 73.000 jüdischen Menschen. Alle drei Angeklagten sind Juristen, Lischka war sogar nach seiner Ausbildung einmal kurz als Richter tätig.

Der Prozessbeginn im Appellhof eskaliert.

Über 200 Zuschauer wollen noch in den Appellhof, obwohl der Gerichtssaal schon mit den vom Gericht zugelassenen Presse-Journalisten, Fotografen und Fernsehreportern halb voll ist. Denn am Morgen dieses 23. Oktober 1979 beginnt im Appellhof der international beachtete sogenannte „Lischka-Prozess" gegen die drei deutschen Nationalsozialisten, die laut Anklage an der „Endlösung der Judenfrage" in Frankreich maßgeblich mitgewirkt haben.

Die Verhandlung findet noch nicht einmal im größten Gerichtssaal des Gebäudes statt, denn der ist für den „Herstatt-Prozess" belegt. Das Gericht hat den Publikumsansturm unterschätzt, sonst hätte man wohl einen anderen, vielleicht externen und ausreichend großen Saal im Kölner Stadtgebiet für die Prozesseröffnung gewählt.

Das vor dem Gerichtsgebäude seit 7 Uhr morgens wartende Publikum, das sind vor allem die Überlebenden der nationalsozialistischen Juden-Deportationen aus Frankreich in die Vernichtungslager oder die Nachkommen und Verwandten dieser Opfer. Sie sind mit dem Nachtzug aus Paris nach Köln gekommen. Sie wollen endlich im Appellhof die Sühne für die Ermordung ihrer Angehörigen und Glaubensbrüder durch ein deutsches Gericht erleben. Viele tragen KZ-Kleidung, „Juden-Sterne" oder Abzeichen des französischen Widerstandes. Schilder, Transparente sowie Spruchbänder, teils in hebräischer Schrift, zeigen Protest und Emotionen.

Doch nur eine kleine Gruppe schafft es, als Zuschauer in den Gerichtssaal zu gelangen. Die meisten Franzosen werden schon am Gerichtseingang von Justizwachtmeistern abgewiesen: „Leider sind alle Zuschauerplätze bereits besetzt!" Das ist zutreffend. Dennoch kommt ungläubiges Erstaunen auf. Wut macht sich breit. Mit Gewalt versuchen Gruppen von abgewiesenen Jugendlichen in das Gebäude einzudringen. Steine fliegen, Glas splittert. Die Reifen von um den Appellhof parkenden Autos werden zerstochen. Am Ende der Ausschreitungen sind fünf durch Tränengas und Schläge verletzte Personen zu versorgen, die *Kölnische Rundschau* titelt am nächsten Tag: „Schlägereien vor Lischka-Prozeß".

Als mit einer Stunde Verspätung die mündliche Verhandlung eröffnet wird, ist die Stimmung im überfüllten Sitzungssaal aggressiv. Die Angeklagten, die den Saal durch eine Seitentür betreten, werden lautstark beschimpft. Von der Straße dringen Sprechchöre in den Saal: „Lischka – Mörder, Hagen – Mörder, Heinrichsohn – Mörder!" Die 15. Große Strafkammer des Landgerichts steht vor einer extrem schweren Aufgabe. Nicht nur bei der Wahrheitsfindung.

Ruhe und Sachlichkeit – der Gerichtsvorsitzende rettet das schwierige Strafverfahren

Es ist der Vorsitzende der Strafkammer, Dr. Heinz Faßbender, der im Laufe der Verhandlung immer wieder mit einerseits höflicher Verbindlichkeit, andererseits mit wegweisender Entschlossenheit klar macht, worum es in dieser Verhandlung nur gehen kann: „Wir werden dieses Verfahren ruhig und sachlich durchführen. Auch wenn der Prozess 35 Jahre zu spät kommt. Das ist für alle Beteiligten ohnehin schwer genug. Keinesfalls wird hier ein Urteil unter dem Druck der Straße gefällt werden!"

Minuten später wird diese Ankündigung auf eine erste Probe gestellt. Ein Zwischenrufer aus dem Publikum beschwert sich, dass der Vorsitzende die Angeklagten mit „Herr" anredet: „Das sind keine Herren, das sind Mörder!" Dr. Faßbender erwidert ruhig, aber sehr entschieden: „Ich habe als Vorsitzender Verhandlungen gegen Mörder, Räuber und Kinderschänder geführt. Ich habe sie alle mit <Herr> angeredet. Daran wird sich heute nichts ändern." Und unmissverständlich macht er klar: Wenn die Verhandlung weiter gestört werden sollte, werde er die heutige Sitzung abbrechen.

Daraufhin kehrt Ruhe im Gerichtssaal ein. Ohnehin sorgen die erschütternden Details in der Anklageschrift, die Staatsanwalt Rolf Holtfort vorträgt, für beklemmendes Schweigen. Hier wird von der deutschen Justiz im Klartext endlich ausgesprochen, was im Nachkriegsdeutschland über Jahrzehnte geleugnet, vertuscht oder verschwiegen worden ist. Und die Angeklagten, mögen sie auch sogenannte Schreibtischtäter sein, müssen sich die grausamen Einzelschicksale anhören, die von den wenigen noch überlebenden und aussagebereiten Opfer-Zeugen geschildert werden.

Aber immer noch gibt es die Menschen, die das Jahrhundert-Verbrechen des deutschen Nazi-Staates nicht wahrhaben wollen. Es zumindest kleinreden oder von dem entsetzlichen Geschehen ablenken wollen. Zeugen der Verteidigung wollen nichts vom Schicksal der Deportierten gewusst haben. Andere verweigern die Aussage.

Da ist sogar der Verteidiger eines der Angeklagten, der sich empört, dass der französische Rechtsanwalt Serge Klarsfeld vom Gericht als Nebenkläger in eigener Sache zugelassen worden ist. Es mag ja sein, so die Argumentation des Verteidigers, dass der Vater des Nebenklägers aus Frankreich deportiert und in Auschwitz vergast worden ist; aber der Sohn Serge ist doch in Rumänien geboren worden. Was hat er denn in diesem Prozess zu suchen, in dem es um Straftaten in Frankreich geht? Für diese regionale Aufteilung der Opfer hat der Vorsitzende Faßbender überhaupt kein Verständnis: „Herr Rechtsanwalt, was soll das denn?"

Der diskriminierte Nebenkläger Serge Klarsfeld erwidert später in seinem Schlussplädoyer darauf eindrucksvoll, indem er aus einem herzzerreißenden Brief vorliest. Den hat ein Kind geschrieben, bevor es aus Drancy nach Auschwitz verschleppt wurde:

„Lieber Gott, ich werde bis zum letzten Augenblick an dich denken. Lass meine armen Eltern zurückkehren. Ich hatte so eine gute Mama und einen so guten Papa. ... "

Es ist ein Glücksfall für die Wahrheitsfindung in diesem Prozess, dass Anklagevertreter und Strafkammer auf Dokumente

zurückgreifen können, die die deutschen Besatzer beim
überhasteten Rückzug aus Frankreich nicht mehr vernichten
konnten. Deshalb gibt es schon im Wortlaut eindeutige
Schriftstücke zu der Judenverfolgung: Die sind von den drei
Angeklagten verfasst, von ihnen per Handzeichen zur Kenntnis
genommen oder in ihnen sind die Angeklagten als aktive
Mitwirkende des sogenannten „Judenabschubs" bezeichnet
worden. Die Buchhalter des Todes haben pedantisch
festgehalten, wann welcher Transport mit welchen namentlich
aufgelisteten Personen in welches Vernichtungslager gefahren ist.

Der Angeklagte Heinrichsohn behauptet zunächst, er habe als
„kleiner Büroschreiber" nichts mit den Deportationen zu tun
gehabt; er werde wohl mit einem Namensvetter verwechselt. Er
wird jedoch von Zeugen identifiziert: „Ja, das ist der Mann, der
in SS-Uniform mit Peitsche im Lager Drancy brüllend für den
pünktlichen Abtransport der Deportierten gesorgt hat."

So braucht das Gericht nur 29 Verhandlungstage oder etwa
drei Monate, bis Staatsanwaltschaft, Nebenkläger und
Verteidiger ihre Schlussplädoyers halten können. Kein Vergleich
mit dem in Düsseldorf zeitlich parallel laufenden sogenannten
„Majdanek-Prozess", der sich gerade in das fünfte
Verhandlungsjahr schleppt!

Die Staatsanwaltschaft sowie die Nebenkläger sind sich einig:
Hier stehen „willfährige, mitleidlose Werkzeuge" der
nationalsozialistischen Judenverfolgung vor Gericht. Aufgrund
ihrer Funktion und Dienststellung hätten die Angeklagten wissen
müssen, welches Schicksal den von ihnen deportierten Opfern
drohte, nämlich *„die restlose Vernichtung der Juden."* So wie es auch
im Schriftverkehr aus der damaligen Zeit einmal offen erklärt
wird. Für ihre Beihilfe zum über 70.000-fachen Mord sollen die

Angeklagten mit Freiheitsstrafen von fünf bzw. zwölf Jahren Haft büßen.

Die Anträge der Verteidigung lauten demgegenüber auf „Freispruch". Die Begründungen sind teilweise grotesk. Für den Verteidiger Lischkas ist der ganze Prozess „eigentlich rechtswidrig", seine Durchführung sei ein „Elend". Die Begriffe „Vernichtung" und „Ausrottung" seien selbst von SS-Führern nicht als Tötung verstanden worden. Natürlich hätten die Angeklagten nichts von der beabsichtigten Ermordung der Deportierten gewusst, sondern an deren „Arbeitseinsatz im Osten" geglaubt. Der Verteidiger des Angeklagten Heinrichsohn versteigt sich sogar zu der unsäglichen Behauptung, sein Mandant sei hier „zum Prügelknaben gemacht worden, weil er CSU-Bürgermeister" sei.

Ein Urteil schafft späte Gerechtigkeit, die Begründung mahnt für die Zukunft.

Am Montag, den 11. Februar 1980, um 15.11 Uhr verkündet der Vorsitzende das Urteil, das solche Einlassungen klar und deutlich zurückweist: „Die Angeklagten sind der Beihilfe zum Mord schuldig." Wegen dieser Beihilfe zum Mord in mindestens 40.000 Fällen – das ist die Zahl der nachweislich nach der Deportation sofort vergasten Opfer - werden Hagen zu zwölf, Lischka zu zehn und Heinrichsohn zu sechs Jahren Freiheitsstrafe verurteilt. In seiner anderthalbstündigen Urteilsbegründung zerpflückt der Gerichtsvorsitzende Faßbender die Schutzbehauptungen der Angeklagten.

Welchen „Arbeitseinsatz" sollten denn die deportierten Kinder, Greise und Schwerkranken leisten? Warum war in internen Schriftstücken der SS, die die Angeklagten nachweislich kannten, von der „restloser Vernichtung der Juden" statt vom

„Arbeitseinsatz im Osten" die Rede? Die Strafkammer ist überzeugt: Die Angeklagten hatten aufgrund ihrer Einblicke in die Verhältnisse die Ermordung der Juden in den polnischen Lagern zumindest für möglich gehalten und dennoch an den Deportationen mitgewirkt. Straferhöhend ist für das Gericht das trotzige Schweigen der Angeklagten. Die Richter vermissen ein Geständnis, wenigstens ein aufrichtiges Wort des Bedauerns angesichts des monströsen Verbrechens.

Dann findet der Vorsitzende auch noch klare Worte gegen die weit verbreitete „Schlussstrich-Mentalität". Das ist die damalige Meinung in der deutschen Öffentlichkeit, wonach Jahrzehnte nach dem Nazi-Terror gegen Minderheiten „endlich einmal Schluss sein" müsse mit der Strafverfolgung der NS-Tätern, weil das ja „keinen Juden wieder lebendig machen" werde.

„Wir Richter am Schwurgericht verhandeln regelmäßig gegen die leider üblichen Mörder, Räuber und anderen Gewalttäter. Zu denen haben wir immer Abstand. Aber zu Ihnen gewinnen wir nur schwer Abstand, weil Sie wie Verwandte aussehen, wie der freundliche Onkel. Hieraus ergibt sich die Gefahr, dass erneut geschehen kann, was damals geschehen ist. Auch darum ist ein Verfahren wie dieses selbst nach so vielen Jahren von großer Bedeutung!"

Damit geht ein außergewöhnlicher Strafprozess im Appellhof Jahrzehnte zu spät, aber dennoch in vielfacher Hinsicht befriedigend zu Ende. Am Eingang des Sitzungssaals der damaligen mündlichen Verhandlung erinnert heute eine Gedenktafel an dieses besondere Verfahren.

Gau am Bau – vom Appellhof zum Berliner Flughafen BER

Das Gericht wird saniert, 15 Jahre lang, mit immer neuen Millionen. Trotzdem – alles prima!

Als guter Geist des Appellhofs amüsiere mich immer wieder, wenn vor den Sitzungssälen wartendes Publikum über bestimmte prestigeträchtige Bauten der Republik als „Fässer ohne Boden" schimpft. Bevorzugt geht es dabei um den Bahnhof „Stuttgart 21" oder natürlich – das Lieblingswutobjekt der empörten Bürger - um den Neubau des Flughafens Berlin-Brandenburg, kurz BER genannt.

Dann führe ich manchmal Selbstgespräche: „Ach, Franz, wenn die wüssten, dass vor ein paar Jahrzehnten sich hier genau das gleiche im Kleinformat abgespielt hat!" Das ist wenig bekannt, weil die Justizverwaltung nicht so im Blickpunkt der Öffentlichkeit steht.

Nun ist Köln ja seit dem Mittelalter (Baubeginn des Kölner Doms) bis in die jüngste Neuzeit (U-Bahnbau, Opernhaus-Sanierung) nicht gerade für zügig und zuverlässig fertiggestellte Bauprojekte bekannt. Ich kann nicht anders als die jetzt folgende Geschichte mit ganz viel Spott zu erzählen: Vielleicht haben die Berliner sich das frühere Bau-Chaos im Appellhof interessiert angesehen und dann gesagt: „Nach dieser Vorlage versuchen wir das bei unserem Flughafen auch einmal!" Es gibt da nämlich verblüffende Parallelen.

In Köln beginnt die Baugeschichte der Appellhofsanierung zunächst völlig unspektakulär: Für Amts- und Landgericht sowie die Staatsanwaltschaft wird Ende der 1970-er Jahre an der

Luxemburger Straße das neue Justizzentrum gebaut. Nach dem Auszug der Staatsanwaltschaft aus dem Appellhof in den Neubau sollen 1981 das Kölner Verwaltungsgericht und 1987 das Kölner Finanzgericht das frei werdende historische Gerichtsgebäude belegen. Dazu aber muss das alte Gericht noch für seine neuen Nutzer saniert werden.

Für diese Sanierung gewinnt der Bauherr, das Land NRW, sogar das renommierte und vielfach ausgezeichnete Kölner Architekten-Ehepaar Peter und Ursula Trint. Im Sommer 1980 wird der Planungsauftrag erteilt. Das Büro Trint hat ambitionierte Pläne: Keine „Pinsel-Renovierung"! Es soll auch nicht bei der Reparatur von seinerzeit nur provisorisch behobenen Kriegsschäden oder der Erneuerung der veralteten Haustechnik bleiben: Eine freitragende, eventuell verglaste Brücke über den Innenhof hinweg soll Nord- und Südflügel des Gerichts verbinden, im Lichthof sind Ruhe- und Lesezonen für die angrenzenden Bibliotheken der beiden Fachgerichte vorgesehen. 1981 zieht zunächst das Verwaltungsgericht in den unsanierten Appellhof ein und hofft auf eine kurze Sanierungszeit.

Am Anfang scheint alles einigermaßen planmäßig zu verlaufen und der Justizminister mahnt das Finanzgericht Köln im Sommer 1984 vorsorglich,

> „ ... die Vertragslaufzeiten für die von Ihnen angemieteten Objekte ... so zu koordinieren, daß die Objekte zum 31.12.1987 aufgegeben werden können."

Denn dann ist der Appellhof auch für das Finanzgericht fix und fertig saniert, also einzugsbereit. Meint der Herr Justizminister. Doch er hat nicht die „Goldenen Regeln für das zuverlässige Bau-Chaos" bedacht, die jetzt befolgt werden.

Goldene Regel Nr. 1: Weg mit den externen Fachleuten!

Der Appellhof ist 1983 unter Denkmalschutz gestellt worden und der neu zuständige Landeskonservator beim Regierungspräsidenten lehnt die teilweise spektakulären Umbaupläne des Architekturbüros Trint in einzelnen Punkten rundweg ab. Daraufhin werfen die Architekten Trint hin und steigen im Juni 1988 aus dem Appellhof-Projekt aus. Und so ist das Fachwissen externer Profis dauerhaft vermieden. Niemand redet der landeseigenen Bauverwaltung rein, man ist unter sich.

Überhaupt nicht schlimm, meint der Justizminister: Denn wenn jetzt ohnehin nur auf „Karo einfach" saniert wird, kann das auch das Staatshochbauamt Köln alleine. So ein Standardauftrag wird für meine Baubeamten überhaupt kein Problem sein und es geht deshalb auch alles ganz fix! Zumal das engagierte Justizministerium durch gezielte Einflussnahme das Baugeschehen optimieren kann.

Das nun für die Projekt-Steuerung allein zuständige Landesamt bremst den Justizminister zwar ein wenig: Es gebe doch *„große Zeitverzögerungen im Terminplan"*. Der Bauamts-Chef übt sich aber im Juli 1988 in der politisch scheinbar gewünschten Bau-Poesie:

> *„Bei zügigem Baufortschritt und gesicherter Mittelbereitstellung gehe ich jedoch davon aus, daß der zugesagte Fertigstellungstermin eingehalten werden kann."*

Damit ist inzwischen das Jahr 1991 gemeint. Gut, der jetzt zugesagte Termin ist ja auch nur vier Jahre später als ursprünglich geplant.

Dann beginnen im Appellhof die Bauarbeiten - in einem „Stop-and-go"-Modus. Es stoppt allerdings mehr als dass es vorangeht: Bei der Fundamentgründung der Anbauten im Innenhof stößt man auf römische Funde – Baustopp, erst mal müssen die Archäologen ran! Der staatliche Bauleiter kündigt seinen Job – Baustopp, ohne den wichtigsten Mann auf jeder Baustelle geht natürlich gar nichts! Der Kostenrahmen für die ersten Bauabschnitte wird überschritten – Baustopp, ohne Moos nix los! Inzwischen spricht man von einer Fertigstellung in 1993 - wenn denn alles andere klappt.

Jetzt werfen wir mal zum Vergleich einen Blick auf das ein paar Nummern größere Berliner Flughafenprojekt BER. Auch dort bemüht man sich intensiv um die Vermeidung des verderblichen Einflusses von Baufachleuten. Zwar gibt es in Berlin kein Architekturbüro Trint, aber seit 1999 ist der international renommierte Baukonzern Hochtief AG aus Essen mit Partnerfirmen als Generalunternehmer für den Flughafenbau unter Vertrag. Hochtief ist gesamtverantwortlicher Ansprechpartner für das Bauvorhaben. Und die Essener haben immerhin zuvor Airports in Saudi-Arabien und Athen problemlos ans Laufen gebracht.

Doch 2003 werden diese Profis für Großprojekte in Berlin aus dem Vertrag gedrängt. Der neue Regierende Bürgermeister Klaus Wowereit, zugleich Chef der Flughafengesellschaft als Bauherrin, hält wie sein Brandenburger Kollege Matthias Platzeck einen Generalunternehmer für überflüssig und zu teuer. Wowereit strotzt nach der Vertragskündigung vor Selbstbewusstsein: „Wir können das nicht nur besser, sondern auch billiger!" Damit ist der Grundstein nicht für den Flughafen, sondern für das bis heute andauernde BER-Chaos feierlich gelegt worden.

Goldene Regel Nr. 2: Frühzeitig und geschickt die Verantwortungslosigkeit aller Beteiligten am Bau organisieren!

Diese Regel ist bei der Appellhofsanierung schon deshalb leicht einzuhalten, weil die beamteten Sanierer vom Staatshochbauamt Köln praktisch die Vertreter des Bauherrn NRW selbst sind. Was man auch plant und ausführt – es ist höheren Orts von eigenen Leuten abgesegnet worden und in Köln ist somit jeder „aus dem Schneider". Vorsorglich wechselt man aber im Laufe der nächsten Jahre den Bauleiter drei oder vier Mal aus.

In Berlin ist das nur unwesentlich schwieriger, weil das Problem clever durchdacht wird. Wenn der politische Bau-Chef Wowereit sagt, dass „wir" das Flughafenprojekt besser könnten, dann meint er damit Politiker und Verwaltungsbeamte. Die haben vermutlich große Bauerfahrungen schon bei der Errichtung ihres Eigenheims sammeln können. Um dieses erstaunliche Know-how sogar noch zu vertiefen, werden in den folgenden Jahren fast 70 verschiedene auf Honorarbasis arbeitende Ingenieurbüros für die Flughafen-Baustelle beauftragt.

Damit ist auch hier die organisierte Verantwortungslosigkeit gewährleistet: Statt dass es einen universellen Ansprechpartner und einen Gesamtverantwortlichen für den Airport gibt, treffen sich die diversen Ingenieurbüros wöchentlich zu „Jours fixes" und gucken einen ständig wechselnden „Häuptling" als Gesamtprojektleiter oder Gesamtbauleiter aus. Das ist praktisch, weil dann jeder mögliche Fehler dem anderen anlasten kann.

Goldene Regel Nr. 3: Immer wieder neu planen, gerne auch bei laufender Bautätigkeit!

Irgendwann in den frühen 1980-er Jahren wird festgestellt, dass die beiden personell stark wachsenden Fachgerichte einen höheren Raumbedarf haben als der Appellhof an Fläche hergibt. Zwei kleine Anbauten im Innenhof sollen das Problem lösen. Es muss neu und ergänzend geplant werden. Und nachdem die Architekten Trint ausgestiegen sind, muss jetzt erst einmal eine *„Überarbeitung und Abstimmung der bisherigen Entwurfs- und Ausführungsplanung"* erfolgen, sagt das Staatshochbauamt Köln völlig zu Recht. Selbst „Karo einfach" will gut überlegt sein.

In Berlin sind diese planerischen Umbrüche natürlich ein paar Nummern größer als in Köln: Die Prognosen für zukünftige Flugpassagierzahlen gehen in die Höhe? – Na, dann zeichnen wir mal ein paar Flugsteig-Piers mehr in die Baupläne rein! – Die EU verlangt neuerdings größere Kontroll- und Sicherheitsbereiche an Flughäfen? – Auch kein unlösbares Problem, zur Not müssen dann eben Pavillons helfen!

Aber der Regierende Bürgermeister Wowereit hat in 2006 noch einen spontanen Sonderwunsch an die Planer. Denn es gibt ja jetzt den großen Airbus A380. Der wird zwar aller Wahrscheinlichkeit nach nicht im Berlinverkehr eingesetzt werden. Dennoch wünscht sich Herr Wowereit für BER als das zukünftige „europäische Drehkreuz der Luftfahrt" vorsorglich mal Fluggastbrücken für den Super-Jumbo. Allerdings muss dann aus vertraglichen Gründen die komplette Ladenzeile an eine andere Stelle des Airports verlegt werden. „Warum auch nicht? Machen wir!", sagen die Planer. Obwohl inzwischen schon keiner mehr den Durchblick hat.

Der Eröffnungstermin für den Flughafen (Sprachgebrauch gemäß „Berliner Schnauze": „Fluchhafen") wird immer wieder, das ist das Mantra, auf ein späteres Jahr verschoben, aktuell auf

2020. Die Kosten steigen von den zunächst von der Hochtief AG veranschlagten ca. 1,5 Milliarden Euro (Wowereit damals: „Viel zu teuer!") auf inzwischen geschätzte 7 Milliarden Euro.

Jetzt wollen wir einmal die Kölner Nase nicht zu hoch tragen. Auch wir hatten Wowereits bei unserer Appellhof-Sanierung. Ich erinnere mich noch genau an diesen Tag im November 1993. Ich hoffte als gestresster guter Geist des Appellhofs auf ein baldiges Ende der Bauarbeiten: Nur noch zwei Bauabschnitte, der nächste war der sogenannte Rundbau des Lichthofs. Dort waren seit langer Zeit im 1. und 2. Obergeschoss einvernehmlich die Dienstzimmer der beiden Präsidenten mit ihrer jeweiligen Verwaltung (Sekretärin, Geschäftsleiter, Dezernenten etc.) vorgesehen. Die detaillierte Ausführungsplanung war erfolgt, die Bauausführung stand kurz bevor.

Doch dann erklärt der damalige Verwaltungsgerichtspräsident Professor Kutscheidt anlässlich eines Treffens mit dem Staatshochbauamt eher beiläufig, er wolle seine Diensträume lieber im Westflügel haben. „Im Rundbau sind die Zimmer ziemlich dunkel und nicht rechteckig, da kann man schlecht Möbel aufstellen." Nun ist es kaum verwunderlich, dass in einem Rundbau die Zimmer keinen rechten Winkel aufweisen. Wenn die Fenster nach Norden liegen, und das schon seit 100 Jahren, werden zudem die Lichtverhältnisse keine echte Überraschung gewesen sein. Noch am gleichen Tag erklärt jedoch auch der damalige Finanzgerichtspräsident Dr. Schmidt-Troje sehr spontan seinen Wunsch, die Verwaltungszimmer seines Gerichts in den Westflügel zu verlegen.

Die Damen und Herren des Staatshochbauamts Köln raufen sich die Haare! Monate intensiver Arbeit an der Detailplanung für die Herren Präsidenten und ihr Verwaltungsgefolge mit neuen Wanddurchbrüchen, neu erforderlichen Sturzeinzügen, umverlegten Versorgungsleitungen, angepassten Einbaumöbeln - und das alles für die Tonne? Und dann wird auch noch über die „unerklärlichen Bauverzögerungen" gemeckert? Aber ja doch, so ist das bei Bauprojekten der öffentlichen Hand eben. Ob nun in Köln oder in Berlin.

Goldene Regel Nr. 4: Bloß keine überflüssige Finanzplanung, irgendeiner bezahlt den Bierdeckel!

So ein denkmalgeschütztes Gericht aus Kaiser Wilhelms Zeiten zu sanieren ist etwas anderes als z. B. die Routine-Renovierung eines Finanzamts aus den 1950-er Jahren, lernt man im Düsseldorfer Justizministerium. Nur ein Beispiel: Irgendwann fällt jemandem auf, dass die Decken in den beiden zukünftigen Gerichtsbüchereien ja tonnenschwere Regale tragen müssen. Ob das denn die kaiserlichen Bauplaner des Appellhofs vor 1893 schon ahnungsvoll berücksichtigt hätten?

Gute Frage! Der zugezogene Statiker errechnet eine Tragkraft von 200 kg pro Quadratmeter - viel zu wenig! Bei dieser Gelegenheit erinnert sich das Finanzgericht, dass man zum Einzug in den Appellhof moderne, fahrbare Aktenschränke bestellt hat. Und die brauchen mindestens 500 kg Tragkraft, so steht es im Herstellerprospekt.

Wie hat sich da der Rohbau-Unternehmer gefreut! Er darf in allen betroffenen Räumen die Decken aufstemmen und die Statik mit zusätzlichen Stahlträgern „ertüchtigen". Ohne an niedrige Angebotspreise gebunden zu sein und ohne Konkurrenz kann er die Preise für solche Zusatzarbeiten frei aushandeln. Das gibt satte „Nachforderungen" – das ist das Zauberwort für zufriedene Handwerker und für deprimierte Finanzminister.

Auch Lärm führt übrigens zu Nachforderungen. Wenn in einem Justizgebäude bei vollem Gerichtsbetrieb die Flex kreischt, die Schlitzmaschine sirrt und der Elektrohammer dröhnt, wenn man in den Sitzungssälen die Zeugenaussagen schon akustisch nicht versteht und der Richter in seinem „stillen Kämmerlein" sich nicht auf seinen Urteilsentwurf konzentrieren kann - dann muss der vom Gerichtspersonal beschimpfte und entnervte Bauleiter als Bittsteller zu den Handwerksmeistern gehen: Ob man nicht wenigstens die lärmintensivsten Arbeiten nach 16 Uhr, besser noch an den dienstfreien Samstagen durchführen könnte? - „Sehr gerne", sagen daraufhin die Unternehmer schmunzelnd, „alles eine Frage der noch zu vereinbarenden Stundenlohn-Zuschläge!"

Da wird der Herr Justizminister Anfang 1991 den Herrn Finanzminister hoffnungsvoll gefragt haben: „Lieber Herr Kollege, können Sie mir noch mal 9,5 Millionen Mark für die Sanierung des Appellhofs in Köln bereitstellen? Also, zusätzlich zu den 18 Millionen Mark, die ursprünglich bis zur Fertigstellung bewilligt waren." – Der hat dann gönnerhaft erwidert: „Ja, ausnahmsweise. Aber dann muss auch wirklich Schluss sein!" Beide wissen aus Erfahrung, dass dann noch lange nicht Schluss sein wird. Es kommen später natürlich noch mal ein paar Milliönchen dazu. Am Ende kostet die Appellhof-Sanierung 32 Millionen Mark.

Für das Ende der unendlich scheinenden Geschichte der Appellhofsanierung sorgt schließlich sehr unverhofft eine Versicherungsgesellschaft. Die ist die Vermieterin des bisherigen Gerichtsgebäudes für das Finanzgerichts in der Adolf-Fischer-Straße. 1994 erklärt diese Versicherung, den Mietvertrag nicht mehr über das Jahresende 1995 hinaus verlängern zu wollen. Denn man habe schließlich Jahr um Jahr „den Zirkus" von angekündigter und dann doch nicht erfolgter Kündigung des Mietverhältnisses kopfschüttelnd mitgemacht. Jetzt soll das Gebäude für einen Neubau der Versicherung abgerissen werden. Ohne Wenn und Aber!

Der Baudezernent des Finanzgerichts befürchtet das Schlimmste und fragt den zuständigen Versicherungsvorstand Mitleid heischend: „Ja, wo sollen wir denn unterkommen, wenn nächstes Jahr der Appellhof immer noch nicht fertig ist?" – Die Antwort: „Von mir aus in einem Zirkuszelt auf den Poller Wiesen!"

Das Ultimatum der Vermieterin wird an Ministerium sowie Staatshochbauamt weitergegeben und sorgt tatsächlich für einen entscheidenden Endspurt der Baumaßnahme. Im November 1995 zieht das Finanzgericht um.

Liebe Berliner, liebe Brandenburger, als Appellhofgeist mit Bauerfahrung aus zwei Jahrhunderten möchte ich Euch in Eurem tiefen Jammertal Trost spenden:

Macht euch mal keinen Kopf wegen eures verkorksten BER-Flughafenprojekts! Letztlich wird es auch bei euch so kommen, wie bei uns im Sommer 1996. Damals wurde das sanierte Gerichtsgebäude im Rahmen eines Festaktes feierlich eingeweiht. Da war das ganze Elend von 15 Jahren desaströsem Baugeschehen einfach verdrängt.

Der Baubehörden-Chef sprach lächelnd zu dem Thema „Gut Ding´ braucht gut Weil´!", der Kölner Oberbürgermeister hatte für sein Grußwort das urkölnische Motto „Es hat noch immer gutgegangen!" gewählt und schließlich thematisierte der Justizminister versöhnlich die Redensart „Was lange währt, wird endlich gut!" Ein Streichquartett zauberte entspannte Stimmung in das Festpublikum, anschließend wurde das Buffet eröffnet. Spätestens dann waren alle sehr zufrieden.

Böllerei in „Bölln" um den Heinrich Böll-Platz

Köln kann auch ohne Karneval die ganze Republik prächtig unterhalten.

Jeder echte Kölner kennt Knollendorf. Das ist der erfundene Ortsteil von Köln, in dem die traditionsreichen Kölner Puppenspiele, besser bekannt als „Hänneschen-Theater", phantasievolle und komische Geschichten aus ihrem „Veedel" spielen lassen. Tünnes und Schäl, Hänneschen und Bärbelchen, Speimanes und Besteva, nicht zu vergessen der preußische Polizist Schnäuzerkowski sowie der Gastwirt Mählwurms Pitter, so heißen die Hauptdarsteller. Sie sorgen fast täglich im Puppentheater am Eisenmarkt mit verrückten Ideen und witzigen Sprüchen für beste Unterhaltung und herzhaftes Lachen. Oft ist es der schlitzohrige Schäl, der Probleme und Ärger in Knollendorf macht, bevor das Hänneschen für ein glückliches Ende des Stückes sorgt.

Im Herbst 1985 glaubten nicht wenige Kölner, in Knollendorf zu wohnen und von Figuren der Puppenspiele verwaltet zu werden. Es bahnte sich jedenfalls eine Lachnummer wie aus dem „Hänneschen" an.

Am Anfang stand ein Todesfall. Heinrich Böll, Literatur-Nobelpreisträger und Ehrenbürger der Stadt Köln, war im Juli 1985 verstorben. Danach wollte Köln sein Andenken durch eine Straße oder einen Platz mit seinem Namen im Herzen der Heimatstadt bewahren. Rechtlich zuständig dafür war nicht der Kölner Stadtrat, sondern die Bezirksvertretung für die Innenstadt. Die gewählten Vertreter (8 SPD, 6 CDU und 2 Grüne) taten sich bei der nötigen Auswahl und Umbenennung schwer: Die Hülchrather Straße, wo Böll gewohnt hatte? Zu unbedeutend! - Der benachbarte, bedeutende Reichensperger Platz? Geht nicht, ist schon nach einem Kölner Ehrenbürger benannt!

Wie wäre es denn mit der Umbenennung des Appellhofplatzes in Heinrich Böll-Platz? Ja, das passt, meinten zunächst alle Bezirksvertreter und freuen sich über einen Nebeneffekt: „Appellhof" hat ja wohl was mit Militär zu tun und Militär mochte Böll doch überhaupt nicht, also weg mit dem Namen! Mitte September 1985 verkündeten die Kölner Zeitungen die beabsichtigte Umbenennung. Was dann innerhalb von wenigen Tagen folgte, war ein Unwetter, das sich mit Blitz und Donner in zwei krachenden Gewittern über der Kölner Stadtverwaltung entlud.

Empörung über die geplante Umbenennung

Die ersten wütenden Blitze wurden von den Kölner Top-Juristen auf das Rathaus geschleudert: Ob man dort denn tatsächlich nicht wisse, fragten die Präsidenten des Oberlandes- und des Landgerichts Köln sowie der Ordinarius für Deutsche Rechtsgeschichte der Universität Köln fassungslos den Oberstadtdirektor Dr. Kurt Rossa in Offenen Briefen, dass der Name Appellhofplatz an den historischen Rheinischen Appellationsgerichtshof erinnere und nicht etwa an eine militärische Einrichtung? Und dieser Berufungsgerichtshof sei immerhin im 19. Jahrhundert das *„Zentrum der rechtsstaatlichen Justiz in Deutschland"* gewesen. Der Name des Platzes stehe für die *„Zeit der liberalen Rechtskultur am Rhein"!*

Die Bezirksvertretung, insbesondere ihr Sprecher Walter Kuert (SPD), zeigte sich von dem akademischen Aufruhr unbeeindruckt: Selbst wenn der Name Appellhofplatz keine Militäreinrichtung bezeichne, sondern ein Gericht, so sei das doch ein Gericht der in Köln ungeliebten Preußen gewesen. Also weg mit dem Namen!

„Wieder falsch!" entsetzten sich die Historiker: Der Rheinische Appellationsgerichtshof sei ein Gericht gewesen, in dem entgegen dem ursprünglichen Willen der Preußen das von der Besatzung übernommene französische Recht nach den frühen Gesetzbüchern Napoleons gesprochen worden sei. Öffentlichkeit, Gleichheit aller Bürger vor dem Gesetz, rechtliches Gehör, richterliche Unabhängigkeit – der Appellationsgerichtshof habe damals den Umbruch vom obrigkeitlichen Polizeistaat zum bürgerlichen Rechtsstaat geleistet. Und die Erinnerung an diese urdemokratische Justiz solle durch die Umbenennung aus dem Gedächtnis der Stadt Köln gelöscht werden? Die einhellige Meinung war: *„Heinrich Böll würde sich im Grabe umdrehen!"*

Jetzt zog das zweite Gewitter über das Kölner Rathaus. Von der Berichterstattung in der Lokalpresse wachgerüttelt, machte nun auch die breite Kölner Bürgerschaft ihrem Unmut über die geplante Umbenennung „ihres" Appellhofplatzes in Leserbriefen der Lokalpresse Luft: Dann solle man doch lieber gleich den Namen der Stadt in „Bölln" ändern, meinte einer. Ein anderer gab einen wohl nicht erst gemeinten Kompromissvorschlag zum Besten: „A-Böll-Hofplatz" statt Appellhofplatz. Die fast einhellige Meinung war: Böll-Andenken ja, aber nicht auf Kosten des historischen Platzes!

Die Stimmung in der Bezirksvertretung kippte langsam. Jedenfalls die CDU-Leute wollten dem Appellhofplatz jetzt seinen Namen lassen. Zumal ein Journalist der *Kölnischen Rundschau* eine allseits zustimmungsfähig scheinende Alternative ins Spiel gebracht hatte: Der kleine kulturträchtige Platz am

Museum Ludwig, bisher ohne Namen und optimal nahe Rhein und Dom mit viel Publikumsverkehr gelegen, sollte doch auch für die SPD-Fraktion der Bezirksvertretung eine gesichtswahrende Option als „Heinrich Böll-Platz" sein – oder? „Nein!", trotzte Walter Kuert: Die Benennung eines *„Hinterhofs"* nach einem Literatur-Nobelpreisträger sei mit ihm nicht zu machen.

„Ich rede mal mit dem!" sagte SPD-Oberbürgermeister Norbert Burger und nahm seinen Bezirks-Obersozi mit dem mahnenden Hinweis ins Gebet: *„Walter, dat jeht nit joot!"* Walter blieb jedoch selbst nach der Seelenmassage durch seinen obersten Kölner Parteigenossen stur wie ein Panzer.

Inzwischen hatten sich zudem 331 Kölner Rechtsanwälte mit ihrem Präsidenten der Rechtsanwaltskammer an der Spitze für den historischen Namen des Appellhofplatzes ausgesprochen, ein unüberhörbarer Appell für den Appellhof. Die *Kölnische Rundschau* fing die Stimmung in der Bevölkerung der Stadt durch eine Umfrage des Meinungsforschungsinstituts *Forsa* ein. Ergebnis: Nur 17 Prozent waren für die Umbenennung. Die Kölner verteidigten eben ihren im vergangenen Jahrhundert hart erkämpften Appellhof gegen das geplante Vergessen seiner demokratischen Geschichte!

Die Kölner Posse um Heinrich Bölls Andenken in der Stadt amüsierte zunehmend die Republik. Nach der *Frankfurter Allgemeinen Zeitung* berichteten noch *Die Zeit* sowie *Der Spiegel* nicht ohne Häme von dem erstaunlichen Umgang der Stadt Köln mit ihrem Ehrenbürger Böll. Aber auch in den Ratsfraktionen sprach man von *„Peinlichkeit und Instinktlosigkeit"* der Bezirksvertretung.

Man braucht dazu etwas Phantasie, aber: Könnte man die Darsteller in diesem *„Hänneschen"*-Theaterstück" vielleicht nach ihren Vorbildern benennen? Walter Kuert, das wäre der fiese „Schäl", der das Problem kompromisslos auf die Spitze treibt. Dabei hat er die Preußen als Feindbild vor Augen. Die werden im Puppentheater durch den unbeliebten Dorfpolizisten „Schnäuzerkowski" aus Berlin verkörpert. Oberbürgermeister Burger stellt sich mit wohlgemeinten großväterlichen Ratschlägen als der „Besteva" dar. Oberstadtdirektor Dr. Rossa hält sich betont ruhig aus dem Streit heraus, genau wie „Mählwurms Pitter" in solchen Fällen. Nur – wo sind denn „Hänneschen" und „Bärbelchen", die doch immer die Situation retten? Die kommen jetzt im entscheidenden Augenblick ins Puppenspiel!

Namensrettung in letzter Minute

Am 17. Oktober 1985, dem Tag der Abstimmung, schienen die Mehrheitsverhältnisse in der Bezirksvertretung klar zugunsten der Umbenennung des Appellhofs: Acht SPD- plus zwei Grünen-Stimmen gegen sechs CDU-Stimmen. So war das von den Fraktionen angekündigt. Dann geschah das Unerwartete.

Genau an diesem Tag verweigerten die in Köln regierenden Sozialdemokraten den linken Besetzern eines Hauses in einem Ratsausschuss den Wasser- und Stromanschluss. Die Ratsgrünen waren über diesen Affront gegen ihre politische Klientel hell empört und sannen auf Revanche. Da kam die folgende Abstimmung im Bezirk gerade recht. Also flüsterte das „Grünen-Hänneschen" in der Bezirksvertretung seiner Partei-Freundin „Bärbelchen" zum Sitzungsbeginn etwas ins Ohr, dann stimmten die beiden mit der CDU gegen die Appellhofplatz-Umbenennung und bei dem Stimmenverhältnis von 8 zu 8 war der Antrag der SPD zu deren Verblüffung abgelehnt. Jubel im

Publikum, aber noch nicht das Ende des Theaterstücks. Denn damit war Böll noch immer nicht lokal geehrt.

Erst jetzt erkannte der Kölner Stadtrat scharfsinnig, dass die seltene Auszeichnung eines Ehrenbürgers und Literatur-Nobelpreisträgers in der Heimatstadt durch eine Platzbenennung doch eher seine eigene Aufgabe sein sollte. Das war ja vielleicht etwas anderes als lokal begrenzte Angelegenheiten in einem „Veedel", worüber eine Bezirksvertretung normalerweise zu entscheiden hatte. Flugs wurde die Zuständigkeit per Hauptsatzung geändert. Im Januar 1986 konnte der Rat der Stadt Köln dann endlich einstimmig den Platz am *Museum Ludwig* nach Heinrich Böll benennen.

Wie verarbeitet der Kölner eine solche blamable, theaterreife Posse? Natürlich im Karneval! Beim Rosenmontagszug wurde einen Monat später ein Wagen bejubelt, der zwei preußische Soldaten beim Abfeuern von Kanonen ohne Kugeln zeigt. Motto: *„Super-Böllerei zu Ehren von Böll"*. Schon Monate vorher hatte *Der Spiegel* das in seiner Berichterstattung vorausgeahnt: Der Spott-Artikel zum Kölner Umgang mit dem Ehrenbürger Böll endete wie die Geschichte selbst, nämlich mit einem närrischen *„Alaaf!"*

Wie der 1. FC Köln in Eupen ins Abseits dribbelte.

Beim Finanzgericht im Appellhof beißen die steuersparenden FC-Profis auf Granit.

Prächtige Stimmung in der Kantine des Appellhofs! An diesem Maitag des Jahres 1996 strahlt die Frühjahrssonne hell und warm durch das große Dachfenster, das einen herrlichen Blick auf den Kölner Dom bietet. Die Richter des Finanzgerichts Köln, die in der Kantine beim Mittagessen beisammen sitzen, haben auch allen Grund zur Zufriedenheit: Vor einigen Monaten sind sie aus einem abgewirtschafteten Bürogebäude in der Adolf Fischer-Straße in den frisch renovierten historischen Appellhof gezogen.

Und noch etwas macht einigen Steuer-Richtern gute Laune. Einer ruft es seinem Kollegen am anderen Ende des Tisches zu: „Da hat der 1. FC Eupen am Wochenende ja tatsächlich noch mal gewonnen!" Der Zuruf löst allgemeine Heiterkeit am Mittagstisch aus. Dann brummt einer noch, man solle ihm nicht mit der Erinnerung an idiotische Fälle den Appetit verderben. Wieder Gelächter.

Der 1. FC? Aber wieso denn Eupen? Und wieso ein Fall für das Finanzgericht? Wir verstehen die Zusammenhänge nicht. Aber da kann uns ein kurzer Rückblick auf ein nicht so glorreiches Kapitel des ansonsten natürlich glorreichen 1. FC Köln helfen. Mit dem Steuergeheimnis kommen wir nicht in Konflikt, denn wir stützen uns nur auf die von der Presse veröffentlichten, allgemein bekannten Tatsachen.

Nennen wir ihn einfach mal Bonnes. Das klingt so ähnlich wie sein Spitzname und der richtige Name tut nach einem

Vierteljahrhundert ohnehin nichts mehr zur Sache. Bonnes war Anfang der 1990-er Jahre als Spielerberater beim 1. FC gut im Geschäft. Spielerberater gaben damals ihren Schützlingen oft vermeintlich nützliche Tipps, zum Beispiel:

„Du musst das Finanzamt durch eine Lücke im Steuergesetz tunneln!" Wie geht das? „Miete Dir eine Wohnung in Belgien. Dann bezahlst Du statt der fälligen 53 % nur noch 15 % Einkommensteuer." Und das funktioniert? „Ja klar! Das machen doch alle, die nicht blöd sind. Die halbe Kölner Mannschaft plus Trainer und ich sowieso. Neulich habe ich in einem belgischen Supermarkt sogar Harald Schmidt und Margarethe Schreinemakers getroffen. Die wohnen nämlich auch da. Wegen der Steuer, verstehst Du?" Wo soll ich die Wohnung mieten? „Zum Beispiel in Eupen, knapp 20 km hinter der Grenze. Da bist Du mit Deinem Porsche von Köln aus in einer Stunde. Lass mich das mal für Dich arrangieren!"

Sicher, das vorgeschlagene Steuersparmodell konnte in manchen Fällen funktionieren. Für Gastspiele und Auftritte von ausländischen Showstars, anderen Künstlern, aber eben auch von Sportlern, sah ein Paragraf des Einkommensteuergesetzes damals eine niedrige Pauschalsteuer von nur 15 % der Brutto-Einnahmen vor. Aber dafür musste der Star auch „Steuer-Ausländer" sein. Das war er, wenn er seinen Lebensmittelpunkt (Stichwort: Familie!) im Ausland hatte oder sich wenigstens 183 Tage des Jahres im Ausland aufhielt.

Diese Hürde wurde von den Trick-Reichen oft unterschätzt, wie zum Beispiel Tennis-Star Boris Becker als Steuerflüchtling mit Scheinwohnsitz in Monaco durch ein Steuerstrafverfahren schmerzlich erfahren musste. Auch im Kölner Geißbockheim ahnte man von dieser steuerlichen Abseitsfalle damals offenbar noch nichts.

Das Appartementhaus mit der Anschrift Aachener Str. 72 in Eupen war seinerzeit ein eher unauffälliger dreigeschossiger Wohnblock, weder in besonders guter Lage noch luxuriös ausgestattet. Aber eigenartig: Der schlichte Bau schien eine besondere Anziehungskraft auf kickende Jungmillionäre auszuüben: Ein gutes halbes Dutzend Profi-Fußballer, sowohl vom 1. FC Köln wie auch von Borussia Mönchengladbach, hatte hier den Wohnsitz angemeldet, wie das Nachrichtenmagazin *Der Spiegel* bald herausfand. Die Hamburger Journalisten stellten dazu die naheliegende Frage: Hatte das vielleicht etwas damit zu tun, dass auch der erwähnte Spielerberater Bonnes hier logierte? Die weitere Frage war dann: War diese ungewöhnliche Kicker-Wohngemeinschaft vielleicht ein diskretes FC-Trainingslager oder schlicht eine Briefkasten-WG, um - wie Bonnes zu sagen pflegte - „das Finanzamt zu tunneln"?

Eigentor – der Trick mit dem Wohnsitz in Eupen geht voll daneben!

Letzteres. Das enthüllte unfreiwillig ein FC-Spieler mit viel Bumms in den Beinen und wenig Grips im Kopf – Willi Schulz. So soll er bei uns, gnädig anonymisiert, einmal genannt werden. Der war pro forma mit Wohnsitz in Eupen gemeldet, wohnte aber tatsächlich bei seiner Lebensgefährtin im Bergischen Land nahe Overath. Die Liebste hatte allerdings das Familienheim allein angemietet. Die perfekte Tarnung, oder?

Doch dann gaben die beiden der Lokalpresse ein Interview. Es war eine richtig einfühlsame Home-Story, mit vielen Fotos zu zweit im trauten Heim und sehr persönlichen Details zum Umfeld: „Ach, wie wir zwei uns doch hier an unserem gemeinsamen Wohnort im Bergischen Land wohlfühlen. Und die Nachbarn grüßen immer so freundlich, wenn der Willi morgens vor dem Training die Brötchen beim Dorfbäcker holt!"

Harald Dommermuth war a) langjähriger FC-Fan, b) Einwohner von Overath und c) regelmäßiger Leser von „bildenden" Boulevardzeitungen. Vor allem war er aber d) im Finanzamt Köln-Süd zuständig für die Veranlagung der sogenannten „beschränkt steuerpflichtigen" Steuer-Ausländer. Das waren u.a. die Eupener FC-Profis, also auch Willi Schulz. Da kam bei Harald Dommermuth einiges an Know-how zusammen. Aber bei aller Verbundenheit mit dem Geißbock-Club, der Finanzbeamte Dommermuth nahm nach der Lektüre des Artikels pflichtgemäß Rücksprache mit seinem Finanzamts-Chef und der entschied: „Da muss die Steufa ran!"

Wer die Damen und Herren der Steuerfahndung kennt, der weiß: Die lassen nichts anbrennen und greifen regelmäßig beherzt zu. Deshalb hatten Willi und seine Liebste auch bald, sehr in der Frühe so gegen 6 Uhr, den störenden Besuch von vier Beamtinnen und Beamten des Finanzamts für Steuerfahndung und Steuerstrafsachen Köln. Die zeigten einen richterlichen Durchsuchungsbeschluss vor und interessierten sich für Willis Sachen in dem Haus: Sportklamotten, Sommer- und Wintergarderobe, Aktenordner mit Vertragsunterlagen, überhaupt alles, was auf Willis dauernden Aufenthalt im Haus seiner Lebensgefährtin hindeutete. Als dann der von Willi alarmierte Fachanwalt für Steuerrecht gegen 9 Uhr eintraf, waren die Steuerfahnder mit einigen gut gefüllten Umzugskartons schon wieder weg. Ratschlag des Anwalts: „Die Sache mit dem Wohnsitz in Eupen können Sie vergessen. Versuchen wir es mal mit einer schnellen Selbstanzeige. Teuer wird es in jedem Fall!"

Wie Willi Schulz erging es anderen FC-Eupenern auch. Die Steufa ermittelte den tatsächlichen Wohnort von Familie und Spielerfrauen, fragte nach Schulbescheinigungen für die Kinder und ließ die belgischen Kollegen im Wege der Amtshilfe den Strom- und Wasserverbrauch der Appartements in der Aachener Str. 72 feststellen. An einem Wintertag maßen die ideenreichen Beamten sogar vor dem Training die Schneehöhe auf den vor dem Geißbockheim geparkten Luxuskarossen der verdächtigen Spieler. In der Nacht zuvor hatte es nämlich in Belgien nicht geschneit, wohl aber im Kölner Umland.

Der FC-Vorstand weiß von den Steuertricks natürlich – nichts!

Den Rest besorgte die Presse, die bald das Steuer-Sparmodell der Geißböcke in die Schlagzeilen brachte und die steuerflüchtigen Profis als den „1. FC Eupen" verhöhnte. Und was war mit dem Kölner FC-Vorstand? Sollte der etwa ahnungslos gewesen sein?

Das interessierte bald sogar Politiker aus dem Bundestag. Denn der damalige FC-Vizepräsident Bernhard Worms war CDU-Mitglied und hauptberuflich Staatssekretär im Bundesministerium für Arbeit und Soziales. Der wurde dann von der stellvertretenden Fraktionsvorsitzenden der SPD im Bundestag Anke Fuchs gefragt, warum er denn nicht auf die Kölner Spieler eingewirkt habe, wie andere Arbeitnehmer auch ihrer Steuerpflicht in Deutschland nachzukommen. Worms wiederum empörte sich über diese politisch motivierte „Kampagne".

„Beihilfe zur Steuerflucht" war zudem ein Vorwurf in Zusammenhang mit den Verhandlungen zur Vertragsverlängerung des FC-Spielers Toni Polster. Dem sei vom Vorstand geraten worden, nach Belgien umzuziehen, um ohne finanzielle Mehrbelastung für den Verein „mehr Netto statt Brutto" zu verdienen. „Keinesfalls!" Per Pressekonferenz wurde das sowohl von FC-Präsident Klaus Hartmann wie auch von FC-Manager Bernd Cullmann bei Kaffee und Schnittchen im November 1994 entschieden dementiert. Und dann war das Thema erst einmal für den Verein durch.

Trotzdem: Für die Spieler selbst war ein diskreter, möglichst geräuschloser Rückzug aus dem milden Steuerklima des Nachbarlandes in das hochbesteuerte Hoheitsgebiet des Bundesfinanzministers Theo Waigel angesagt. Die Kicker zahlten dann zähneknirschend die rückwirkend geforderten, oft sechsstelligen Steuerbeträge plus Zuschläge. Nur zwei oder drei Ballartisten versuchten so etwas wie einen doppelten Übersteiger, nämlich die Nachforderung mit einer Klage vor dem Finanzgericht Köln zu vermeiden. Womit der Appellhof ins Geschäft kommt.

Keine Chance für die Trick-Reichen im Appellhof!

Jens Weber soll der Abwehrspieler der 1. Kölner Mannschaft in unserer (wegen des Steuergeheimnisses) stark verfremdeten Fallschilderung heißen. Entgegen aller Vernunft und vorliegenden Beweisen wollte er dem Finanzamt die fällige Nachzahlung aus seiner Eupener Zeit streitig machen. Auf Beweise und Vernunft setzte dagegen der Kölner Finanzrichter Schneider. Er terminierte deshalb keine mündliche Verhandlung, sondern einen Erörterungstermin. Das ist ein Gespräch unter den streitenden Parteien, bei dem der Sachverhalt weiter aufgeklärt werden soll und oft auch eine einvernehmliche Erledigung des Rechtsstreits erreicht wird.

Rechtsanwalt Dr. Rothestrauch als Beistand des Klägers Weber ging gleich in die Vollen. „Mein Mandant war in Eupen ordnungsgemäß mit 1. Wohnsitz gemeldet, es gab einen rechtsgültigen und durchgeführten Mietvertrag für das Appartement 7 in der Aachener Straße 72, mehrere Vereinskollegen können die häufige Anwesenheit von Herr Weber bestätigen. Das Finanzamt phantasiert sich hier nur etwas zusammen, um abkassieren zu können!"

„Nun", gab Richter Schneider zu bedenken, „die häufige Anwesenheit Ihres Mandanten in der Eupener Wohnung mag ja zutreffend sein. Das reicht aber nicht aus. Das Gesetz fordert vielmehr für die Steuerbegünstigung den Lebensmittelpunkt im Ausland, zumindest aber eine ausländische Aufenthaltsdauer von 183 Tagen in jedem Kalenderjahr, ohne Deutschland zu betreten." Dr. Rothestrauch bemühte sich um demonstrative Selbstsicherheit. „Auch diese Voraussetzungen hat Herr Weber natürlich erfüllt."

Der Prozessvertreter des Finanzamts meldete sich zu Wort: „Wie erklären Sie sich dann, dass nach den Feststellungen der Steuerfahndung in dem Appartement von Herrn Weber kaum Strom und Wasser verbraucht worden sind?" – „Weil mein Mandant sehr umweltbewusst ist und den Stromverbrauch auf ein Minimum reduziert hat." – „Aha", bemerkte der Finanzbeamte bissig, „er hat also abends die FC-Chronik bei Kerzenschein gelesen?" – „Ich verbitte mir Ihre bösartige Polemik!"

Jetzt schaltete sich Jens Weber selbst mit zornbebender Stimme ein. „Und die Sache mit dem geringen Wasserverbrauch ist auch ganz einfach zu erklären. Ich habe ja jedes Mal nach dem Training im Müngersdorfer Stadion geduscht!" Rechtsanwalt Dr. Rothestrauch trat seinen Mandanten mehrfach unter dem Tisch gegen den Knöchel. Aber die Knochen eines Profi-Abwehrspielers halten so manchen Tritt völlig schmerzfrei aus.

„Wie oft in der Woche war denn damals in Köln Training?" Die Frage von Richter Schneider kam mit ausgesuchter, freundlicher Beiläufigkeit. „Mein Mandant will in Wirklichkeit sagen, … ". Der Anwalt grätschte in den Dialog mit dem verzweifelten Versuch, das drohende Eigentor seines Schützlings noch zu verhindern. Vergebens. – „Nein, lassen Sie doch Herrn Weber antworten. Er weiß es sicher am besten!" unterbrach ihn der Richter mit mildem Lächeln.

Jens Weber war offen und ehrlich: „Vier Mal mindestens." – „Dann wollen wir doch mal gemeinsam rechnen", wandte sich Richter Schneider wieder an den Anwalt. „In etwa 45 Wochen jährlicher Spielbetrieb jeweils vier Tage Training plus Ligaspiele plus Pokalspiele plus inländische Test- sowie Freundschaftsspiele – da liegen wir doch allemal sogar über 200 Aufenthaltstagen jährlich im Inland, oder? Sie sollten vielleicht mit Ihrem Mandanten draußen auf dem Gang die Zweckmäßigkeit einer Klagerücknahme schon aus Kostengründen besprechen."

So wurde auch dieser Fall im Sinne von Finanzminister Theo Waigel abgeschlossen, der zuvor bereits nach einer einschlägigen Gesetzesänderung eine „*Rückreisewelle*" von prominenten Steuerflüchtlingen aus dem benachbarten Ausland festgestellt hatte. Einer aus dieser Kundschaft, vielleicht ein FC-Spieler, hatte ihm sogar ein Fax geschickt: „*Theo, wir sind wieder da!*" Und der Finanzminister hatte laut *Der Spiegel* zurückgefaxt: „*Ich grüße Sie!*"

Jedenfalls erlosch mit der Klagerücknahme im Fall Jens Weber der letzte Hoffnungsfunke der FC-Mannschaft (übrigens auch vieler anderer Prominenter), ihre Nettogehälter durch

Steuertricks erhöhen zu können. Das war für die „Geißbock-Promis" unangenehm, aber es hätte schlimmer kommen können.

Es kam wenig später auch tatsächlich schlimmer: In 1998 stieg der 1. FC zum ersten Mal in die 2. Bundesliga ab. Aber daran war der Appellhof sicher völlig schuldlos.

DSDS - *D*eutschland *s*chröpft *d*en *S*uperstar!

Überraschung: Das Finanzamt hält bei „Big Brother"-Gewinnern plötzlich die Hand auf!

Er sah den Kontoauszug und bekam sofort Gänsehaut. Ja, da stand diese unglaubliche Zahl mit den sechs Nullen. Er hatte sie tatsächlich gewonnen, die 1.000.000 Euro. Eine Million als „Projektgewinn", nachdem er ein ganzes Jahr lang von März 2004 bis März 2005 in einem Container der TV-Spanner-Show „Big Brother" verbracht hatte.

Sascha war damals, im Frühjahr 2005, überglücklich. Gerade mal 27 Jahre alt und schon Jungmillionär! Was macht man mit so viel Geld? Als erstes natürlich alte Schulden zurückbezahlten. Dann mal der lieben Mutter in Oberfranken ein eigenes Häuschen bauen, das gehört sich so. Gut, man will ja selbst auch etwas von seinem Gewinn haben, also kauft man sich einen BMW-Sportwagen und lässt es sich in einer tollen Wohnung in Italien gutgehen.

Dann kommen die Freunde, die alten und die sehr neuen, die leider wohl in einer vorübergehenden finanziellen Klemme sind und – nur für kurze Zeit, Ehrenwort! – ein paar Tausender geliehen haben wollen. Sacha ist großzügig: Klar, doch! Es sind danach ja immer noch rund 400.000 Euro auf dem Konto übrig.

Gut vier Jahre später sind die 400 „Riesen" aber weg. Schlimmer noch: Sascha hat jetzt sogar Schulden, Steuerschulden. Und das kam so:

Auch Finanzbeamte bilden sich fort. Beispielsweise auf einem internen Workshop, bei dem ein Steuer-Schlauberger die Frage stellte: „In Köln-Bocklemünd stehen Leute vor WDR-Kameras, die bekommen für ihre Mitwirkung bei der Serie <Lindenstraße> eine vielleicht nicht mal so tolle Gage und bezahlen davon ihre Einkommensteuer. In Köln-Ossendorf stehen Leute vor RTL-Kameras, die bekommen als <Big Brother>-Gewinner hunderttausende Euro und bezahlen keinen Cent Steuer. Kann das denn richtig sein?"

„Gute Frage", meinten die „Häuptlinge" der Finanzverwaltung zu diesem reizvollen Widerspruch. „Da haben wir wohl eine schon seit Jahren sprudelnde Steuerquelle verschlafen. Gleich bei dem Gewinner der nächsten Serie schlagen wir einmal probeweise zu!" Damit war der Gewinner der 5. Staffel als steuerlicher Unglücksrabe ausgeguckt. Es war unser zunächst doch überglücklicher Jungmillionär.

Ist man bei „Big Brother" ein Schauspieler oder ein Lotto-Spieler?

Sascha fiel aus allen Wolken, als er den Einkommensteuerbescheid 2005 seines Finanzamts bekam: Er sollte fast die Hälfte seines Millionengewinns als Steuer abgeben? Plus Zinsen? Es hatte doch noch nie ein Gewinner einer solchen TV-Show auf seinen Preis auch nur einen Euro Steuern zahlen müssen! Das hatten ihm jedenfalls die RTL-Leute versichert, auf die er vertraut hatte. Und jetzt sollte ohne Vorwarnung, aus seiner Sicht rückwirkend, die Hälfte der Kohle an das Finanzamt gehen? „Der Bescheid ist völlig rechtswidrig!" beruhigte ihn sein Rechtsanwalt. „Wir klagen vor dem Finanzgericht Köln und den Prozess gewinnen wir!"

Andrea Dunkel war schon immer eine gewissenhafte Angestellte am Kölner Finanzgericht gewesen. An diesem Donnerstag im Oktober 2009 hatte sie jedoch den Gerichtssaal 260 im Appellhof noch früher als sonst gelüftet, wieder aufgeheizt und als Protokollführerin der folgenden Sitzung auf dem PC-Bildschirm das Formular für die mündliche Verhandlung aufgerufen. Die Kolleginnen beneideten sie um den heutigen Job. Jetzt wartete Andrea gespannt.

Er kam tatsächlich persönlich, der Sascha, nicht nur sein Anwalt. Und er sah immer noch so unverschämt gut aus, wie vor vier oder fünf Jahren im „Big Brother-Haus": Blond, lässig, modische Klamotten, braun gebrannt. So wie man sich vielleicht einen coolen Surfer in Kalifornien vorstellt. Er arbeitete ja jetzt auch als Model. Andrea hatte seinerzeit keine Tageszusammenfassung der 5. Staffel auf RTL 2 verpasst. Der Ausgang der Steuerprozesse an ihrem Gericht war für sie meist uninteressant, aber dem Sascha drückte Andrea heute beide Daumen: Der sollte gewinnen!

Für sie war total einleuchtend, was Dr. Drinhausen, Saschas Fachanwalt für Steuerrecht, dem 15. Senat als Argument vortrug: Spiel- und Wettgewinne, wie bei Lotto, Toto oder Roulette, sind in Deutschland ganz klar schon immer steuerfrei gewesen. Denn diese Gewinne werden nicht durch Kapital oder Arbeit, sondern nur durch Zufall und Glück erzielt. Genau wie der „Big Brother"-Gewinn! Bei insgesamt 61 „BB-Haus"-Bewohnern, die im Laufe der Staffel teilnahmen, betrug die Chance auf den Hauptgewinn rechnerisch nicht einmal 2 Prozent! „Immer musste man damit rechnen, von den Zuschauern rausgewählt zu werden", ergänzte Sascha. „Das passierte sofort, wenn jemand versuchte, den Leuten etwas vorzuspielen. Deshalb ist der Vergleich mit Steuern auf Schauspielergagen völlig daneben!" Andrea Dunkel nickte unbewusst mit dem Kopf.

Kopfschütteln dagegen bei dem Prozessvertreter des Finanzamts, Oberregierungsrat Weißenfels. „Sie hatten sehr wohl eine Art Drehbuch, nämlich Ihren Vertrag. Demnach mussten Sie sich nicht nur ein Jahr lang rund um die Uhr filmen lassen, Sie mussten auch nach den Vorgaben der Produzenten Aufgaben lösen und Gemeinschaftsspiele mitmachen. Ganz abgesehen davon, dass Sie sich vertraglich zu Interviews, Fototerminen und weiteren Auftritten vor sowie nach einem möglichen Staffelgewinn verpflichtet hatten. Deshalb ist das etwas anderes als eine Zahlenreihe auf einem Lottoschein anzukreuzen. Es ist steuerpflichtige Arbeit über einen langen Zeitraum."

Die Tür des Sitzungssaals ging auf und eine junge Dame brachte der Protokollführerin ein Glas Wasser. Das war zwischen Andrea und ihrer Kollegin Liz Valentina so verabredet, damit diese auch mal den Sascha verstohlen mustern konnte. Wann kann man sonst einen „Big Brother"-Gewinner einmal „live" sehen, also wirklich „live"?

Die Protokollführerin warf einen forschenden Blick zur Richterbank. Aber dort hatten alle ein „Pokerface" aufgesetzt. Kein Minenspiel verriet, wie die fünf Damen und Herren entscheiden würden. Das hatten zuvor schon einige Journalisten im Zuschauerraum mit Bedauern festgestellt. Die Medien waren interessiert, schließlich gab es noch einige andere TV-Shows, die ihre Amateur-Stars mit hohen Preisgeldern lockten: Was war denn demnächst mit den Gewinnen von „Wer wird Millionär?", „Dschungelcamp", „Germanys Next Topmodel" und „Glücksspirale"? Könnte dabei das Finanzamt etwa auch noch die Hand aufhalten? Die TV-Sender und Produktionsfirmen waren jedenfalls alarmiert.

Ob „Lindenstraße" oder „Großer Bruder" – das Finanzamt kassiert mit!

Andrea Dunkel war die erste, die das Urteil aus der Senatsberatung in ihrer Geschäftsstelle erfuhr: Ja, für den Gewinn bei dem „Großen Bruder" müssen Steuern bezahlt werden! Die Rechtsansicht des Finanzamts ist richtig, entschied das Finanzgericht. Das betrübte den „Big Brother-Fan" Andrea ein wenig, schockierte sie aber nicht wirklich.

Zu Recht geschockt war dagegen der vom Glückskind zum Pechvogel gewandelte Sascha. Kalt erwischt von der spontanen Meinungsänderung der Finanzverwaltung versuchte er noch, die Tragödie mit einer Urteilsrevision abzuwenden. Die Richter des Bundesfinanzhofs in München kippten das Appellhof-Urteil aber nicht, sondern stimmten den Kölner Kollegen zu: „Ganz unsere Meinung, genau richtig!"

Das war in 2012, sieben Jahre nach dem Supergewinn. Damals wurden für Sascha jedoch leider nicht nur endgültig ca. 460.000 € bisher nicht gezahlte Einkommensteuer plus Soli auf seine Million Euro fällig, sondern zusätzlich fast 200.000 € Zinsen. Man muss nicht groß rechnen: Wenn von der Million nur noch 400.000 € übrig sind und davon 660.000 € bezahlt werden sollen, dann … tja, dann hätte Sascha die Million wohl besser nicht gewonnen.

Nach dieser Pleite, so meldeten es die Boulevard-Blätter, überlegte der notleidende „Big Brother"-Star, eventuell mit Unterstützung eines Mäzens eine neue Profi-Karriere als Poker-Spieler zu starten. Gut, dass er das nicht gemacht hat! Die Appellhof-Richter legten nämlich noch einmal nach: Im Oktober 2012 entschied das Finanzgericht Köln, dass die Preise aus den Pokerturnieren von Berufsspielern steuerpflichtig sind. Solche Profis gehen nämlich einem Gewerbe nach!

Wenn es stimmt, was die Medien so berichten, steht Sascha vielleicht heute sehr bodenständig hinter der Theke einer Kneipe in seiner oberfränkischen Heimatstadt und zapft Bier. Hier kann man einem echten „Big Brother"-Star zuprosten und erfahren, dass Geld nicht immer glücklich macht. Zumindest wenn man im Appellhof wegen der Steuerpflicht klagen muss, kann das auch mal schiefgehen.

Skandal im Wahlbezirk!

Bei der Auszählung der Kommunalwahlstimmen klemmt es. Der Appellhof gibt Nachhilfe.

Nein, die jetzt folgende „Brauhaus-Szene" basiert nicht auf Fakten. Sie ist vielmehr pure Phantasie. Vielleicht ist die Schilderung aber auch gar nicht phantasievoll genug, um mit der Wirklichkeit konkurrieren zu können.

Köln an einem angenehm warmen Frühsommertag Ende Juni 2014. Es ist schon spät am Abend, als zwei Männer das Brauhaus „*Früh am Dom*" betreten. Sie sehen sich kurz in den verwinkelten Gaststuben und Bierkellern des Touristenlokals um und finden, was sie suchen: Einen kleinen Tisch in einer Ecke, zudem abgeschirmt durch eine Gruppe leicht alkoholisiert schwatzender Chinesen und durch die Damen des Kegelclubs „*Joot drop on en de Kall*" aus der Eifel, die nach dem Besuch im „*Hänneschen-Theater*" bis zur Rückfahrt mit dem Zug noch aufgekratzt einen Absacker in Bahnhofsnähe nehmen.

An diesem Tisch sind unsere beiden Brauhausbesucher mit den aus der Lokalpresse bekannten Gesichtern vor neugierigen Kölner Augen oder gar Ohren sicher. Denn das wäre das Letzte, was man in dieser heiklen Angelegenheit noch brauchen könnte.

Nach dem ersten Kölsch zieht sich der Ältere im Anzug die Jacke und den Schlips aus und kommt mit dem Reizwort direkt zur Sache. „Also, Rodenkirchen. Wenn Du meine Meinung hören willst, …".

An dieser Stelle müssen wir das weitere Gespräch für eine kurze Rückschau unterbrechen, damit wir verstehen, worum es bei dem konspirativen Treffen überhaupt geht.

Einige Wochen vorher, am 25. Mai 2014, fanden in Köln Kommunalwahlen statt. Deren Ergebnis ist zunächst, dass SPD und Grüne von den 90 Sitzen des Kölner Stadtrats 45 für sich gewinnen konnten und zusammen mit dem noch amtierenden Oberbürgermeister Jürgen Roters (SPD) im Rat eine hauchdünne 1-Stimmen-Mehrheit haben. Was wir auch wissen müssen ist, dass bei dieser Wahl die SPD mit einem Vorsprung von 123 Zweitstimmen des Gesamtergebnisses der Stadt noch so gerade einen Mann von der Reserveliste in den Rat befördern konnte, der zufällig auch ihr Kandidat für die im nächsten Jahr 2015 angesetzte Wahl des Oberbürgermeisters ist – Jochen Ott. Und so wird dann kurz nach dem Wahltag ein entsprechendes Wahlergebnis vorläufig festgestellt. Alles paletti, wäre da nicht 20874 – sprich: zwanzig – siebenundachtzig – vier.

Das ist die Nummer des Briefwahl-Stimmbezirks im Wahlbezirk Rodenkirchen II, Ortsteil Weiß-Sürth. Der wohlhabende Stadtteil Rodenkirchen im Kölner Süden mit vielen schönen Villen in Rheinlage ist seit jeher eine CDU-Hochburg. Aber ausgerechnet hier, an der „Kölner Riviera", hat – man glaubt es kaum - doch tatsächlich die SPD-Kandidatin Elke Bussmann ihre Mitbewerberin von der CDU, die Gräfin von Wengersky, bei der Briefwahl in 20874 erdrutschartig mit einem 17-Prozent-Vorsprung in die Schranken verwiesen. Seltsam nur: Bei der Auszählung sowohl der anderen Briefwahlbezirke in Rodenkirchen wie auch aller Urnen-Wahlbezirke in Rodenkirchen, in denen die beiden Politikerinnen gegeneinander antraten, war es genau umgekehrt: Die CDU-Gräfin hatte deutlich die Nase vorn. Wie war das denn zu erklären?

Tja, meint daraufhin die frisch gewählte rot-grüne Mehrheit im Stadtrat locker, so ist das eben in der Demokratie: Der Wille des Wählers ist mitunter unerklärlich. Einmal hüh – einmal hott.

Man muss das einfach als politische Willensäußerung einer klugen Minderheit in dem ansonsten „schwarzen" Rodenkirchen akzeptieren.

Einfach nur vertauschte Spalten im Wahlprotokoll?

Die CDU-Opposition hat eine ganz andere, durchaus nachvollziehbare Erklärung für das Erdrutsch-Phänomen: Bei der Auszählung am Wahlabend wurden für 20874 nur ganz einfach die SPD-Stimmen mit den CDU-Stimmen vertauscht. Also linke Spalte statt rechte Spalte in der Niederschrift des Wahlprotokolls dieses Bezirks.

Das aber würde am langen Ende des Gesamtergebnisses bedeuten, dass über die Reserveliste nicht der Herr Ott von der SPD in den Rat einrücken würde, sondern ein CDU-Bewerber. Die rot-grüne Mehrheit wäre futsch und der zukünftige SPD-Oberbürgermeisterkandidat müsste seinen OB-Wahlkampf als Zuschauer der Ratssitzungen planen. Es geht also um einiges.

Nach Ablehnung des CDU-Antrags auf Neuauszählung Ende Mai erhebt die Stadt-CDU am 20. Juni 2014 förmlich Einspruch gegen das festgestellte Ergebnis der Kölner Kommunalwahl. Und jetzt ahnen wir doch, was die beiden Herren im Bierkeller zu besprechen haben könnten. Zurück ins Brauhaus!

„Also, Rodenkirchen. Wenn Du meine Meinung hören willst, ich lasse mir unsere Mehrheit nicht von ein paar misstrauischen Korinthenkackern kaputt machen. Da wird nix mehr neu ausgezählt, Einspruch hin oder her."

Sein jüngerer Gesprächspartner hat sich, hungrig nach einer Fraktionssitzung, einen „Halven Hahn" bestellt und wirkt jetzt sehr nachdenklich, während er das Käsebrötchen gründlich kaut und mit Kölsch nachspült. Schließlich meint er: „Die Statistik kommt uns in die Quere. Wie soll man diese Widersprüche zu den anderen Rodenkirchener Auszählungen einem klar denkenden Wähler erklären? Und die Presse fängt schon an, sich auf uns einzuschießen."

„Das muss man aussitzen. Ein einmal festgestelltes Wahlergebnis ist quasi heilig. Und wenn es doch eng wird: Ich kenne da einen uns wohlgesonnenen Professor, der ein Rechtsgutachten schreiben könnte." Der Köbes bringt unaufgefordert noch ein Bier, was unser schlipsloser Anzugträger dankbar annimmt. Dann beugt er sich zu dem Jüngeren im Freizeithemd über den Tisch vor. „Hör mal, wir haben im neuen Rat die Mehrheit und damit das Sagen. Wir entscheiden, wie wir mit der Auszählung des Wahlergebnisses umgehen wollen. Wir wären doch blöd, wenn wir das nicht nutzen würden!"

„Ja, schon klar", brummt der andere und fährt sich nervös mit den Fingern durch die langen, braunen Haare. „Der Profiteur als Kontrolleur und der Bock als Gärtner! Kommt an der Basis meiner Partei nicht so toll an."

„Letzter Versuch." Der ältere Grauhaarige richtet seinen Blick fest auf sein Gegenüber. „Wenn alle Stricke reißen, schlagen wir dem Rat als Kompromiss vor, alle Stimmbezirke von Köln neu auszuzählen. Dann haben wir zumindest noch eine zusätzliche Chance. Überall wird sich verzählt. Und es kann nicht sein, dass ein wiederholt und somit richtig ausgezählter einzelner Stimmbezirk, wie dann Rodenkirchen 20874, das Gesamtergebnis der anderen falsch ausgezählten Bezirke in ganz Köln einfach so verzerrt. Na? Einverstanden?"

„Gute Idee, einverstanden! – Hallo, Köbes! Noch zwei Kölsch!"

Der weitere Gang der Dinge ist schnell erzählt. Und diesmal ist überhaupt keine Phantasie im Spiel. Ende Juli 2014 legt der Kölner Stadtdirektor Guido Kahlen (SPD) in seiner Eigenschaft als Wahlleiter der Kölner Kommunalwahl ein Rechtsgutachten eines Professors für Kommunalwahlrecht vor. Ergebnis der intensiven Sachverständigenarbeit: Alles in Ordnung mit der Briefwahl in Rodenkirchen 20874, denn *„Eine Überprüfung der auch durch den Verfasser persönlich in Augenschein genommenen Briefwahlniederschrift"* zeige *„keine Auffälligkeiten"*; es handele sich um *„eine sorgfältig verfasste Niederschrift"*. Der Wahlleiter und Jurist Kahlen setzt bei der Information der Ratsgremien noch einen drauf: Die Wahlniederschriften in Rodenkirchen seien *„sogar besonders sorgfältig ausgefüllt"* worden.

Die rot-grüne Ratsmehrheit versucht danach mit einem „Verzweiflungsbeschluss" zu retten, was kaum noch zu retten ist: Nicht das merkwürdige Wahlergebnis von Rodenkirchen, sondern die Stimmzettel aller 1.024 Kölner Stimmbezirke sollen durch Neuauszählung überprüft werden! Voraussichtliche Kosten – über 1 Million Euro, aber egal.

Jetzt muss das Verwaltungsgericht entscheiden!

Im Dezember 2014 gehen beim Verwaltungsgericht Köln mehrere Klagen ein, mit denen sich u.a. die Kölner Stadt-CDU mit Blick auf die Rodenkirchener Briefwahl gegen das Endergebnis der Kommunalwahl in Köln wendet. Und so wird der Appellhof ein weiteres Mal in seiner Geschichte zur Bühne für einen Rechtsstreit von besonderem Kölner Interesse.

Die Bühne wird von der 4. Kammer des Verwaltungsgerichts Köln vorbereitet, zuständig für kommunalwahlrechtliche Streitigkeiten. Vorsitzende der Kammer ist die Präsidentin des Verwaltungsgerichts selbst, Frau Birgit Herkelmann-Mrowka, im Gericht bekannt für ihren flotten Arbeitsstil.

So zügig, wie es zu erwarten ist, geht es dann im Appellhof mit den richterlichen Vorbereitungen zur Urteilsfindung auch los. Die Wahlunterlagen von Rodenkirchen werden angefordert und als Beiakten des Verfahrens mit den Ratsprotokollen von allen drei Berufsrichterinnen der Kammer durchgepflügt. Die Vorsitzende selbst kauft auf eigene Kosten stabile Klarsichttaschen, um die versiegelten Umschläge mit den Stimmzetteln der Briefwahl vor versehentlichem Öffnen zu schützen. Bis spät am Abend kann man von der Neven DuMont-Straße aus im ersten Stock des Appellhofs das Licht in bestimmten Dienstzimmern brennen sehen. Dann erfolgt die Terminierung der mündlichen Verhandlung auf den 25. März 2015.

Am Morgen dieses Tages füllt ein gemischtes und sehr interessiertes Publikum den Saal 1 im Appellhof. Natürlich reichlich Presse- und andere Medienvertreter. Dazu die üblichen Ruheständler, die zu Hause die Flucht vor Putz- oder Ehefrau ergriffen haben unter dem Vorwand, sich staatsbürgerlich weiterbilden zu wollen. Und nicht zuletzt eine große Gruppe, die man bei den Gesprächen in den Sitzungspausen als eine Art „Freundeskreis der Stadt-CDU" identifizieren kann.

Die mündliche Verhandlung in der Sache 4 K 7076/14 beginnt wenig spektakulär. Ein einmal vor aller Augen öffentlich ausgezähltes Wahlergebnis, deshalb auch das Ergebnis im Briefwahlbezirk 20874, genießt Vertrauen. Da kann man nicht so einfach mit ein bisschen Statistik, quasi ins Blaue hinein, Vermutungen anstellen, rumnörgeln und eine Neuauszählung fordern, führt die Vorsitzende als Rechtsansicht der Kammer aus.

Die Beamten der Stadt Köln am Beklagtentisch rechts von der Richterbank, allen voran Stadtdirektor Guido Kahlen, lehnen sich schon etwas erleichtert zurück: Genau, eben das sagen wir doch schon seit fast einem Jahr! Am Klägertisch runzelt man unsicher die Stirn.

„Allerdings", die Vorsitzende scheint sich jetzt an das juristische Hochreck zu begeben. „Allerdings gilt dies nur so lange, wie nicht eindeutig erkennbare Fehler dieses Vertrauen in die Richtigkeit des ausgezählten Ergebnisses wesentlich beeinträchtigen. Um dies zu überprüfen, haben wir uns natürlich auch die Niederschrift der Briefwahl im Bezirk 20874 angesehen."

Die Vorsitzende blättert in einem Leitz-Ordner und zupft aus einer Klarsichthülle einen lindgrünen Formularbogen heraus. Dann sagt sie, eher beiläufig: „Wenn ich die Prozessbeteiligten jetzt einmal zu uns an die Richterbank bitten dürfte." Die Wanduhr im Saal 1 zeigt 13.15 Uhr.

Immer wieder gibt es sie, diese alles entscheidenden Momente in einem Gerichtsverfahren. In den amerikanischen Justiz-Thrillern oder auch in den deutschen Gerichtsserien werden sie theatralisch inszeniert: Der Anwalt des Angeklagten zieht das zunächst übersehene entlastende Beweisfoto aus seinen Unterlagen, der Staatsanwalt präsentiert den Mittäter als Belastungszeugen, der Entlastungszeuge bricht unter dem Druck des Kreuzverhörs weinend zusammen und gesteht, selbst der Täter zu sein.

Jetzt genügen allein schon das grüne Stück Papier und die Aufforderung der Vorsitzenden, sich dieses Wahlprotokoll doch gemeinsam einmal näher anzusehen, um beim Publikum im Gerichtssaal einen kollektiven Adrenalin-Schub auszulösen. Nicht nur die Personen der angesprochenen beiden Prozessparteien des Klageverfahrens, sondern auch einige Zuschauer kommen nach vorne, umlagern die Richterbank und recken die Hälse. Das wird von einer Anwältin der Kläger beanstandet, aber die Vorsitzende stellt klar, sie habe „kein Problem mit der Öffentlichkeit". Der Journalist einer Kölner Tageszeitung nutzt die Situation, um verbotswidrig, aber vom Gericht unbemerkt, ein Handyfoto der Szene zu schießen.

Keine Auffälligkeiten? – Das Protokoll strotzt vor Fehlern!

„Also, die Wahlniederschrift vermerkt nach Abzug der ungültigen Stimmen 708 Wahlzettel für gültige Stimmen, aber nur 707 Stimmzettel. Die Differenz wird nicht aufgeklärt, sondern die beiden Zahlen werden auf die entsprechende Formularfrage durch Ankreuzen von „Ja" als gleich bezeichnet." Und es geht noch weiter mit der Fehlerliste.

„Sehen Sie, hier? Auf der nächsten Seite ist kein Grund für ein erneutes Auszählen angekreuzt, es soll aber laut Vermerk trotzdem wiederholt ausgezählt worden sein. In der folgenden Zeile fehlt die erforderliche Angabe, wer mit welcher Begründung die erneute Auszählung beantragt haben soll, abgesehen von einer ebenfalls fehlenden zweiten Unterschrift. Schließlich verweist die Niederschrift auf einen Umschlag Nr. 4, in den die ungültigen Stimmen eingelegt worden sein sollen. Diesen Umschlag gibt es aber nicht. Vielleicht hat es ihn gegeben, der Wahlleiter hat dem Gericht auf Anfrage die

Vermutung mitgeteilt, der Umschlag 4 könnte aus Versehen geschreddert worden sein."

Aus dem „Freundeskreis der Stadt-CDU", aber auch von anderen Zuschauern im Publikum sind Laute der Fassungslosigkeit zu hören. Schrilles Lachen, Stöhnen, jemand murmelt ungläubig „Das gibt´s doch nicht!" So sieht sie also wirklich aus, diese „*sogar besonders sorgfältig ausgefüllte Wahlniederschrift*", durch ein Rechtsgutachten überprüft und für fehlerfrei befunden.

Stadtdirektor Kahlen löst sich als letzter von der Richterbank. Auf dem Weg zurück zu seinem Platz am Beklagtentisch schaut er seine beiden Mitstreiter, juristische Spitzenbeamte der Stadtverwaltung, fragend an. In dem Blick ist die Frage zu lesen: „Und jetzt?" Und die leeren Gesichter der Kollegen scheinen zu antworten: „Keine Ahnung, Herr Kahlen, wirklich keine Ahnung."

Die beiden beisitzenden Berufsrichterinnen der Kammer legen noch einmal mit aufbereiteten Prozentsätzen der Rodenkirchener Einzelergebnisse nach. Nichts passt zum Ergebnis in 20874. Es folgen hilflose Erklärungsversuche der städtischen Prozessvertreter.

Auf Plädoyers verzichten beide Seiten. Es ist alles gesagt. Die Kammer braucht keine 20 Minuten Beratungszeit, um das erwartete Urteil zu verkünden: Die Kölner CDU obsiegt mit ihrer Klage; der Rodenkirchener Briefwahlbezirk 20874 – aber nur der! – muss neu ausgezählt werden.

Was danach noch geschah?

Die von Zeitungskommentatoren ironisch geforderten internationalen Wahlbeobachter der UN treten zur folgenden Oberbürgermeister-Wahl in Köln natürlich nicht an, wohl aber tritt Stadtdirektor Kahlen als Wahlleiter zurück.

Und am 19. Mai 2015 wird bei der gerichtlich angeordneten Neuauszählung amtlich festgestellt, was man mit gesundem Menschenverstand längst ahnte: Die richtig ausgezählten Stimmen von CDU und SPD waren bei der Eintragung in die Wahlniederschrift schlicht vertauscht worden. Die rot-grüne Ratsmehrheit ist damit verloren. Der SPD-OB-Kandidat Jochen Ott verliert erst seinen Sitz im Stadtrat und dann die folgende Oberbürgermeister-Wahl gegen die parteilose Bewerberin Henriette Reker.

Zum ersten Mal in seiner Geschichte hat Köln, vielleicht auch dank der Auszähl-Nachhilfe aus dem Appellhof, eine Frau als Stadtoberhaupt.

Gemüsesuppe, Pflaster und etwas Hoffnung

Vor dem Appellhof werden dank Emmaus seit langem auch sehr arme Menschen satt.

Als Journalist hat man ja selten wirklich Feierabend. Aber obwohl es noch nicht einmal offiziell Feierabend ist, habe ich meinen Schreibtisch hier in der Lokalredaktion der Köln-Zeitung schon mal aufgeräumt und den PC heruntergefahren. Ich brauche ihn nicht mehr für die restlichen Stunden des Tages, in denen allerdings noch drei sehr emotionale Termine anstehen: Erst ein etwas trauriger, dann ein eher anrührender und schließlich ein – vielleicht doch! – jedenfalls für mich sehr erfreulicher Termin.

Termin Nummer 1 wird gleich bei mir anklopfen, wenn das Gespräch bei unserem Redaktionsleiter beendet ist. Unser derzeitiger Praktikant Charly bekommt jetzt gerade freundlich, aber doch klar mitgeteilt, dass der Zeitungsverlag sein heute ablaufendes Praktikum nicht verlängern wird. Deshalb wird es leider auch für ihn keine Aussicht auf ein Volontariat, also eine Lehre für die Journalistenlaufbahn, bei uns geben.

Ja, schon traurig. Charly Schallenberger, 21 Jahre alt, Realschulabschluss, zwei abgebrochene Lehren, schwieriges Zuhause, so hatte der sozial engagierte Verleger ihn angekündigt. Dazu hatte er gemeint, man solle dem jungen Mann bei uns noch mal eine Chance geben. Zumal es Herr Schallenbergers Herzenswunsch und erklärtes Lebensziel sei, bei der Zeitung zu arbeiten.

Ich war in den letzten drei Monaten sein Mentor, habe ihm das kleine Einmaleins des Lokaljournalisten beizubringen versucht, habe viel Zeit und Mühe darauf verwendet, ihn zumindest in eine erfolgversprechende Anfängerposition zu bringen – und bin gescheitert. Da war nichts. Die Meldungen des Polizeiberichts von dem Polizisten-Verlautbarungssprech in Leserdeutsch zu übersetzen, das ging nach zwei Wochen einigermaßen. Aber schon das, was er als Gerichtsreporter von der Luxemburger Straße mitbrachte, war allenfalls nach Umschreiben durch mich druckbar.

Im Kölner Vereins- und Karnevalsgesülze fand er sich überhaupt nicht zurecht, resignierte dabei aber auch bald. Als Nagelprobe hatte ich ihn dann zu der Verhandlung des Verwaltungsgerichts im Appellhof mitgenommen, in der über die Klage der CDU gegen das Kommunalwahlergebnis 2014 verhandelt wurde. Anschließend hatte ich ihn einen Test-Artikel dazu schreiben lassen. Er hatte nicht einmal richtig kapiert, worum es bei der Klage überhaupt ging.

Es klopft und wir stehen uns traurig, aber gefasst gegenüber. „Tja, Sven, ich war ja wohl nicht so toll. Habe ich auch schon ziemlich früh gemerkt. Trotzdem, herzlichen Dank für alles. Vielleicht sehen wir uns ja noch einmal." Ich bin froh, dass es ohne Diskussion abgeht. „Ja, Charly, das werden wir sicher und alles Gute für die Zukunft!" Diese Zukunft möchte ich mir lieber nicht ausmalen.

Für Obdachlose ist der Appellhof eine „Wohlfühl-Adresse", denn hier werden alle satt.

So, jetzt aber noch schnell ein oder zwei Telefonate mit den Leuten von der Emmaus-Gesellschaft, um den Abendtermin vorzubereiten. Der caritative Verein ist in der Bedürftigenhilfe tätig und betreibt u.a. seit 1990 vor dem Gerichtgebäude Appellhof an der Burgmauerseite abends eine mobile Suppenküche, insbesondere für Obdachlose. Ich will ein Feature schreiben, über die Szene dort und den selbstlosen Einsatz der ehrenamtlich tätigen Helfer, dazu ein paar authentische Statements von den Leuten vor Ort und möglichst auch eine anrührende Lebensgeschichte eines Gescheiterten. Ich melde mich an und erfahre die Namen meiner Emmaus-Ansprechpartner für den Abend.

Nina soll mitkommen und die Fotos zu der Story machen, hat der Redaktionsleiter entschieden. Das ist mir sehr recht. Denn die junge Kollegin macht nicht nur mit ihren ausdrucksstarken Bildern eine gute Figur. Man schaut sie schon gerne an. Allerdings sagt ihr kühler Blick aus den blauen Augen jedem Gesprächspartner, dass sie ihren Kopf hat und weiß, was sie will. Aber damit bin ich in Gedanken schon beim dritten Termin des ausklingenden Tages, wenn dieser Wunschtermin denn stattfindet.

Wir sind kurz vor neun Uhr am Appellhof, die beiden Kleintransporter von Emmaus fahren auf die freie Fläche vor dem Nordflügel des Gebäudes an der Burgmauer. Während aus dem einen Wagen zwei große Thermokessel mit je 50 Liter Suppe und Brötchen ausgeladen werden, wende ich mich dem zweiten Kleinbus zu. Das Medizinmobil steht kaum, als sich auch schon die ersten Patienten ohne Krankenschein anstellen. Ich komme ihnen gerade noch zuvor und erfahre von dem Arzt Dr. Schwarz und Frau Hilgers, einer Krankenschwester, was sie heute nach ihrer regulären Berufsarbeit als ehrenamtliche Helfer wieder einmal erwartet.

„Es geht hauptsächlich um eine einfache, aber wichtige Versorgung von Wunden, Hautkrankheiten, Erkältungen und so was", erklärt Frau Hilgers. „Bei Schmerzen gibt es Schmerztabletten, allerdings nicht für die Patienten im

Methadon-Programm. Das wäre dann meist Beikonsum zur Sucht", hat Dr. Schwarz als Arzt so seine Erfahrung.

Ich mache meine Erfahrung mit diesem Publikum, als ich versuche, den einen oder anderen für eine Lebensbeichte gegen Bares zu gewinnen. Manche gucken schweigend durch mich hindurch, andere äußern die Empfehlung, ich solle mich zum Teufel scheren und hängen noch ein derbes Schimpfwort daran. Einige sprechen kaum ein Wort Deutsch. Die stämmige Frau mit der Suppenkelle an der Essensausgabe, Frau Behrmann, hat nicht nur mit einigen Helferinnen schon ab Nachmittag Gemüse geputzt, geschnippelt und gekocht. Sie kennt auch ihre Stammkundschaft und gibt mir schließlich den richtigen Tipp: „Versuchen Sie es mal bei Lothar, der sitzt da hinten auf dem Mäuerchen!"

Lothar, Mitte 40, unrasiert, fettiges Haar und Alkoholfahne, scheint zunächst nicht sehr kooperativ. Das ändert sich jedoch, als ich mit einem braunen Schein als Info-Honorar wedele. Er löffelt seine Gemüsesuppe aus, heute leider ohne Wursteinlage, steckt den Fünfziger ein und sagt: „Gesoffen - Job weg, weiter gesoffen - Frau weg, immer noch weiter gesoffen - Wohnung weg. Noch Fragen?"

Ich will es dann doch etwas genauer wissen, worauf Lothar sich erst einmal einen Schluck aus einer flachen Schnapsflasche gönnt. Dann zündet er sich eine Zigarette an und deutet beim ersten Zug mit einer Kopfbewegung auf die dunkle Fassade des Appellhofs uns gegenüber.

„Da hat es eigentlich angefangen. Mein alter Herr war bei Klöckner-Humboldt-Deutz als Schlosser. Nach einem Betriebsunfall hat er dann beim Werkschutz gearbeitet. Da hat er krumme Dinger gemacht, weggeschaut, wenn andere geklaut haben und sich dafür bezahlen lassen. Hier im Appellhof haben sie ihn Ende der 70-er Jahre verknackt. Er flog bei KHD raus und hat nie wieder einen Job bekommen. Wer stellt auch schon einen vorbestraften Krüppel ein."

Lothar nimmt noch einen Zug aus der Zigarette und schnippt die Kippe weg. „Zu Hause hat er dann den großen Macker gegeben und die Familie schikaniert. Ich durfte zum Beispiel kein Wort Kölsch sprechen. Als ich mal ein Karnevalslied auf Kölsch gesungen habe, hat er mir eine geknallt. „Gossensprache" hat er dazu gesagt und ich solle ja mal was Besseres werden. Das hätte ja fast auch geklappt." Lothar lacht bitter.

An der Essensausgabe gibt es einen Tumult. Jemand hat sich vordrängeln wollen. Sofort gehen drei aus der Warteschlange, die inzwischen auf etwa 30 Leute angewachsen ist, dazwischen und beruhigen die Situation.

„Wieder der bekloppte Berliner." Lothar schüttelt den Kopf. „Wenn es hier eine Schlägerei gibt, bauen die Emmaus-Leute sofort ab. Das weiß eigentlich jeder." Nach einem kräftigen Schluck aus dem Flachmann hat er wieder den roten Faden seiner Geschichte gefunden.

„Um dem Alten aus dem Weg zu gehen, habe ich dann abends mit den Kumpels die Kneipen bevölkert und trotzdem die Elektrikerlehre mit „gut" bestanden. Danach habe ich bei einer Firma für Fotokopierer-Leasing als Außendiensttechniker gearbeitet. Gutes Geld habe ich damals verdient, habe geheiratet, war glücklich. Nur dass ich immer noch abends ordentlich getankt habe. Zugegeben, auch schon mal in der Mittagspause. Das war wohl der Fehler. Bei einer Verkehrskontrolle haben sie mir dann den Lappen abgenommen und gleichzeitig war ich meinen Außendienstjob los."

Nächster Schluck, nächste Zigarette.

„Meine Frau sah nicht ein, dass sie sich jetzt für das Geld krummlegen sollte, das ich abends versaufen wollte. Es gab immer mehr Streit und Stress. Schließlich hat sie mich – ratzfatz - vor die Tür gesetzt. Bei einem früheren Arbeitskollegen konnte ich zunächst für den Übergang im Gästezimmer unterkommen. Der Übergang war aber schnell vorbei, nachdem ich der Hausfrau besoffen das Klo vollgekotzt hatte. Damit war auch die Wohnungssuche vorbei. Seitdem habe ich ein Zimmer beim Sozialdienst Katholischer Männer.“

An der Suppenausgabe wird langsam eingeräumt. Etwa 70 Menschen sind satt geworden.

Lothar klingt jetzt trotzig. „Aber zum Schnorrer hat mich noch keiner gemacht. Da sammele ich lieber in der Altstadt Pfandflaschen.“

Nina kommt zu uns. Sie hat ein paar diskrete Fotos geschossen, die wir uns auf dem Display der Digital-Kamera ansehen: Wartende vor dem Medizinmobil, von hinten fotografiert, Bilder von vollen Suppenschalen und Kaffeebechern auf der Mauer an der Grünanlage. Auf einem Bild sieht man Menschentrauben vor dem Gerichtsgebäude, das sich in der Abenddämmerung schwarz vom Himmel abhebt. Passt alles, kann man so ins Blatt bringen.

Wie war doch noch mal der Name?

Abschließend frage ich Lothar noch ganz arglos: „ Und – haben Sie auch Kinder?“ Die Reaktion ist heftig: „Das geht Dich einen Scheißdreck an!“ Aha, falsche Frage, das ist wohl ein wunder Punkt. Die Augen sind ja auch schon etwas glasig. Doch dann kommt nach kurzem Zögern mit veränderter Stimme die Antwort.

„Nur Kalle. Vor drei Jahren, an seinem 18. Geburtstag, bin ich mit einer Packung Aldi-Pralinen in meiner alten Wohnung aufgekreuzt. Geschellt, aufgedrückt, reingegangen. Da saßen Kalle, meine Ex und ein junges, blondes Mädchen bei Kaffee und Kuchen. Ich habe gesagt: <Hallo Kalle, herzlichen Glückwunsch!> Keiner sagt was, keiner bietet mir einen Stuhl an. Ich bin dann sofort wieder raus, höre aber noch, wie das Mädchen fragt: <Wer war'n das?> Meine Ex sagt: <Ein früherer Nachbar. Der hat auf Kalle aufgepasst, als er noch ein Kind war und ich arbeiten gehen musste.> Und der Kalle sagt dazu einfach nichts, kein Wort."

Lothar dreht den Kopf weg und ich kann die Tränen nicht sehen. Nina schon. Sanft fragt sie: „Und seitdem – keinen Kontakt mehr?" - „Nein. Der Vater Lothar Schallenberger kommt im Leben von Karl Schallenberger nicht mehr vor."

„Moment mal!" Ich stutze und auch Nina kriegt große Augen. „Wird der Kalle von Freunden auch schon mal Charly genannt?"

„Ja, warum, wie kommen Sie …?" - „Och, war nur mal so 'ne Frage", versuche ich das Thema abzuwürgen.

Nina beugt sich zu mir herüber. Ihre Augen funkeln. „Sven, ich bin hier ja nur für die Fotos zuständig. Aber wenn Du jetzt die Zähne nicht auseinander kriegst, weil Du keinen Arsch in der Hose hast, dann mache ich zusätzlich sofort mal Text, nämlich Klartext!"

Ich erkenne deutlich, dass Termin Nr. 3 akut gefährdet ist. „Ja, Herr Schallenberger, wie soll ich es Ihnen sagen, das ist wirklich ein komischer Zufall", fange ich an und versuche, noch elegant die Kurve zu kriegen. „Der Kalle ist nämlich bei uns in der Zeitungsredaktion beschäftigt, als Praktikant."

Die glasigen Augen werden starr, es geht ein Ruck durch den ausgemergelten Körper. „Der Kalle ist … ist Reporter geworden?" - „Ja, noch nicht ganz. Er muss halt noch viel lernen. Aber das wird schon."

„Danke!" stammelt Lothar. „Vielen, vielen Dank!" Vor lauter Glück vergisst er für ein paar Minuten sogar seinen Flachmann, bevor er ihn ganz austrinkt.

Auf dem Weg vom Appellhof Richtung Parkhaus sagt Nina kein Wort. „Hätte ich ihm die ganze Wahrheit sagen sollen?" frage ich vorsichtig. - „Habe ich auch gerade überlegt. Nein, so ist es besser. Hast Du richtig gemacht."

Wir kreuzen die Breite Straße und ich versuche einfach mal mein Glück. „Ach, guck mal: Der „Bepi" hat noch auf. Nina, darf ich Dich auf ein Glas Rotwein einladen?" Kurzes Zögern, ein prüfender Blick, dem ich mit einem freundlichen Lächeln standhalte. „Ja", sagt sie dann, „aber nur kurz!"

Ich nicke zustimmend und denke dabei: Schauen wir mal. Der vorige Termin endete ja auch mit einer Überraschung.

Und sonst?

Unauffällig stellen Urteile aus dem Appellhof kleine Weichen im täglichen Leben.

Jeder kennt natürlich diese „Steuer-Identifikationsnummer", die man immer angeben muss, wenn man mit dem Finanzamt zu tun hat. Manchmal fragt auch die Bank danach. Elf Ziffern hat diese „Steuer-ID", aufgeteilt in mehrere kleine Zahlen-Blöcke. Unverwechselbar begleitet sie jeden so gekennzeichneten Bürger von der Wiege bis zur Bahre durch das Steuer-Leben.

„Verfassungswidrig!" meinen über 100 Klägerinnen und Kläger aus dem ganzen Bundesgebiet, die beim Finanzgericht Köln im Appellhof eine unzulässige Speicherung und einen Verstoß gegen den Datenschutz durch die ID rügen. „Nein", urteilt dagegen das Finanzgericht unter dem Vorsitz seines Präsidenten Benno Scharpenberg im Jahre 2010: Zum einen lasse die Steuer-ID für den Außenstehenden keinerlei Rückschlüsse auf die Person des betreffenden Bürgers zu. Zum anderen überwiege das Interesse der Allgemeinheit an einer funktionierenden Steuerverwaltung. Das bestätigt später auch der Bundesfinanzhof in München als Revisionsgericht.

Zum Streitpunkt im Appellhof wird danach eine Ausgabe, die praktisch jeden Haushalt in Deutschland trifft - der Rundfunkbeitrag. Er wird seit 2013 pro Wohnung erhoben. Prompt klagen vor dem Kölner Verwaltungsgericht zahlreiche Bürger, die angeben, weder ein Radio noch einen Fernseher zu besitzen. „Das mag ja sein", entscheiden die Richter der 6. Kammer. „Aber der Rundfunkbeitrag ist schon dann zu zahlen, wenn in einer Wohnung auch nur die Möglichkeit des Radio- oder TV-Empfangs besteht."

Erfolglos bleiben zudem mehrere Speditionsfirmen, die 2014 gegen die LKW-Maut klagen. Die gesetzlichen Grundlagen hierfür seien nicht zu beanstanden, urteilt das Verwaltungsgericht Köln.

Erhebliche Breitenwirkung hat eine – zunächst nicht rechtskräftige - Entscheidung der 13. Kammer aus 2018, wonach für Köln und Bonn zonenbezogene Dieselfahrverbote eingeführt werden müssen.

Wer den Neubau des „Drachenfels"-Restaurants im Siebengebirge als gelungen ansieht, den Vergnügungspark „Phantasia-Land" als ausreichend groß schätzt und die abendliche Beleuchtung des Bonner „Post-Towers" als erfreulich farbenfroh empfindet, dem sei gesagt: Bei all diesen Sehenswürdigkeiten haben Entscheidungen aus dem Appellhof gestaltend mitgewirkt. Kaum noch zu zählen sind die Bauwerke im Kölner Stadtgebiet, bei denen das Verwaltungsgericht mal die Bauherren und mal die Baubehörden bremsen musste, um Köln eine ansehnliche Sky-Line oder angemessene Straßenansichten zu sichern.

Jetzt wird es kurios!

Der TV-Moderator und Quiz-Master Günther Jauch ist im Allgemeinen sehr beliebt. Aber wohl nicht bei allen Zuschauer. Als der WDR den Journalisten in 2010 für eine Talkshow am Sonntagabend verpflichten wollte, beantragt ein entschiedener Jauch-Gegner beim Verwaltungsgericht, dem WDR den Abschluss dieses Vertrages zu untersagen; denn das sei „Verschwendung von Rundfunkgebühren". Die Kölner Appellhof-Richter belehren den sparsamen Gebührenzahler daraufhin, dass einzelne Zuschauer nicht per Gerichtsurteil das ihnen genehme TV-Programm gestalten können.

Eine Dame will in 2008 unbedingt ein physikalisches Experiment in der Forschungsanlage CERN durch das Verwaltungsgericht Köln untersagen lassen. Die geplante Simulation des „Urknalls" in dem Protonenbeschleuniger der Forscher, so befürchtet sie, werde eines der aus dem Weltraum bekannten mörderischen „Schwarzen Löcher" entstehen lassen und die Erde verschlingen. Gestützt auf eine gegenteilige Expertenmeinung aus dem Forschungsministerium lehnen die Richter den sorgenvollen Antrag ab. Dass der Weltuntergang trotz Durchführung des Experiments ausgeblieben ist, dürfte die Antragstellerin nachträglich von der Richtigkeit der Gerichtsentscheidung überzeugt haben.

Gleich zweimal beschäftigt Papst Benedikt XVI. die Appellhof-Richter. Ein Zeitgenosse will das Auftreten des Papstes beim Kölner Weltjugendtag in 2005 verhindern und beantragt deshalb, dem päpstlichen Flugzeug die Landung auf dem Köln-Bonner Flughafen zu untersagen. Die Ablehnung dieses unbegründeten Antrags ist ja noch einfach.

Schwieriger ist der Fall, der 2014 vom Finanzgericht Köln entschieden werden muss. Hier hat der Geschäftsführer einer Kölner Gesellschaft dem Papst bei einer Generalaudienz in Rom einen Scheck über die stolze Summe von 50.000 € übergeben. Das Staatssekretariat des Vatikans stellt eine Spendenbescheinigung aus, wonach Empfänger der Spende „Seine Heiligkeit Papst Benedikt XVI." sei. Das reicht dem Kölner Finanzamt für einen Steuerabzug nicht aus, was zur Klage im Appellhof führt.

Sicherlich wollte die spendable Gesellschaft das Geld nicht dem Heiligen Vater persönlich zukommen lassen. Aber dennoch verbleiben aus damaliger Sicht der Finanzgerichts drei

Möglichkeiten: Sollte die Spende für kirchliche Zwecke dem Papst zugewendet werden in seiner Eigenschaft als Oberhaupt der katholischen Kirche, als Staatsoberhaupt des Vatikanstaates oder als Bischof von Rom? In jedem Falle spielt aber ein für den Steuerabzug schädlicher Auslandsbezug eine Rolle. Obwohl die Kölner Finanzrichter auch noch EU-Rechtsgrundsätze prüfen und den Fall drehen und wenden, bleibt am Schluss nur noch die Klageabweisung.

Hätte man den Scheck seinerzeit statt dem Papst dem nächsten Pfarrer einer Kölner Kirchengemeinde in die Hand gedrückt, wäre alles kein Problem gewesen. Aber es musste wohl der Papst sein.

Kultur im Appellhof

Warum ist keiner früher auf diesen Gedanken gekommen? Der Lichthof des Gerichtsgebäudes eignet sich doch hervorragend für Kunstausstellungen jeder Art. Tolles Ambiente in einem hohen, lichtdurchfluteten Raum, große freie Flächen für Exponate, dazu gibt es noch regen Publikumsverkehr!

Es war jedenfalls der damalige Präsident des Verwaltungsgerichts Dr. Joachim Arntz, der – zunächst noch hausintern – im Jahre 2003 die Appellhof-Beschäftigten zu einer eigenen Ausstellung aufrief. Unter mehr als 400 Angehörigen der beiden Gerichte musste es doch wenigstens einige Kunstschaffende geben! Kosten? Wenn überhaupt, dann stünde dafür der Verein „Kunst Kultur Justiz e.V." mit einer finanziellen Unterstützung bereit.

Mit einer Vernissage am 15. Oktober 2003 begründeten drei Hobbykünstler (sowie NRW-Justizminister Gerhards als Ehrengast) eine Tradition, die bis heute gepflegt wird: In unregelmäßigen Abständen, alle paar Jahre, laden auch heute noch die Präsidentin des Verwaltungsgerichts Birgit Herkelmann-Mrowka und der Präsident des Finanzgericht Benno Scharpenberg als die Hausherren des Appellhofs zu einer neuen Ausstellung ein.

„AhA!" lautete der Titel der Veranstaltung am 24. April 2015. Es wurde ein unübertroffener Höhepunkt in dem bisher nur kurzen Kulturleben des Appellhofs. Das Kürzel „AhA" – in der Übersetzung „Appellhof hilft Archiv" – war eine musikalisch-finanzielle Hilfsaktion des ältesten Kölner Gerichts für das Langzeitgedächtnis seiner Stadt, also für das Historische Archiv der Stadt Köln. Das war bekanntlich beim U-Bahn-Bau eingestürzt und konnte nicht nur jeden Euro, sondern zudem solidarische Aufmerksamkeit alter Kölner Institutionen sehr gut gebrauchen.

Auf zwei Bühnen im Lichthof mit professioneller Lightshow traten abwechselnd drei Bands auf, deren Mitglieder aus der Justiz kamen: „*The Revival*", „*Die 1. Instanz*" und die „*Grumblers*" rockten das Gerichtsgebäude, dass dem Appellhofgeist spätestens bei „Highway to Hell" die Ohren fliegen gegangen sein dürften. Das „Sahnehäubchen" beim Auftritt der „*Grumblers*" war allerdings ein lieber Nachbar von nebenan: WDR-Intendant Tom Buhrow hatte sich für den guten Zweck als privater Stargast des Abends verpflichten lassen. Der Bob Dylan-Fan ließ es sich nicht nehmen, als Frontmann mit Gitarre u.a. „Knockin´ on heavens door" zu singen. Zur Probe in einer leerstehenden Hausmeisterwohnung des Gerichts war er schon mal am Vorabend vom WDR in den Appellhof gekommen.

Terror! Eine Lufthansamaschine mit 164 Passagieren an Bord wird von Terroristen entführt. Die drohen das Flugzeug in das ausverkaufte Münchener Fußballstadion stürzen zu lassen. Darf der Pilot eines Kampfjets der Bundeswehr die Passagiermaschine mit unschuldigen Opfern abschießen, um noch Schlimmeres zu verhindern? Er tut es jedenfalls und findet sich bald darauf unter Strafanklage vor Gericht wieder – in Saal 201 des Gerichtsgebäudes Appellhofplatz! Wie kann das denn sein?

Gottseidank war das dramatische Geschehen im Luftraum vor München nur die fiktive Ausgangssituation für das Theaterstück „*Terror*" von Ferdinand von Schirach. Das Stück selbst zeigte dann das nicht minder dramatische Ringen der Beteiligten in einem Strafprozess um ein gerechtes Urteil für den tragischen Piloten. Das Besondere: Das Kölner *Theater der Keller* spielte vier Aufführungen um die Jahreswende 2016/2017 in einem Gerichtssaal des Appellhofs. Hätte es eine bessere Kulisse geben können als ein Saal in Kölns ältestem, denkmalgeschützem Gerichtsgebäude, das auf diese Art seine Premiere als Theaterbühne feierte?

Und so entdecken Köln und die Kölner selbst heute noch ungeahnte Qualitäten und Möglichkeiten für ihren Appellhof, der mehr ist als nur ein Ort der Rechtsprechung über bald zwei Jahrhunderte. Es ist vielmehr eine Kölner Institution, zu der die räumliche Nähe des Kölner Doms bestens passt.

Quellenangaben

Quellen 1: Franzosenzeit (1794 - 1814)

Müller, Klaus, *Köln von der französischen zur preußischen Herrschaft*, in: Geschichte der Stadt Köln, Band 8, Greven Verlag Köln, 2005

Strauch, Dieter, *Französisches Recht im Rheinland*, in: Dieter Strauch, Joachim Arntz, Jürgen Schmidt-Troje (Hrsg.), Der Appellhof zu Köln, Bouvier Verlag Bonn, 2002

Klein, Adolf, *Die rheinische Justiz und der rechtsstaatliche Gedanke in Deutschland*, in: Josef Wolffram und Adolf Klein (Hrsg.), Recht und Rechtspflege in den Rheinlanden, Wienand Verlag Köln, 1969

Ziebolz, Gerhard (Hrsg.), *Franzosen in Köln, 1794 bis 1815*, Maternus Verlag Köln, 1999

Gehle, Burkhard, *Unter Preußens Adler und Napoleons Gesetz*, in: Adolf Klein und Günter Rennen (Hrsg.), Justitia Coloniensis, Greven Verlag Köln, 1981

Becker, Hermann, *Der „Bieresel"*, in: Köln vor 60 Jahren / Altkölnische Wirtshäuser, Rheinland-Verlag Köln, 1922

Quellen 2: Preußische Zeit (1815 – 1871)

Herres, Jürgen, *Köln in preußischer Zeit 1815 - 1871*, in: Geschichte der Stadt Köln, Band 9, Greven Verlag Köln, 2012

Gehle, Burkhard, *Unter Preußens Adler und Napoleons Gesetz*, in: Adolf Klein und Günter Rennen (Hrsg.), Justitia Coloniensis, Greven Verlag Köln, 1981

Liermann, Stephan, *Heinrich Gottfried Wilhelm Daniels, der Erste Präsident des Rheinischen Appellationsgerichtshofes in Köln*, in: Josef Wolffram und Adolf Klein (Hrsg.), Recht und Rechtspflege in den Rheinlanden, Wienand Verlag Köln, 1969

Conrad, Hermann, *Preußen und das Französische Recht in den Rheinlanden*, in: Josef Wolffram und Adolf Klein (Hrsg.), Recht und Rechtspflege in den Rheinlanden, Wienand Verlag Köln, 1969

Klein, Adolf, *Die rheinische Justiz und der rechtsstaatliche Gedanke in Deutschland*, in: Josef Wolffram und Adolf Klein (Hrsg.), Recht und Rechtspflege in den Rheinlanden, Wienand Verlag Köln, 1969

Klein, Adolf, *Hardenbergs letzte Reform. Die Gründungsgeschichte des Rheinischen Appellationsgerichtshofes*, in: Dieter Laum, Adolf Klein, Dieter Strauch (Hrsg.), Rheinische Justiz, Geschichte und Gegenwart, Verlag Dr. Otto Schmidt KG Köln, 1994

Lehrmann, Hilde, (Hrsg.), *Schillers Sohn Ernst, Ein Psychogramm in Briefen*, Insel Verlag Frankfurt am Main und Leipzig, 2002

Bürger, Udo, *Bleche Botz und Klingelpütz, Kölner Kriminalfälle von 1815 bis 1918*, Hermann-Josef Emons Verlag Köln, 2009

Ploenes, Franzjosef, *Justiz ohne Raum, Eine atemlose Baugeschichte*, in: Adolf Klein und Günter Rennen (Hrsg.), Justitia Coloniensis, Greven Verlag Köln, 1981

Leser, Petra, *Die Baugeschichte des Rheinischen Appellationsgerichtshofes in Köln*, in: Udo Mainzer und Petra Leser (Hrsg.), Architektur-Geschichten, J. P. Bachem Verlag Köln, 1996

Becker, Lydia, *Nikolaus Becker (1809 – 1845), Dichter*, www.rheinische-geschichte.lvr.de/persoenlichkeiten/B/NikolausBecker (Online)

Schurz, Carl, *Jünglingsjahre in Deutschland*, Vereinigung wissenschaftlicher Verleger Berlin und Leipzig, 1921

Strauch, Dieter, *Der Kölner Theaterbrand und die Folgen*, in: Dieter Strauch, Joachim Arntz, Jürgen Schmidt-Troje (Hrsg.), Der Appellhof zu Köln, Bouvier Verlag Bonn, 2002

Franken, Irene, *Frauen in Köln,* J.P. Bachem Verlag Köln, 2008

Louis, Reinold, *Kölner Originale*, Greven Verlag Köln, 1985

Quellen 3: Kaiserzeit (1871 – 1918)

Ploenes, Franzjosef, *Justiz ohne Raum, Eine atemlose Baugeschichte*, in: Adolf Klein und Günter Rennen (Hrsg.), Justitia Coloniensis, Greven Verlag Köln, 1981

Adenauer, Konrad, *Die Nachfahren Berghaus, die Familien Weyer und Adenauer und die Kölner Justiz,* in: Dieter Laum, Adolf Klein, Dieter Strauch (Hrsg.), Rheinische Justiz, Geschichte und Gegenwart, Verlag Dr. Otto Schmidt KG Köln, 1994

Adenauer, Konrad / Klein, Adolf, *Franz Xaver Berghaus, Porträt eines rheinischen Juristen aus dem 19. Jahrhundert,* in: Dieter Laum, Adolf Klein, Dieter Strauch (Hrsg.), Rheinische Justiz, Geschichte und Gegenwart, Verlag Dr. Otto Schmidt KG Köln, 1994

Silverman, Kenneth, *Houdini!!! – The Career of Ehrich Weiss*, HarperPerennial, HarperCollins Publishers New York, 1997

Houdini, Harry, *Handcuff Secrets,* George Routledge & Sons, London, 1909 (Online)

Weinhold, Kurt, *Die Geschichte eines Zeitungshauses 1620 – 1945*, Verlag M. DuMont Schauberg Köln, 1969

Herres, Jürgen, *Köln in preußischer Zeit 1815 - 1871*, in: Geschichte der Stadt Köln, Band 9, Greven Verlag Köln, 2012

Sollmann, Wilhelm, *Backschisch – Der Kölner Polizei-Prozeß,* Verlag von Gilsbach & Co. Köln, 1914

Klein, Adolf, *Hundert Jahre Akten – Hundert Jahre Fakten, Das Landgericht Köln ab 1879,* in: Adolf Klein und Günter Rennen (Hrsg.), Justitia Coloniensis, Greven Verlag Köln, 1981

Quellen 4: Nationalsozialistische Zeit (1933 – 1945)

Speziell zu: Katzen, Enten, Hund und Pferd, auch ausgestopft – nur keine Leiche

sowie zu: Der Appellhof – ein Gericht für die Kölner Seele

„15 Jahre Zuchthaus für Ludwigs – Urteil im Graß-Prozeß", in *Kölnische Zeitung* vom 4. Juli 1936 und vorausgegangene Prozessberichterstattung

„Spurlos verschwand Frau Graß – Vor 25 Jahren: Ein Kriminalfall erregte die Stadt", in *Kölner Stadt-Anzeiger* vom 25. November – 05. Dezember 1959

Klein, Adolf, *Hundert Jahre Akten – Hundert Jahre Fakten, Das Landgericht Köln ab 1879,* in: Adolf Klein und Günter Rennen (Hrsg.), Justitia Coloniensis, Greven Verlag Köln, 1981

Speziell zu: Am Abgrund

sowie zu: Terror in Trümmern

von Ameln, Elsbeth, *Köln - Appellhofplatz*, Wienand Verlag Köln, 1985

Manthe, Barbara, *Richter in der nationalsozialistischen Kriegsgesellschaft – Beruflicher und privater Alltag von Richtern des Oberlandesgerichtsbezirks Köln, 1939 – 1945*, Mohr Siebeck Tübingen, 2013

Matzerath, Horst, *Köln in der Zeit des Nationalsozialismus 1933 - 1945*, in: Geschichte der Stadt Köln, Band 12, Greven Verlag Köln, 2009

Klein, Adolf, *Hundert Jahre Akten – Hundert Jahre Fakten, Das Landgericht Köln ab 1879,* in: Adolf Klein und Günter Rennen (Hrsg.), Justitia Coloniensis, Greven Verlag Köln, 1981

LG Bonn, Urteil vom 17. Juni 1953, in: Justiz und NS-Verbrechen. Sammlung deutscher Strafurteile wegen nationalsozialistischer Tötungsverbrechen 1945–1966, Bd. XI, bearbeitet von Adelheid L. Rüter-Ehlermann, H. H. Fuchs, C. F. Rüter. Amsterdam: University Press, 1974, Nr. 360 S. 1 – 93 (Online)

Quellen 5: Nachkriegszeit (1945 - 1959)

Speziell zu: Und täglich grüßt die Mörderin

„Auf Lebenszeit ins Zuchthaus", in *Kölner Stadt-Anzeiger* vom 16. Oktober 1954 sowie vorangegangene Prozessberichterstattung

von Ameln, Elsbeth, *Köln Appellhofplatz*, Wienand Verlag Köln, 1985

Klein, Adolf, *Hundert Jahre Akten – Hundert Jahre Fakten, Das Landgericht Köln ab 1879,* in: Adolf Klein und Günter Rennen (Hrsg.), Justitia Coloniensis, Greven Verlag Köln, 1981

„Dann mache ich ihn kaputt", in *Der Spiegel*, Nr. 11/1953

Speziell zu: Der Gerichtspräsident fringst die „schwarzen Tanten".

Schmitz, Josef, *Es bleibt nicht immer dunkel – Ein Kölner als Zeitzeuge*, Greven Verlag Köln, 1990

Speziell zu: Das liebe Irmchen – der Todesengel, der dem Tod entkam

Kompisch, Kathrin, *Furchtbar Feminin, Berüchtigte Mörderinnen des 20. Jahrhunderts*, Militzke Verlag e. K. Leipzig, 2006

Bönisch, Georg, *Tatort Köln*, Greven Verlag Köln, 1977

von Ameln, Elsbeth, *Köln - Appellhofplatz*, Wienand Verlag Köln, 1985

„Giftmörderin Irmgard Swinka – Darum wurde das letzte Kölner Todesurteil nicht vollstreckt", in *Express* vom 09. Mai 2014 (Online)

Quellen 6: Neuzeit (ab 1960)

Speziell zu: Kein König, nur ein „Parasit" - Manchmal braucht Köln fremde Polizisten

Müller, Peter F. & Mueller, Michael, *Chicago am Rhein – Geschichten aus dem kölschen Milieu*, Verlag Kiepenheuer & Witsch Köln, 2011

„Drei Jahre <Z> für Toni Dumm", in *Kölnische Rundschau* vom 29./30. Oktober 1966 sowie vorangegangene Prozessberichterstattung

„Dumm am Ende", in *Kölner Stadt-Anzeiger* vom 29./30. Oktober 1966 sowie vorangegangene Prozessberichterstattung

„Drohungen gegen Dumm-Richter", in *Kölnische Rundschau* vom 31. Oktober 1966

„Wasser für den Stärksten", in *Der Spiegel*, Nr. 1 /1966

„Der Kölner <Lotterlord>", in *Die Zeit,* Ausgabe 11/1966

„Geile Bande", in *Der Spiegel*, Nr. 7/1992

Speziell zu: Tatort Kölner Dom

Mösch, Maria Therese, „Der Kölner Domschatzraub 1975: Zwanzig Jahre danach", in *Kölner Domblätter* 1995, S. 245 ff

„Ein Mann wie Ernst konnte nicht gestehen", in *Kölnische Rundschau* vom 10. März 1978 sowie vorangegangene Prozessberichterstattung

„Domschatzräuber verlor das Spiel", in *Kölner Stadt-Anzeiger* vom 10. März 1978 sowie vorangegangene Prozessberichterstattung

„Krummstab hoch", in *Der Spiegel*, Nr. 46/1975

Speziell zu: Herstatts Raumschiff-Trümmer im Schwurgerichtssaal

„Der Aufstieg und Fall des Bankhauses I.D. Herstatt", in *Handelsblatt* vom 13. Februar 2009 (Online)

„Die Bruchlandung der <Raumstation Orion>", in *Frankfurter Allgemeine* vom 09. Mai 2009 (Online)

„Ex-Bankier Herstatt: <Ich bin unschuldig!>", in *Kölnische Rundschau* vom 22. März 1979 und folgende Prozessberichterstattung

„Der Angriff der Verteidiger", in *Kölner Stadt-Anzeiger* vom 24./25. März 1979 und folgende Prozessberichterstattung

„Der Ehrengeneral der Prinzengarde tritt ab", in *Der Spiegel*, Nr. 42/1979

„Scampi vom Grill", in *Der Spiegel*, Nr. 26/1983

„Beispiellose Mißachtung", in *Der Spiegel*, Nr. 36/1983

„Als die Herstatt-Bank zusammenbrach", in *Kölner Stadt-Anzeiger* vom 25./26. Juni 1994

Speziell zu: „Lieber Gott, lass meine armen Eltern zurückkehren!"

„Kurt Lischka in Köln zu zehn Jahren Gefängnis verurteilt", in *Kölnische Rundschau* vom 12. Februar 1980 und vorangegangene Prozessberichterstattung

„Hohe Strafen im Lischka-Prozeß", in *Kölner Stadt-Anzeiger* vom 12. Februar 1980 und vorangegangene Prozessberichterstattung

Diverse Beiträge in Anne Klein (Hrsg.), *Der Lischka-Prozess*, Metropol-Verlag Berlin, 2013:

„Schneller Abschub", in *Der Spiegel*, Nr. 38/1979

Speziell zu: Gau am Bau – vom Appellhof zum Berliner Flughafen BER

Bauakten des Finanzgerichts Köln und des Verwaltungsgerichts Köln zu Geschäftszeichen 5310 E betreffend *„Herrichtung des Justizgebäudes Köln, Appellhofplatz, für das Verwaltungsgericht Köln und das Finanzgericht Köln"*

Arntz, Joachim, *Der Appellhof zu Köln – Daten und Fakten -* , in: Dieter Strauch, Joachim Arntz, Jürgen Schmidt-Troje (Hrsg.), Der Appellhof zu Köln – Ein Monument deutscher Rechtsentwicklung, Bouvier Verlag Bonn, 2002

Hausmitteilungen des Finanzgerichts Köln, Jahrgänge 1989 bis 1996

„Made in Germany", in *Der Spiegel*, Nr. 34/2017

Speziell zu: Böllerei in Bölln um den Heinrich Böll-Platz

Strauch, Dieter, *Die versuchte Umbenennung des Appellhofplatzes 1985/86*, in: Dieter Strauch, Joachim Arntz, Jürgen Schmidt-Troje (Hrsg.), Der Appellhof zu Köln – Ein Monument deutscher Rechtsentwicklung, Quellenanhang XI., Bouvier Verlag Bonn, 2002

„Appellhofplatz wird nach Böll umbenannt", in *Kölnische Rundschau* vom 13. September 1985 sowie folgende Berichterstattung

„Appellhofplatz wird Heinrich Böll-Platz", in *Kölner Stadt-Anzeiger* vom 13. September 1985 sowie folgende Berichterstattung

„Jeht nit jut", in *Der Spiegel*, Nr. 45/1985

Speziell zu: Wie der 1. FC Köln in Eupen ins Abseits dribbelte.

„Bewegliches Völkchen", in *Der Spiegel*, Nr. 34/1996

„Auch FC-Profis stehen zu Worms", in *Kölnische Rundschau* vom 25. November 1994

„Worms wehrt sich <gegen Kampagne>", in *Kölner Stadt-Anzeiger* vom 24. November 1994

„Schreinemakers & Co: Steuern zahlen die anderen", in *Die Zeit* vom 23. August 1996 (Online)

Speziell zu: DSDS - Deutschland schröpft den Superstar.

Mündliche Verhandlung und Urteil des Finanzgerichts Köln vom 29. Oktober 2009 – 15 K 2917/06, in EFG 2010, S. 570 ff.

Urteil des Bundesfinanzhofs vom 24. Februar 2012 – IX R 6/10, in BStBl II 2012, S. 581 ff.

„So verlor ich eine Million Euro", in *Bild* vom 8. Juni 2012 (Online)

Urteil des Finanzgerichts Köln vom 31. Oktober 2012 – 12 K 1136/11, in EFG 2013, S. 612 ff.

Speziell zu: Skandal im Wahlbezirk

Mündliche Verhandlungen und Urteile des Verwaltungsgerichts Köln vom 25. März 2015 in den Verfahren 4 K 7076/14, 4 K 7075/14 und 4 K 6708/14

„In Rodenkirchen wird neu ausgezählt", in *Kölner Stadt-Anzeiger* vom 26. März 2015 und folgende Berichterstattung

„Fehlerhafte Niederschrift öffnet die Tür für die Neuauszählung", in *Kölnische Rundschau* vom 26. März 2015 und folgende Berichterstattung

„Rot-Grün verliert Mehrheit in Köln", in *Kölnische Rundschau* vom 20. Mai 2015

Speziell zu: Gemüsesuppe, Pflaster und etwas Hoffnung

„Geschichten aus der Suppenküche – Momentaufnahme Appellhofplatz", in *Kölner Stadt-Anzeiger* vom 14. April 2015 (Online)

„Ein Teller Wärme aus der Suppenküche", in *Kölner Stadt-Anzeiger* vom 4. Februar 2009 (Online)

Speziell zu: Und sonst?

Diverse Urteile des Finanzgerichts Köln und des Verwaltungsgerichts Köln, in u.a. Entscheidungsdatenbank *„NRWE"* , (Online)

Pressemitteilungen des Verwaltungsgerichts Köln und des Finanzgericht Köln (Pressemitteilungen / Archiv, Online)